KB235607

김형복

누가 답할까?

김형복 박사 자서전

누가 답할까?

초판 1쇄 발행 2011년 12월 5일

지은이 김형복
펴낸이 정종현
펴낸곳 도서출판 누가

등록번호 제20-342호
등록일자 2000. 8. 30.
주소 강서구 염창동 282-19 현대아이파크 상가 B 102호
전화 (02)826-8802, **팩스** (02)826-8803

정가 12,000원
ISBN 978-89-92735-54-4

김형복

누가 답할까?

Who Will Answer?

도서출판 누가

| 차례 |

머리말

에필로그

이 책을 홀트 씨와 전 세계 각국에 살고 있는 입양인들
입양부모님들, 입양아를 나아주신 생모님들,
그리고 저희 가정을 그리스도께 인도해 주신
김계안 조부모님께 바칩니다.

“내가 또 주의 목소리를 들으니 주께서 이르시되

내가 누구를 보내며 누가 우리를 위하여 갈고 하시니

그때에 내가 이르되 내가 여기 있나이다 나를 보내소서.”

이사야 6장 8절

홀트아동복지회가 올해로 창립 56주년을 맞게 되었다. 반세기 하고도 다섯해가 더한 기나긴 세월이 흘렀다. 십 년이면 강산이 변한다는 말이 있는데 56년이면 벌써 강산이 다섯 번이나 더 변했다고 할 수 있겠다.

그동안 우리 사회는 정치적 혁명, 경제적 발전, 사회적 변동, 특히 우리의 오래된 고유문화와 사회적 관습의 변화로 많은 것이 바뀌고 달라졌다.

홀트 아동 복지회도 한국의 사회적, 경제적 발전과 함께 같이 변천하여 한국 아동 복지계를 이끌어가는 훌륭한 아동 복지기관으로 성장 발전하게 되었다. 1955년 한국은 6.25동란으로 온 나라는 초토화 되다시피 되고 삼백여 만 명의 사상자와 천여 만 명의 난민이 생기게 되었다.

이 처참한 동족상잔은 우리 모두에게 잊을 수도 없고 지울 수도 없는 마음의 깊은 상처를 남겼다. 이 많은 난민들과 사상자 가운데서도 전쟁으로 집과 부모를 잃고 거리를 방황하던 많은 전쟁고아들의 아픔은 더욱 컸다. 이 중에서도 미국 아버지와 한국 어머니 사이에서 태어난 혼혈 고아들은 사회의 냉대와 심한차별 속에서 버림받은 불쌍한 존재로 전락하게 되었고 먹을 것과 잠잘 곳을 찾아 거리를 방황해야 했다.

겨울의 매서운 추위는 이 불우한 어린이들에게 집과 부모를 잃어버린 아픔을 더욱 크게 하였다. 이 어려운 사정을 사진으로 또는 필름으로 담아 미국에 있는 선명회 후원자들에게 보이고 구호요청을 하게 되었다.

홀트씨와 그의 가족은 이 필름을 보고 마음의 감동을 받아 곧 십여 명의 어린이들과 결연을 맺고 후원금을 보냈다. 그러나 홀트씨는 매달 보내는 그의 후원금은 그 어린이들에게 일시적인 도움을 줄 수 있으나 그들의 장래를 위해선 아무런 변화도 가져다주지 못한다는 것을 깨달았다. 홀트씨는 이 문제에 대해 고민하며 기도하던 중 부모와 가족을 잃어버린 어린이들을 진정으로 도와주는 길은 이들을 자기 자녀로 입양하여 사랑과 정성으로 키우겠다는 결심을 하게 되었고 그는 한국에 와서 혼혈아 8명을 입양하였다.

홀트씨의 믿음과 인간애로 이루어진 이 역사적사건은 곧 전 미국국민들과 세계 여러 나라와 한국에까지 널리 알려지게 되었고 그 후 많은 미국가정의 요청으로 이들을 돕기 위하여 한국에 다시 돌아와서 홀트해외양자회라는 입양기관을 설립하게 되었다.

1950년대 후반은 아직도 미국에서 인종차별로 인하여 백인들과 유색인종사이에 갈등이 매우 심한 때였다. 백인 가정에서 흑인이나 아시아계 어린이들을 입양하는 것은 금기 사항이었다. 이러한 사회적, 문화적인 환경에서 홀트씨는 한국에서 8명의 어린이들을 입양한 것은 그때까지 전무후무한 일이었다. 이것은 분명히 시대를 초월하여 선행을 한 아름다운 모습이었고 보통사람들은 생각조차 할 수 없었던 일이었다. 이것은 미국에서 뿐만 아니라 한국 사람들에게도 매우 큰 감동을 주었다.

한국가정에서의 입양은 이때까지 한가정의 가문의 대를 잇기 위하여 입양이 이루어졌다. 민법에 명시된 입양의 요건도 오래된 사회적 관습을 유지하기 위한 근거에 입법되었다. 이러한 사회적 관습과 법을 충족시키기 위해서 입양아동의 선택은 문중에서 이루어진다(양부의 형제들 자녀중에서). 이것은 혈연의 순수성을 지키기 위해서였다. 고아원에 수용되어 있는 모든 어린이들에게는 이러한 관습과 법 때문에 입양의 기회는 완전히 막혀 있었다. 홀트해외양자회를 통하여 입양된 아동들은 양부모와의 성과 본에 관계없이 또한 남자와 여자의 구별이 없이 똑같이 입양되었다. 이러한 입양절차는 완전히 아동중심적이며 그리고 아동복지를 위한 입양이다. 이러한 입양전례를 지켜보며 경험한 한국정부는 국내입양의 활성화를 위하여 1976년 새 입양법을 국회에서 통과시켰다.

새로 입법된 입양법에는 입양된 아동은 양부의 성을 따르도록 되어 있고, 남아 뿐만 아니라 여아들도 입양가능하게 하여 남녀 구별 없이 입양의 기회균등을 주었다. 그리고 부모의 재산 상속은 친자나 입양아가 다 똑같이 받게 하였다. 새 입양법은 지금까지 없었던 사회적 혁명이요 큰 개혁이다. 이렇게 수백 년 이어온 사회관습을 바꾸는 데 큰 동기를 주고 새 이정표를 세우는 데 큰 힘이 되었던 것은 그동안 홀트아동복지회가 해온 해외입양이다. 해리홀트가정이 보여준 그들의 선구자적 역할의 힘이 매우 컸다고 자부한다.

홀트아동복지회는 한국경제의 지속적발전과 사회변천과 입양법의 새로운 입법으로 국내의 많은 가정들이 시설에 있는 고아들을 입양하기 시작하였고 입양할 수 없는 정신, 신체 부자유 아동들을 위한 보호시설, 학교 직업훈련 등의 새로운 프로그램을 제공할 수 있는 종합 아동복지 기관으로 계속 성장 발전하고 있다.

홀트아동복지회는 한두 사람의 노력으로 이루어진 기관이 아니다. 먼저 하나님의 역사적 섭리 가운데서 그의 부름을 받고 용감하게 나선 해리 홀트 씨 내외의 신앙과 훌륭한 의지와 용기가 원동력이 되었다. 그리고 입양 어린이들을 낳아 주신 생모들의 희생, 입양부모들의 끊임없는 기도와 사랑, 그 동안 홀트에서 수고해주신 전·현직 직원들, 위탁가정, 시설의 원장님들, 자원봉사자, 또한 물심양면으로 끊임없이 도움을 주시는 후원자님들의 기도와 사랑의 결실이다. 이모든 분들에게 깊은 감사의 뜻을 이 책을 통하여 전하고자 한다.

이책의 영문판을 한글로 초역해주신 옥스퍼드북스 코리아 임 창오 대표님, 이 책을 출판할 수 있도록 도아 주신 홀트아동복지회 민경태 회장님과 말리홀트 이사장님, 그리고 이 책이 출판되기까지 원고를 읽고 수정해 주신 임부웅 이사님과 김대열 기획실장님, 여러 직원님들에게 아울러 감사를 드립니다.

제1장 잃어버린 정체성

내가 초등학교 5학년 때 제2차 세계 대전이 시작되었다. 1941년 12월 8일 아침, 교장 선생님은 전체학생들에게 엄숙한 목소리로 일본이 미국과 전쟁을 시작하였으며 일본군이 하와이에 정박 중인 미 해군을 기습 공격하였다고 했다. 일본군은 수많은 미국의 전함들을 격침시키고 다른 주요 군사시설들도 파괴시켰다고 했다.

그때 11살이었던 나는 이 사건들이 나의 인생에 어떤 영향을 가져 올 것인지 몰랐다. 그러나 얼마 안 되어 만주 용정에서 살아가는 우리들의 삶에 변화가 오기 시작했다.

1930년 이래 만주는 일본 통치하에 있었다. 일본군과 일본인 관리들이 만주 전역에 걸쳐 자리 잡고 있었는데 그들은 전면이 아닌 뒤에서 모든 것을 조종했다. 각 지방의 책임자는 중국인이었지만 실제로 권력을 쥐고 통제하는 사람은 바로 부 책임자인 일본인이었다. 일본인들은 사회 각층 거의 모든 면에서 통제하고 있었다.

한 장로교 교회의 목사 가정의 장남인 나의 삶은 소박하고 평화로웠다. 위로 누님 한 분과 아래로 세 명의 여동생과 남동생이 하나 있었다. 우리 모두는 근심 걱정 없이 평안한 나날을 즐기며 살아왔다. 겨울이 오면 해란 강에서 스케이트로 이웃마을로 달려갔고 이 스케이트는 삼각형 나무목에 가는 쇠를 붙여 얼음 위를 미끄러져 가게 만들었다.

우리가 만주에서 살게 된 데에는 역사가 있다. 할아버지께서 20세기

초 목회사역을 시작하시면서부터다. 캐나다 장로회로부터 선교사로 북한에서 한국인이 많이 사는 만주로 파송을 받았다.

삼촌 두 분이 일본에 있는 대학에 다니고 있었고 여름 방학이 되면 집에 와서 일본에서의 그들의 생활에 대해 이야기해주었다. 집 다당에 둘러앉아 여름에는 마른 쑥 나무불을 피워놓고 밤늦게까지 이야기꽃을 피웠지만 제2차세계대전이 시작되면서 모임은 없어졌다.

정부는 젊은 청년들을 군대로 징집해 갔고 중년의 남자들을 광산이나 군수물자를 생산하는 산업 현장으로 끌어갔다. 도쿄에서 대학을 다니던 삼촌들도 징집을 피하기 위해 학업을 중단하고 귀국하였다. 우리의 삶은 점점 힘들어져 갔다.

1942년 겨울 우리가 살던 지역 거의 모든 가정에 장티푸스 전염병이 돌았다. 아버지는 그 병에 감염되었고 며칠 되지 않아 다리 근육이 다 시커멓게 변하기 시작하였다. 색깔이 변한 피부 부위에 생 돼지의 고기조각을 얇게 잘라 붙이는 전통 민간요법으로 치료했으나 결국 선교사가 운영하는 용정제창 병원에 입원하였다. 아버지가 퇴원을 하셨지만 오른 쪽 다리의 근육은 거의 없어진 상태였고 걸을 때마다 오른 쪽 다리를 똑바로 펴지 못하고 보행도 어려워졌다.

장남인 나는 남만주 철도 회사의 수습직 사원으로 고용되었다. 그것은 아버지가 완전히 회복될 때까지 우리 가족을 돕게 된 첫 번째 직업이 되었다.

일본은 강제로 젊은 미혼 여성들을 병사들의 성적 노리개인 소위 "위안부"로 끌고갔다. 이러한 무서운 운명을 피하기 위해 부모님은 누나가 중학교를 졸업한 직후 급히 결혼시켰다. 나는 누나가 결혼하기에는 너무 어렸고 또한 십대의 날들을 좀 더 즐기면서 지내야 한다고 생각하였다. 그녀의 꿈과 소망은 무참히 깨어졌다. 급작스럽고 반 강제적 결혼이 그녀의 꿈도 계획도 될 수는 없었다. 누나는 며칠이고 누워있었다.

그것은 신체적인 병이기보다는 마음의 병 때문이었다. 누나는 울면서 식사를 거절하였고 결혼을 거부하였지만 그것은 헛된 일이었다. 결국 누나는 부모님의 마음을 이해하고 그 뜻에 따르기로 하였다.

결혼하지 않은 많은 십대 소녀들과 젊은 여인들은 강제로 성적 노예로 끌려가 그들의 꿈과 소망은 사라졌고 고된 삶이 시작되었다. 그 다음 몇 주 동안 누나는 슬픔에 잠겨 있었고 엄마에게 몇 마디를 했을 뿐 어느 누구에게도 말을 하지 않았다. 누나의 소녀다운 웃음이 완전히 사라졌다. 우리 식구 모두는 누나에게 매우 미안해하였지만 우리는 이 감정을 우리 스스로 감추어야 했고 동정심이나 슬픈 감정을 드러내놓지 못했다.

우리 가족 분위기는 언제나 명랑하고 평화스러웠는데 갑자기 어둠이 깔리기 시작했다. 전쟁과 강제 조혼으로 누나는 그녀에 알맞은 배필을 선택할 수 없었는데 그것은 그 당시에 능력 있는 모든 젊은이들은 전쟁터로 동원되어 갔기 때문이다.

누나는 군수물자를 생산하는 공장에서 일하고 있는 자기보다 훨씬 나이 많은 30대 남성과 결혼하였다. 누나가 결혼 후 친정집에 돌아왔을 때 나는 대단히 기뻤고 그녀의 미소를 보고서 안심이 되었으며 처음으로 다시 그녀의 웃음을 볼 수 있었다. 그 후 우리는 누나를 한두 번 더 보았다. 누나는 멀리 떨어져 살았기 때문에 우리가 중국으로부터 빠져 나올 때에 우리 가족과 다시 합류할 수 없었다.

지금도 누나의 강제 조혼은 내 가슴속 깊은 상처로 남아 있다. 그리고 1947년 3월 이후 지금까지 누나를 다시 보지도 못했고 또한 어떤 소식도 들을 수 없었다. 누나를 둘러싸고 일어났던 모든 일들은 내게 고통스러운 추억과 깊은 상처만을 남겨놓았다.

전쟁 때문에 많은 고통이 뒤따르게 되었고 학교에서의 일상생활도 철저하게 바뀌었으며 견디어내기 어려웠다. 매일 학교생활은 학교 강당에 전교생이 모여서 일본 국왕이 사는 토쿄 황궁과 진주만을 공격할 때 미군 전함을 향해 비행기를 돌진하여 죽은 "9명의 비행사(9軍神)"의 사진을 보고 절을 하였다.

그리고 학교 교장 선생님은 일본 국왕을 위해 아낌없이 그들의 생명을 기꺼이 바친 일본군들의 애국적이며 영웅적인 행동을 찬양하는 기나긴 연설을 하였다. 그는 모든 학생들이 이렇게 죽은 일본군 병사들을 본받아야 하며 또한 우리의 삶의 목표가 되어야 한다고 격려했다. 초등학교 학생들도 한국의 독립을 향한 강한 염원을 품고 있었다. 우리는 자주 가슴속에 태극기를 숨기고 모여서 일본군에 대항하여 싸우고 있는 독립군들에 관해 들은 이야기를 주고받았다.

공휴일과 주말 그리고 기나긴 여름방학은 이제 더 이상 즐거운 휴식의 날들이 아니고 우리 모두에게 혹독한 시련의 날들이었다. "근로 보국대"라는 미명아래 여름 방학 내내 우리는 강제로 공사장에 끌려가 일을 해야 했다. 우리는 지상의 흙들을 파내고 또한 바리케이드와 격납고의 벽을 세우기 위해 이 흙들을 옮겼다. 다른 그룹의 학생들은 비행기가 착륙할 수 있는 비행장 활주로를 건설하였다.

휴일과 주말에 우리는 담배 갑에서 분리된 알루미늄 은박지를 모으기 위해 마을을 돌아다녔다. 모아진 은박지는 야구 공 크기로 뭉쳐서 바쳤다. 철이나 강철 심지어 구리로 만들어진 제품들은 대포와 탱크나 전함 등을 생산하는 데 쓰고자 수집되었다. 놋그릇이나 쟁반 등과 같은 여러 금속들도 헌납되었다. 계단의 강철 난간과 울타리 등은 모두 수집되었고 나무로 된 제품들로 대체되었다. 심지어 교회의 종마저도 징발되었다.

가을에는 기름을 많이 함유하고 있는 씨앗을 생산하는 피마자와 느릅나무들을 찾아 다녔다. 땅에 떨어진 느릅나무 씨앗들을 주웠다. 이 씨앗에서 추출한 기름은 비행기의 엔진 윤활유로 사용되었다. 어린 아이들도 학교에 부과된 채집 요구량을 채우기 위해 고통을 분담하였다.

부모 형제자매들도 어린 학생들에게 주어진 할당량을 채우라는 강박을 덜어주기 위해 모두 나서서 도왔다. 나는 다른 학생들에 비해서 좀 나은 편이였다. 마을 외곽에 살았던 탓에 내게 주어진 피마자와 느릅나무의 씨앗의 할당량을 채우기는 어렵지 않았다.

“국어 전용 운동” 아래 일본어만을 사용해야 한다는 규칙이 나왔다. 한국어의 사용이 휴식시간에 허용되었지만 이제 규칙이 엄격하게 바뀌어져 학교에 있는 시간에는 오직 일본어만을 사용해야만 했다. 이 규칙을 어기면 벌을 받았다. 한국어로 말할 수 있는 자유를 즐기는 시간은 오직 집으로 돌아와 가족과 함께 있는 시간이었다.

그러나 가장 어려운 규제는 바로 우리 가족의 이름을 일본식 이름으로 바꾸라는 창씨개명(創氏改名)이였다. 우리는 일본인들의 이름은 가네다 노무라 스즈키 야마구치 등으로 바꾸어야 한다. 우리 한국인들의 정체성이 말살되고 일본 문화에 강제로 동화되었다. 일본어로 말하고 일본식 이름을 갖는다면 표면적으로 일본인이 되는 것이다. 잃어버린 나의 정체성에 대한 슬픔과 상처는 긴 세월 우리 마음속에 깊이 사무쳤다.

모든 학생들은 강제로 일본 신사에 참배하도록 하였고 강제로 일본의 습관과 문화와 종교까지도 강요당했지만 탄압이 거세지면 질수록 우리의 반항하는 힘은 점점 증대되었다. 전쟁이 마지막 국면에 들어설 때 정부는 기독교를 핍박하기 시작했다. 일본인들은 '기독교인들이 서방에 동조하여 믿을 수 없다' 고 의심하였다. 찬송가는 검열을 받아 삭제되었는데 영국 국가와 같은 음조를 가진 “만세 반석 열리니”등과 같이 서양의 애국적 노래들은 부를 수 없게 되었다. 밀정들은 반정부 운동 등을 감시하기 위해 설교를 몰래 기록하였다.

목사와 교회 지도자들을 신사참배에 참여하도록 강요하였다. 신사의 여러 신들에게 절하는 것은 십계명의 첫 번째 계명 "내 앞에 다른 신을 두지 말라"를 범하는 것이기 때문이다. 수많은 교회 지도자들이 거절하였고 이로 인해 투옥되어 옥고를 치뤘다. 어떤 기독교인들은 그들의 믿음을 지키기 위해 죽음을 선택하였다.

기독교에 대한 박해가 최고조에 이르렀을 때에 아버지는 내게 "하나님을 위하여 죽음을 선택하는 것은 어려운 일이 아니나 자녀들의 생명과 나의 믿음 중 선택하라면 나의 믿음의 힘을 의심할 수밖에 없다"라고 말씀하시던 것을 나는 생생하게 기억한다. 그러나 아버지는 그의 마음속에 하나님을 결코 배반할 수 없다는 것을 나는 확신하였다. 나의 아버지는 닥쳐올 가능성에 대해 늘 준비하셨다.

1945년 초 나는 집에서 북서쪽으로 약 300마일쯤 떨어진 길림 시에 사는 막내 삼촌에게 가서 통문(同文) 상업중학교에 입학했다. 학생들은 중국인들이었고 상급반에 몇 명의 한국인들이 있을 뿐이다. 나는 1학년생 중 유일한 한국인이었다. 만주로 알려진 만주국은 표면상으로는 푸위 황제에 의해 다스려지는 독립국이지만 실제로 일본에 의해 완전히 통제받는 꼭두각시 정부였다. 그러므로 학교에서 사용되는 모든 교과서는 일본어로 쓰여 있었다. 모든 학급은 일본말로 가르쳐 졌고 중국어는 필요에 따라 사용되었다.

나의 중국 친구들은 내가 집을 떠나 살아야 했다는 점에 대하여 동정적이었다. 우리는 일본 독재 정권아래 함께 고통을 받고 있다는 공감대가 서 있었다. 일본이 한국을 강제 병합한 것과 만주를 점령한 것에 대해 증오했다.

1945년 8월 15일 정오쯤 라디오 방송을 들었다. 히로히토 일왕 자신이 연합국에 무조건 항복한다는 방송이었다. 이것은 정말로 놀라운 소식이었다. 아무도 막강한 일본 제국이 무너지리라고는 생각지도 못했다. 우리는 오직 전쟁터에서 빛나는 일본군의 승전보만 들었을 뿐이었다. 처음에 나는 그 방송을 믿을 수가 없었다. 목소리는 분명하지 않았고 떨리고 때때로 흐느꼈다. 그때 나는 막강했던 일본 제국의 패망을 게다가 심지어 자신을 신이라고 하는 일왕의 목소리를 직접 들을 수 있었다는 것이 미끼지 안았다.

방송 된 지 몇 분 후에 사람들은 거리로 쏟아져 나왔다. 그들은 이웃들과 친구들을 얼싸 안고 기쁨의 환희를 외쳤다. 66년이 지난 지금도 내 벅찬 가슴은 뛰고 이날을 잊을 수가 없다. 이제는 우리의 원래 이름을 되찾을 수 있었고 정체성 등을 다시 얻게 된 것이다. 거리에서 공원에서 학교에서의 축하행사는 밤늦게까지 이어졌다.

다음날 학교에서 급우들과 선생님에게 다시 학교에 나오지 않고 용정에 되돌아가겠다고 말했다. 서로 작별을 아쉬워했다. "일본이 만주를 강점한 것은 겨우 16년이었는데도 참으로 힘들고 고통스러웠는데 너희는 어떻게 36년 동안 그 고통을 견디어 냈느냐?"고 했다.

우리는 소지품들을 정리하고 쉽게 가져갈 수 있는 자그마한 보따리 하나 들고 곧 남쪽으로 가는 기차를 타기 위해 기차역으로 갔다. 기차역은 사람들로 가득 차 있었다. 수많은 일본군과 일본인 가족들이 기차역에서 본국으로 송환되어지기 위하여 기다리고 있었다.

정기 여객열차는 더 이상 이용할 수 없었다. 오직 산발적으로 화물열차들 (그 또한 대부분 소련 병사들을 실은 군용화물차)만이 역을 지나가고 있었다. 우리는 몇 시간이고 밤늦게까지 기다렸다.

드디어 기차 한 대가 역에 정차하였다. 몇몇 화물열차에는 이미 피난민들로 가득 차 있었다. 삼촌과 나는 화물열차에 올라타서 승객들과 합류하였다. 우리는 다른 사람들처럼 짐이 많지 않았다. 열차 안은 꽉 차

심지어는 열차 지붕에까지 올라탔다. 갑자기 기차역이 아수라장으로 변했다.

기차는 우리가 탄지 30분이 지나 천천히 움직이기 시작했고 지린을 떠나 다음 날 옌지에 도착했다. 옌지는 우리의 고향 용정으로부터 한 정거장 떨어져 있는 곳이다. 우리는 내려서 용정으로 가는 또 다른 열차가 있는지 또는 버스나 트럭과 같은 교통편이 있는 지를 알아보았다. 만약에 최악의 경우라면 걸어서라도 집에 갈 수 있는 거리다.

다행히 우리는 그날 오후 엔지에서 용정으로 가는 화물열차를 탈 수 있었다. 그곳에서 러시아 사람들은 만주와 북한으로부터 빼앗은 전쟁 노획 물자를 본국으로 실어 나르고 있었다.

부모님은 우리들을 보시고 무척이나 기뻐하셨다. 흩어졌던 우리 가족들이 드디어 하나 둘 다시 만나게 된 것이다. 집에 도착한 지 얼마 안 되어 집 앞마당에서 타오르는 모닥불 주위에 둘러앉는 저녁 모임이 다시 시작되었다. 대화는 밤늦게까지 이어졌고 우리는 전쟁 동안 겪은 경험과 고통들을 함께 나누었다. 사람들은 중국과 동남아시아에서 또는 탄광과 공장과 조선소에서 겪었던 것과 죽음에서 탈출한 무섭고 상상할 수 없는 이야기들을 나누었다.

저녁 모임은 사람들이 또 떠나감에 따라 모이는 숫자가 줄어들었다. 막내 삼촌도 예외는 아니었다. 작은 마을에서 그의 꿈은 이룰 수 없었기 때문이다. 그는 여운형 씨에 의해 이제 막 구성된 남조선 임시정부의 일을 맡고 계신 둘째 삼촌과 합류하고자 서울로 가기로 결심하였다. 나의 큰 삼촌은 여운형 씨의 임시 정부에서 법제처장으로 지명 받으셨다. 비록 모든 사람들이 그 소식에 기뻐하였지만 나는 임박한 이별 때문에 슬퍼졌다.

일본이 항복하자마자 놀랍게도 러시아군은 홍수처럼 우리 마을로 진군해 들어왔다. 그들은 완전 무장하고 미국이 만든 트럭과 지프차 수륙

양용차 등으로 무장하였다. 오직 그들이 입은 군복과 따발총만이 러시아가 만든 제품이었다. 훈련을 제대로 받지도 못한 러시아 군인들은 거리에서 시민들에게 테러를 감행하였고 손목시계와 만년필 그밖에 값이 나가는 물건을 뒤지고 다녔다.

그들은 값나가는 물건들을 보면 무조건 "다와이(내놔)"하며 빼앗아 갔다. 만약 사람들이 반항하면 총을 사람들의 가슴에 겨누고 협박하였다. 어떤 군인들은 양팔에 손목시계를 몇 십 개씩 끼고 있었다. 사람들은 위협을 느끼고 강탈당하거나 다치지 않도록 먼발치에서 그들을 보면 도망갔다. 소련군들은 또한 마을에서 젊은 여성들을 찾아다니면서 강간하였다. 여인들은 이러한 소련군들을 피하는 법을 배웠는데 어떤 여인들은 성폭력을 피하고자 머리를 깎고 남자 옷을 입고 다녔다.

일본의 통치하에서의 삶의 어려움이 이제는 소련 주둔 군으로 대체되었다. 소련군은 일본군을 무장해제 시키기 위해 만주로 들어왔다. 그러나 곧이어 그들은 기계, 자동차, 전력 제품 철이나 강철로 만든 모든 제품 등 전쟁 노획물자들을 모으기 시작했다.

수많은 압제의 세월을 보냈지만 조선은 그토록 염원했던 독립을 아직 얻지 못한 것은 참으로 믿기 어려운 일이었다. 우리나라는 미국과 소련, 영국, 중국 네 나라에 의해 나뉘어 통치를 받게 된 것이다. 소련은 만주와 북한을 점령하고 연합군은 남한을 점령한 것이다. 이것은 어느 곳에 있든지 모든 아픔의 상처였다.

한국인들은 지난 36년 동안 나라의 자유를 위해 기도해왔고 또 용감하게 투쟁하였다. 이제 이 모든 것들이 물거품처럼 되었다. 우리는 일본이 패배하여 물러가면 한국이 독립을 얻을 것이라고 믿었다. 사람들은 모이는 곳마다 이 문제를 토론했고 좀 더 나은 삶과 자유를 얻기 위하여 북한에서 남한으로 옮겨가기 시작했다.

1945년과 1946년은 격동기였다. 해방 뒤에 찾아온 혼란기였지만 사람들은 행복해 했다. 일본의 압제로부터 자유를 얻었고 기다리던 해방을 맞이했기 때문이다.

모든 한국인들의 마음속에 가장 중요한 질문은 "조국의 운명은 어떻게 되어가고 있느냐?"였다.

제2장 인민재판

　두려움과 불안에도 희망의 작은 빛이 보이기 시작했다. 이 지역에 있는 러시아 군인들이 중국 군인으로 대체된다는 것을 알았다. 러시아 군정 하의 몇 개월 동안 극심한 불안과 공포 두려움에 휩싸여 있었다.

　그러나 중국군이 장개석 총통이 이끄는 국민당과 모택동 주석이 이끄는 공산 인민 해방군 두 파로 나눠져 있다는 것을 몰랐다. 팔로군이 왔지만 러시아군과 비교도 할 수 없이 친절하였다. 그들은 신사적 이였고 잘 훈련되었으며 존경스럽게 보일 정도였다. 그들은 러시아 군인들처럼 약탈과 부녀자들을 강간 하지 않았다.

　그들이 진주하면서 공산군들은 지방 정부를 구성하여 관리하였다. 인민들은 새 정부에 큰 기대를 하게 되었다. 공안국에서는 일본 정부를 위해 일했던 정부 관리들과 경찰, 헌병, 첩자들은 색출하여 체포하기 시작했다.

　1946년 여름 지방정부가 일본 정부에 협력했던 사람들에 대한 재판을 시작였다. 초가을 어느 주일, 해란 강가 철교 곁에 있는 야구장으로 모이라는 광고가 나붙었다. 모택동 군대가 진주한 후 처음 열리는 옥외 집회에 주일 예배에도 빠지고 회의장으로 갔다.

　중국군 군악대의 연주가 있었고 유니폼을 입은 합창단이 노래를 불렀다. 그것은 전쟁터로 나아가는 군인들을 위해 군중들을 고취시키고자 주로 연주되는 선전적인 음악이었다. 이 노래는 "숙청의 노래"라는 것을 나중에 알았다. 이 노래의 내용 "우리는 인민을 위해 정의를 구가한다. 붉은 기 솟으며 태양은 떴다. 우리를 못 살게 굴던 놈들아 어디어 숨었느냐?" 갑자기 소름 끼치는 충격이 내 등 뒤에서 솟아오름을 느꼈다. 그렇게 열광적으로 부르는 노래의 주제를 듣자 나는 불안해졌다.

운동장은 수많은 사람들로 넘쳐났고 이어서 시장의 정치적 연설로 회의가 시작되었다. 중국 인민해방군이 중국과 한국의 인민들을 위하여 일본과 용감하게 싸워 쟁취한 것을 한 시간 동안 했다. 그는 공산즈의에 관한 것은 언급하지 않았지만 반복해서 신민주주의를 외쳤으며 그것은 실상 공산주의를 가장한 말이었다.

시장의 연설이 끝난 후 군사 지도자가 우리들은 일본 제국주의자들의 주구(走狗)와 배신자들에 대한 "인민재판"을 갖겠다고 선언했다. 사람들은 인민재판이 무엇인지에 대해 서로 묻기 시작했다. 많은 사람들은 불길함을 예감했지만 무슨 일이 일어날지 기다려야만 했다.

어떤 사람이 무대 위로 올라가서 그들이 모든 사람들 앞에서 두 명의 피의자에 대한 범죄 조사서를 읽기 시작했다. 그 조사서는 두루마리 종이에 적혀 있었는데 새로운 정부에 의해 작성된 조사서다.

군중들 가운데 어떤 이가 일어서서 그들이 저지른 범죄로 마땅히 처벌받아야 한다고 외쳐댔다. 건너편에 있던 다른 사람이 또 일어서서 하늘을 향해 주먹을 휘두르며 똑 같은 말을 외쳐댔다. 마치 오케스트라의 여러 가지의 악기들 처럼 30명 이상의 사람들이 서로 번갈아 일어서서 외쳐댔다. 그때 맨 앞줄에 있던 여인이 정의를 외치면서 손에 칼을 휘두르며 피의자들이 꿇어 앉아 있는 단상으로 올라가 한사람에게 칼로 찌르고 그가 그녀의 남편을 죽게 했다고 했다.

우리는 단지 호기심 때문에 이곳에 왔는데 공공의 장소에서 그와 같은 폭력을 목격하고는 매우 놀랐다. 흥분한 이 여인이 단상을 내려온 다음

검사가 두 피의자에 대해 사형을 선언하였다. 나는 후에 인민재판에서 '피'라고 하는 것은 사형을 의미한다는 것을 알았다. 그 연극은 쉽게 즉흥적으로 끝났고 변호할 기회도 없었다.

인민재판이 끝나 두 피의자들을 강둑 위로 질질 끌려 갔다. 그곳에는 어른 머리만한 크기의 돌들이 쌓여 있었다. 그들은 이 범죄자들을 땅바닥에 무릎을 꿇게 하고 희생자의 가족들에게 돌을 던져 죄인들을 단죄하라고 하였다. 그러나 아무도 나가 돌 던지는 사람이 없었다. 참극은 계속되었지만 아무도 그곳을 떠나지 않았다. 야구장은 금방 생지옥으로 변했다. 많은 사람들은 할 말을 잃고 다만 서로를 바라볼 뿐이었다. 그들은 모두 숨 죽이고 조용히 떨고 있었다. 공개 처형을 목격한 것은 생애 처음 있는 일이었다.

아버지는 주일 예배도 빠뜨리고 인민재판에 간 것에 매우 노하셨다. 나는 차분히 인민재판과 강가의 야구장에서 목격한 것 을말씀드렸다. 그 후 인민재판은 계속해서 일본에 협력했던 사람들을 처형했다. 그들은 범죄자들이 스스로 변호하는 데도 불구하고 돌로 쳐 죽이는 일을 더 이상 목격하고 싶지는 않았다. 참관자는 점점 줄어들었고 나중에는 강제로 오게 했다.

1946년 초겨울 때까지 숙청의 두 번째 국면이 시작되었는데 그것의 목표는 지주와 공장 소유주 또는 큰 자산을 소유한 사람들이었다. 그 이유는 간단하였다. 이들은 프롤레타리아 계급들을 착취해서 부를 축적할 수 있었다고 했다.

한번 낙인찍히고 죄가 확정되면 착취한 대가로 그들의 토지와 재산을 완전히 몰수당하고 심지어 죽이기까지 했다. 이러한 숙청작업이 계속됨에 따라 공산주의하의 삶은 계속 공포 속으로 빠졌다.

일본 제국주의 지배나 소련의 점령군이나 모택동의 인민 해방군의 신민주주의 통치는 모두 똑 같이 공포와 고난의 연속이었다. 전쟁이 끝나고 일본이 패배하여 물러간 뒤 우리는 어느 누구도 이렇게 혹독한 시련과 두려움 속에서 살아갈 것이라는 것을 상상하지 못했다.

나는 길림성으로부터 고향에 돌아와서 영신중학교로 다시 복학하였다. 두 번째 해 말에 네 개의 남자 중학교와 두 개의 여자 중학교가 용정중학교 하나로 통합되었다. 이 오랜 전통을 가진 이 학교들은 오직 한국인 학생들만 다녔고 훌륭한 학자들과 시인, 작가와 예술가들 그리고 정치 지도자 등 많은 인재들을 배출하였다.

모택동 주석의 통치하에 있는 공산주의 정권이 왜 이 교육 기관들을 하나로 묶으려고 했는지는 알만했다. 학교들이 합치자마자 교육 과정도 공산주의 이념과 신민주주의를 가르치는 데 역점을 두었다. 교장이 학생들에게 한 연설은 몇 시간이고 계속되었다.

매일 학업이 끝나고 종례 시간에 우리는 커다란 강당에 모여 "자아비판" 시간을 가졌다. 학교 규칙을 어기거나 부적당한 행동을 하는 학생들이나 불순한 정치적 사상을 표현하는 학생들– 즉 공산주의와 공산 정권을 비방하는 일을 저지르는 학생들–은 앞에 나와 그들의 범죄에 대하여 자아 비판을 하도록 강요당했다. 잘 알지도 못하는 범죄를 용서받기 위해서 어디서 잘못이 시작되고 또 무슨 말을 해야 하는지를 몰랐다.

학생들 앞에서 해야 하는 자아비판 절차는 신체적인 형벌보다 더 혹독하고 힘들었다. 학교가 통폐합된 후로 학생회는 점점 더 작아 졌다. 학업은 더 이상 재미가 없었고 급우들은 대부분 전에 만난 적이 없었던 사람들이었다.

1947년 이른 봄까지 공산 정권은 인민들에게 좀 더 많은 권력을 행사하기 시작했다. 지식인들과 수입이 많은 사람들 그리고 종교인들에 대한 압제가 좀 더 빈번하게 되었다. '종교는 아편이다' 고 하는 무신론자들인 공산 당원들의 통치하에서 살아갈 수 있는 날은 얼마 남지 않았다.

우리는 오랜 시간 학교와 교회에서 친구들과 하나님과 종교, 공산주의 그리고 혁명 이론을 토론하면서 보냈다. 우리는 자주 진화론을 가르치시는 생물 선생님과 토론을 벌였다. 만약 세계가 작은 아메바로부터 시작되었다면 그 아메바는 누가 만들었을까? 비록 이런 간단한 토론도 학생들의 사상 검증이 늘어나면서 중지되었다.

내가 16살이 되던 해 정부가 교회와 종교인들에 대해 시도하는 세 번째 숙청 작업이 시작되었다. 토요일 늦은 오후 나는 시내에 있는 친구를 만난 후 집으로 돌아갔는데 수많은 사람들이 우리 집을 둘러싸고 이었고 모두 새로 본 사람들이었다. 집에는 식구들이 아무도 없었고 모든 것들은 난장판이 되었다. 문짝들은 모두 부서져 활짝 열려져 있었고 집안의 물건들은 여기 저기 땅에 흩어져 있었다. 가족들이 걱정되어 나는 식구들이 어디 있는지를 물어보았지만 아무도 대답해 주지 않았다.

어떤 사람이 갑자기 나를 보고 "이 아이는 김 목사의 아들이다." 라고 소리쳤다. 그는 내 손과 목을 우겨 잡고 마당 앞으로 끌고 가더니 때리고 걷어차기 시작했다. 나는 공안부로 붙들려 갔는데 어머니와 동생들은 벌써 와 있었다. 그들은 아버지를 체포하고 "인민재판"에 세운다고 했다.

나와 여동생들과 남동생 그리고 어머니, 가족 모두 감옥에 갇혀 있게 되었는데 무엇 때문에 그러는지 이해할 수가 없었다. 두 달된 여동생 형인이는 어머니의 등에서 이 모든 혼란이 일어난 가운데서도 평안히 자고 있었고 다른 여동생들은 추운 감방에서 어머니 곁에 옹기종기 앉아 있었다. 나는 여전히 혼란스럽고 또 체포될 때 입은 고통 때문에 그 추위를 느낄 수가 없었다.

밤이 다가왔고 우리는 열 시간 넘게 그곳에 있게 되었다. 우리는 아침부터 아무 것도 먹지 못했지만 배가 고프거나 힘들지 않았다. 다만 아버지의 안위가 더 걱정되었다. 나는 인민재판에서 보았던 일들 때문에 내 걱정은 증폭되었다. 비록 그들은 첫 번째 인민재판을 벌린 이후 범죄자를 돌로 쳐서 죽이는 일을 반복하지는 않았지만 폭도들의 행동이란 예측할 수 없다. 나는 앞으로 아버지에게 닥칠 온갖 시나리오를 상상해 보았다.

이러한 상상을 억제하려고 무척 노력하는데 순교하신 스데반 집사에 대한 성경 이야기가 갑자기 내 마음속에 떠올랐다. 왜 이 시점에 스데반 집사의 이야기가 떠오르는가? 그것은 하나님께서 내게 최후의 일을 준비하라는 메시지가 아닌가? 그럴 수는 없다. 나는 그저 상상만 할 뿐이다! 내 마음 속에서 일어나는 생각을 떨쳐 버리려고 무척 노력하였지만 내 뇌리에서 좀처럼 사라지지 않았다. 그것은 아버지의 임박하신 죽음을 알리는 불길한 예감처럼 느껴졌다.

나는 눈을 감고 공원에서 처음 본 "인민재판"을 잊으려고 노력하였다. 그곳에 가지 말았어야 했는데 처형의 순간을 목격한 것이 나를 괴롭히고 있었다. 감방 문이 열리고 제복을 입은 관리 한 사람이 나에게 밖으로 따라 나오라고 했다. 어머니는 남편을 인민재판에 보내고 난 뒤 아들마저 잃어버리지는 않는지 하는 두려움 때문에 금방이라도 울음을 터뜨릴 것 같았다. 내가 감방 문을 나서자 어머니는 곁에 있는 어린 자녀들에게 두려움을 주지 않도록 조용히 눈물을 흘리셨다. 놀랍게도 다른 관리들 앞에 서 계신 아버지를 보았다. 아무런 생각을 할 수 없었고 그저 살아계시다는 것 하나로 기쁨이 넘쳤다.

관리 중 한 사람이 아버지와 나를 경찰 본부로 호송해 갔다. 그들은 우리들에게 방면해 주는 조건으로 즉시 북한으로 떠나야 한다고 말했다. 그들은 나를 감방으로 되돌려 어머니를 뵙도록 했고 어머니는 우리가 인민재판에 끌려가지 않고 잘 있다는 모습에 안도의 한숨을 쉬었다. 나는 아버지 소식을 어머니께 전해 드렸다. 어머니는 감방 안에 있는 모든 식구들과 함께 울기 시작하셨는데 한과 기쁨이 한데 섞인 울음이었다.

유니폼을 입은 관리가 나에게 떠나라고 밀어붙이는 바람에 어머니께 아버지가 괜찮다는 것과 우리 가족이 나중에 만나기로 정한 목적지를 향해 북한으로 떠나게 되었다는 것만 겨우 알려 드리고 떠났다. 우리 도시에서 국경선에 이르는 길은 오직 한 길뿐이었다. 그곳에서 가족들을 기다리기로 했다. 내가 그 땅에 더 있고 싶었지만 선택의 여지가 없었다. 아버지와 나는 먼저 중국을 떠나고 나머지 가족들은 유치장을 나오면서 우리들을 따라 오기로 했다.

경찰 간부 몇 사람이 우리를 트럭에 태우고 운전기사에게 국경선까지 가서 우리를 내려주라고 지시했다. 그 트럭에는 북한으로 향하는 상품들이 그득 실려 있었다. 북동 중국에 있는 상인들은 여러 가지 농산물들을 북한으로 보내고 돌아오는 트럭 편에 해산물을 싣고 왔다.

트럭 운전사는 큰 차를 곡예를 하듯 운전했고 우리는 머리 위로 불어닥치는 시베리아의 매서운 바람을 견디며 앉아 있었다. 우리가 마음을 진정시킨 뒤 아버지는 나에게 "인민재판"에 대한 고통을 말해 주었다. 아버지가 처음 체포되었을 때 마을 어귀에 있는 새끼를 짜는 공장으로 끌려갔다고 한다.

이 공장은 2차 세계대전 동안 일본군에게 가마니와 새끼를 짜서 제공하기 위해 지어졌다. 수많은 사람들이 공장 마당을 가득 메웠다. 아버지는 임시로 만든 무대로 끌려 나갔고 검사가 아버지의 죄목을 읽어 내려가기 시작했다. 참으로 웃기는 것은, 그들은 아버지를 '사악한 메시지를 인민들에게 가르쳐 혼란하게 만든 죄'로 고소했다. 그들은 또한 주일마다 예배 시에 회중들로부터 돈을 요구했다는 죄목을 덧붙였다. 가족과 자신만을 위해 낭비와 허세를 부리며 살았으며 부자였지만 인민들을 그의 밭에서 일하게 만들었으며 소작인들을 가난하게 만들었다고 했다.

구원의 메시지, 회개와 다시 태어남, 죽음과 부활 그리고 천국의 진리
는 성경에 잘 기록되어 있다. 이것이 하나님의 말씀이다. 주일 헌금은 교
회 활동을 유지하고 선교 사업을 확장하는 데 쓰였고 우리 농토는 할아
버지 때부터 내려온 것이다.

우리 농장에서 쌀을 생산하지 않았다면 교회로부터 주는 변변찮은 월
급으로는 아마 굶어 죽었을 것이다. 검사가 죄목을 읽은 후 사람들이 차
례차례 일어나 주먹을 휘두르며 인민들을 괴롭힌 죄악들을 탄핵했다. 잘
조작된 이 사건은 한 두 시간 지속되었고 이 일을 주도한 검사에 의해 계
획된 각본에 맞춰 진행되었다.

매번 사람들은 일어섰고 아버지는 그들이 누구인지 알지 못했다. 이
외지인들은 아버지와 우리 가족에게 어떠한 동정심도 갖고 있지 않았다.
관대한 처분을 요구할 아무런 이유가 없는 것이다.

아버지는 그것을 피할 수 없다는 것을 아시고 준비하고 계셨고 어서
끝나기만을 기다렸다. 더 이상 고통을 참을 수 없어 하나님의 뜻을 기꺼
이 받아들이고 믿음으로 참고 견딜 수 있는 힘을 달라는 기도를 드리기
시작하셨다. 기도 후 아버지는 마음속에 평화를 찾았고 더 이상 그들이
무어라고 말하든지 귀를 기울이지 않았고 조용히 눈을 감고 마지막 판결
만을 기다렸다.

손뼉을 치며 환호하는 소리를 들었다. 고위직인 중국 인민 해방군 사
령관이 아버지가 계신 단상 쪽으로 왔다. 그는 연단으로 걸어 나와 모택
동의 인민 해방군과 일본 제국주의와의 투쟁과, 그들이 쟁취한 승리 등
에 대한, 일상적인 정치 연설을 시작했다.

그리고 그는 현재의 인민을 위해 봉사하는 정권이라는 공산 정권으로
말문을 옮겨왔다. 또 인민들에 반하여 범죄를 저지른 일본의 주구(走狗)
들을 징계하고자 "인민재판"을 열게 된 이유를 설명하였고 지즈들과 "부

르주아"들을 적극 찾아내어 법의 심판을 받게 해야 한다고 했다.

사령관은 마침내 종교와 기독교에 대한 주제로 바꾸었다. 말을 진행하면서 아버지에 반대하여 말하기 보다는 오히려 아버지를 두둔하는 말을 하기 시작했다. 그는 우리 가족을 찬양했고 모여든 폭도들에게 일본에 대항하여 싸우고 대한민국의 독립을 얻기 위하는 데 앞장을 서신 할아버지에 관하여 말하기 시작했다.

"김 목사는 기독교인이다. 그러나 그는 세계에서 하나 밖에 없는 기독교인은 아니다. 수많은 기독교인이 있다. 수억의 기독교인들 중에서 한 사람을 제거한다고 우리의 이상에 아무런 도움이 되지 않는다." 그의 연설은 결론적으로 아버지를 돕게 되었고 특별히 할아버지께서 일찍이 항일 독립 투쟁을 하셨던 것 때문에 용서를 구하는 메시지였다.

아버지는 이 모든 일들을 믿을 수가 없었다. 그는 외지인인 이 지역 인민 해방군 사령관으로부터 이와 같은 내용의 연설을 듣게 될 줄은 몰랐다. 그의 연설이 끝난 뒤 그를 옹호하는 박수와 환호가 약 15분가량 지속되었다. "우리는 사령관 동지의 말을 적극 지지합니다."

아버지를 비난하던 이들이 이제는 사령관을 지지하는 발언을 했다. 아버지께 용서를 받았지만 우리 가족의 재산은 몰수당했다. 땅이며 집, 가구 그리고 다른 모든 것을 몰수당했지만 아버지는 풀려나셨다. 사령관은 아버지의 팔을 잡고 바깥으로 나왔다.

그는 우리가 이 도시를 곧 떠날 것을 권고하였다. 아버지는 앞으로 교회를 섬기며 계속해서 살 수 없고 꼭 떠나야만 한다고 했다. 아버지는 그의 도움에 감사를 드렸고 왜 아버지를 도왔는지를 물었다. 그 사령관은 무슬림 신도였다. 그는 아버지가 무사할 것을 빌고 안녕히 떠나기를 소원했다. 아버지는 "인민재판"이라는 불타는 지옥과 같은 곳에서 기적적으로 생환하신 것을 요약하여 말씀해 주셨다. 처음 실시되었던 "인민재판”을 내 눈으로 보았기에 아버지가 말씀하신 것들을 쉽게 이해 할 수가 있었다.

먼동이 틀 때 아버지와 나는 한국과 중국 사이의 국경선에 도착하였다. 우리는 트럭에서 내렸고 트럭 기사에게 감사의 작별인사를 했다. 강둑 위에서 우리는 먼 거리에 있는 회령시를 볼 수 있었다. 3월 중순의 공기는 아직도 차가웠고 두만강은 딱딱하게 얼어붙어 있었다. 우리는 이제 숨을 쉬게 되었는데 부드러운 바람은 아직 춥게 느껴졌다. 이 지역은 황량한 곳이었다. 사람들이 아직도 깊이 잠들어 있는 이른 새벽, 우리는 멀리 마을로부터 닭이 우는 소리와 여기저기서 아침의 정적을 깨뜨리는 까치의 울음소리를 들을 수 있었다. 마치 우리들에게 “한국에 오신 것을 환영합니다.”라고 말하는 듯 했다.

우리는 그곳에서 오래 기다릴 수 없었다. 아직도 여전히 중국 땅에 서 있는 것이다. 재빨리 강 건너편 자유가 있는 한국 땅으로 걸어 갔다. 우리는 얼어붙은 두만강을 1947년 3월 17일에 건넜고 도착하자마자 강둑의 자갈 밭 위에 무릎을 꿇고 하나님께 감사의 기도를 드렸다. 아버지는 하나님께서 우리들이 안전하게 여행을 할 수 있게 해 주심을, 특히 “인민재판”에서 확실하게 죽을 수밖에 없었으나 자유의 땅 한국-고요한 아침의 나라-으로 안전하게 인도해 주심에 감사를 드렸다. 아버지는 또한 중국 땅에 아직 남아 있는 가족들을 위해 그들의 안전과 건강 그리고 빠른 시일 안에 다시 만날 수 있기를 기도하셨다.

그후 우리는 박 장로님 댁에서 어머니와 동생들이 오기를 기다렸다. 이별은 잠시 뿐이고 한국에서 곧 다시 만날 것이라고 믿고 있었으나 그렇지 않았다. 매일 아침 나는 강둑으로 나가 강을 왔다갔다 건너면서 가족들을 기다렸다. 한 달쯤 지났는데도 어머니와 동생들은 여전히 오지 않았다.

한 달이 지나도 가족들이 도착하지 않아 내가 중국으로 되돌아가 안부를 알아보기로 의논했다. 예견할 수 없는 사소한 문제가 그들의 출발을 지연시키고 있지만 조만간 가족들은 모두 올 것이라고 아버지는 믿고 있었다. 공산당들이 어머니와 동생들을 붙잡고 있을 아무런 이유가 없다고 믿고 계셨다. 우리가 안전하게 한국으로 왔기 때문에 내가 얻은 자유를 다시 위태롭게 하고 싶지 않으셔서 하나님을 신뢰하고 참고 기다려야 한다고 말씀하셨다.

4월 말이 가까이 오자 두만강은 녹기 시작하여 아무도 더 이상 강 위를 걸어서 건널 수 없게 되었다. 곧 작은 목선이 한국과 중국 두 나라 사이의 여행자들을 실어 나르게 되었다. 가족들을 찾아보려고 더 이상 나는 매일 몇 마일씩 강둑을 오르내리거나 강 사이를 왔다 갔다 할 필요가 없었다. 그저 나루에서 기다릴 뿐이었다.

40일이 되던 날 오후 나는 어머니와 동생들이 배에서 내리는 것을 보았다. 우리는 껴안고 기쁨과 행복의 눈물을 흘렸다. 아버지의 인내와 믿음이 이루어지는 순간이었다.

아버지는 가족 모두가 집에 도착하자 감사 기도를 드리셨다. 기도 후 어머니는 우리가 경찰서에서 떠난 후 가족들이 겪었던 고통들을 되돌아 보시며 말씀하셨다. 그들은 며칠이 지난 후 감옥에서 가족들을 풀어주어 집으로 돌아갈 수 있었다고 한다. 그러나 더 이상 그 집은 우리의 소유가 아니었고 공산당 지역 간부가 빼앗았다. 아버지께서 매 주일 예배를 인도하시던 단 위에서 우리 농토와 집, 재산 등의 문서들을 하나하나 대조하며 태워버렸다. 그들은 땅을 작은 조각으로 나누어서 모임에 참석한 사람들에게 새로운 소유주임을 증명하는 서류를 만들어 나누어 주었다고 한다.

빨간 완장을 차고 그들은 우리 집을 들락거리며 우리의 모든 소유인

개인적인 소지품과 심지어 스푼, 양말까지 끌어냈고 집 앞에는 이 노략 질한 물건들을 옮겨 갈 몇 대의 마차들을 세워 놓았으며 서재에 있던 아버지의 감명 깊은 책들, 거의 30여 년 동안 모아 온 귀한 책들을 모두 끌어내는 데 많은 시간이 걸렸다고 하셨다.

시장 상인들이 이 값비싼 책들을 찢어서 생선이나 야채를 싸는 데 사용했다는 말을 전해들은 아버지는 눈시울을 적셨다. 땅과 집이 몰수당한 것에 대해서도 그리 마음이 편하시지 않았지만 소중한 책들에 대한 이야기를 듣자 감정을 억누를 수 없었다. "참으로 야만인 같은 놈들, 어찌 개와 돼지들이 보석보다 귀중한 것을 알겠느냐?" 하셨다.

우리가 소유했던 모든 것을 빼앗긴 후 어머니와 동생들만이 겨우 입고 있던 옷만 걸친 채 빠져나올 수 있으셨다. 이야기를 마치며 우시는 어머니에게 아버지는 "여보, 우리가 살아서 다시 만나 숨을 쉬고 있다는 것만으로도 충분히 행복하고 다행스러운 일이요."라고 위로의 말씀을 하셨다.

우리가 지금 소유하고 있는 가장 소중한 것들인 우리의 생명, 우리의 건강함과 우리 가족이 온전하게 살아 있음이 바로 하나님께서 우리에게 주신 가장 크고 귀중한 선물들임을 기억하라고 하셨다.

그때 어머니가 네 살 먹은 여동생 형신이가 그 지역 공산당 간부가 우리 집에 들어왔을 때 그들 앞에 서서 용감하게 "왜 당신들은 우리 물건들을 가지고 가십니까? 이 모든 것들을 당신들이 가져가면 우리는 굶어 죽습니다."라고 말했다는 이야기를 해주셨다. 젊은 공산당 간부는 지체없이 "그래, 우리는 이 모든 것들을 분명히 빼앗아 간다. 너희들은 죽어야 해 우리는 알 바가 아니야, 이 주구(走狗)들아" 했다고 하셨다.

우리들 모두는 그녀가 어린 나이에도 두려움 없이 말할 수 있는 용기를 가졌다는 점에 놀라서 그만 웃고 말았다. 어머니와 동생들이 휴식하면서 우리는 박 장로 댁에서 며칠을 더 묵었다. 그와 같이 어려운 환경

가운데에서도 우리 식구들을 보살펴 준 그의 친절함에 대해 진심으로 감사하며 그 곳을 떠났다.

친척 중 한 분이신 이춘섭 목사가 원산 광석동 장로교회에서 목회를 하고 있었다. 지난 몇 년간 성도의 숫자가 줄어들었지만 여전히 원산에서 가장 큰 교회였다.

우리는 그곳에서 아버지가 원산 가까이 해안가에 있는 문평 마을에서 교회의 목회자 직을 얻을 때까지 며칠을 더 묵었다. 그 곳의 전임 목사는 성도의 반을 이끌고 몇 달 전 남쪽으로 떠났다. 어린이들을 합하여 50여 명 정도가 매 주일 참석하고 있었다.

문평은 동해 바닷가에 있는 작고 평화로운 마을이다. 거의 모든 집들마다 과수원을 갖고 있었다. 마을의 분위기는 그곳의 부드러운 날씨와 아름다운 하얀 모래사장과 무성한 채소밭 그리고 모든 종류의 신선한 생선들과 풍성한 과일들로 북동 중국에 비교해 보면 천국과 같은 곳으로 기쁨이 넘쳐났다. 가장 좋은 것은 신선한 과일과 생선이 풍성하다는 것이다. 신선한 생선은 우리들이 살았던 내륙 지방에서는 정말 귀해 북한에서 기차로 날마다 실어 와야 했다. 우리는 2차 세계 대전이 끝난 이후 신선한 생선을 전혀 맛볼 수 없었다.

지방 정부의 관리들이 우리 집을 자주 방문하여 문평에 정착하게 된 이유와 우리가 어디 출신인지 왜 중국을 떠났는지 등에 관하여 여러 가지를 물었다. 그 질문들은 아마도 그 마을에 새로 오는 사람들에게 일상적으로 물어보는 것이지만 우리는 더 이상 공산당들을 믿지 않았다. "인민재판"과 우리 가족이 북동 중국에서 겪었던 재산의 몰수와 가재도구의 청산 등에 대해 더욱 그러했지만 우리는 우리의 배경에 대하여 진실을 말해야 되는지 알 수 없었고 그들이 어떻게 반응할지도 몰랐다. 우리는 이 평화롭고 모든 것이 풍성한 해안가 마을을 전혀 떠나고 싶지 않았다.

6월 중순이 되어 여름이 시작되었다. 농부들은 부지런히 곡식을 심고 과수원은 아름다운 핑크 빛 꽃들이 만발하였다. 북한으로 넘어오기 전까지 나는 우리가 살았던 북동 중국의 언덕에서 진달래 꽃 향기가 만발한 것이 세상에서 가장 아름다운 풍경이라고 생각했다. 그러나 이곳의 사과 꽃향기는 더욱더 아름답고 독특한 꽃 냄새가 공기를 진동시켰다.

아버지는 내가 다시 집을 떠나 가능한 한 빨리 남쪽으로 갈 것을 제안하셨다. 아버지는 내가 군에 징병될 수 있는 위기가 임박했음을 알고 계셨다.

나는 정부로부터 징집영장을 받기 전에 빨리 떠나야 했다. 슬프지만 우리 가족과 아름다운 그곳의 환경에서 다시 떠나야만 했다. 북동 중국의 아름다운 진달래꽃이 만발한 것을 뒤에 두고 떠나왔는데 이제는 북한의 이른 여름에 사과 꽃이 만발한 것을 두고 떠나야 했다.

내가 다섯 살이었을 때 우리는 잠시 문평에서 북쪽으로 약 50마일 정도 떨어진 바닷가 마을인 삼호라는 어촌에 작은 교회의 목사관에서 살았던 그 옛날의 아름다운 추억이 다시 떠올랐다. 나는 우리 가족이 북한으로 넘어 올 때 아주 기뻤었는데 아버지의 제안에 다시 실망하게 된 것이다. 그러나 지금은 논쟁할 때가 아니었고 아버지의 의견에 반대할 어떤 이유도 없었다.

어머니는 길에서 먹을 약간의 마른 음식을 내게 준비해 주셨다. 나는 가족들에게 다시 작별 인사를 하고 원산에서 철원까지는 철도로 그 후로는 걸어서 갔다. 다행히 남한으로 여행하는 상인들 무리에 합류했는데 그들은 남쪽으로 가는 지름길을 잘 알고 있어 러시아와 북한군이 국경을 지키고 있는 그곳을 피할 수가 있었다.

세 번째 날 밤에 우리는 남한과 북한을 가르는 강에 도착하였다. 이른 새벽에 강을 건넜다. "이제 얼마 안 남았어. 저 길만 건너가면 돼. 저기

보이지.”라고 말했다. 그녀에게 감사하고 다시 갔다. 어깨에 칼빈 소총을 메고 있는 미군 병사를 만났다. 그는 나에게 무언가를 말했지만 나는 전혀 알아들을 수가 없었다. 나는 단지 손을 흔들었고 그는 웃으면서 자기 길을 갔다.

두 시간 후에 나는 마침내 동두천에 있는 피난민 캠프에 도착할 수 있었다. 남쪽으로 내려온 모든 피난민들이 거쳐 가는 검사소였으며 남한 관리 한 사람이 왜 남쪽으로 내려왔는지를 물었다. 나는 인천에 계신 삼촌을 만나기 위해 왔다고 말했다.

간단한 심문이 있은 후 그들은 나에게 DDT가루를 살포하였고 나의 온몸은 하얀 가루로 뒤덮였다. 이번에는 진정 오랫동안 지속되는 자유를 얻은 것일까? 내가 피난민 캠프를 나온 후 처음으로 한 일은 인천 어느 곳인가에 살고 있을 삼촌에게 찾아 가는 일이었다.

나는 아버지로부터 두분의 삼촌이 인천의 어느 중학교에서 가르치고 있다고 들었다.

그들은 모두 30대였으나 전쟁과 다른 여건 때문에 아직 결혼을 하지 않고 있었다. 사실 그들은 전쟁 전에는 동경에서 대학에 다니고 있었고 전쟁이 끝날 때까지 일본군 징집을 피하기 위해 숨었었다.

기차로 인천에 도착했다. 인천에서 삼촌들이 일하고 있는 학교에 찾아 갔다. 학교를 찾는 일은 그리 어렵지 않았다. 대부분의 큰 건물들은 전체 학년이 있는 학교였다. 어떤 선생님이 친절하게 나더러 시청 교육과로 가보라고 했다. 그리고 그 학교에서 시청 빌딩을 찾아가는 방법을 일러 주었다. 시청 교육부에서 학교의 이름을 알아냈다.

삼촌들은 해성중학교에서 가르치고 있었다. 시청을 나오자마자 그 학교로 달려갔다. 말할 것도 없이 두 사람은 나를 보자 깜짝 놀랐고 내가 스스로 이처럼 모험을 감행할 줄은 전혀 기대하지 않았다. 삼촌들에겐

나는 이러한 여행을 할 수 없는 아직도 어린 아이였다. 우리는 서로를 몇 번이고 껴안았고 가족들에 대한 소식들- 특별히 아버지에 관한 궁금했던 질문들-을 숨 가쁘게 물어보았다.

우리가 집에 도착했을 때 나는 막내 숙모와 딸이 함께 살고 있다는 것을 알고는 깜짝 놀랐다. 그것은 정말로 기대하지 못했던 일이었다. 우리는 가족들이 겪은 "인민재판"의 고통과 탈출한 것 그리고 임시로 북한 문평에 머물렀던 일에 관하여 이야기하며 밤을 새웠다.

그러나 내가 인천에서 느낀 실망 중 하나는 다른 해변과는 다르다는 것이었다. 삼호의 모래밭 해변가는 푸른 바다와 함께 하얀 백사장이 있어 무척이나 깨끗하여 바다 생물들이 기어 다니거나 헤엄쳐 다니는 것을 볼 수 있었다.

그러나 인천 해변가는 진흙이고 바닷물은 회색이었고 바다 속은 전혀 보이지 않았다.

인천에서는 썰물일 때 진흙 뻘을 볼 수 있었다. 진흙 뻘은 썰물이 최대한으로 빠져나갈 때면 12마일 정도까지도 쭉 뻗어 있어 사람들이 줄을 이어 조개를 캐내거나 다른 먹을 수 있는 해산물을 캐러 나갔다. 그것은 바다에서 몇 백 마일이나 떨어진 오지에서 자라난 소년에게는 새롭고 놀라운 풍경이었다.

몇 달 후 부모님이 동생들과 같이 기적적으로 38선을 넘어 인천으로 오셨다. 얼마나 놀라운 일인가! 우리 모두는 무릎을 꿇고 모여서 가족들의 안전한 탈북 그리고 두 삼촌들과 막내 숙모와 그녀의 딸과 나를 만날 수 있었음에 대한 감사의 기도를 드렸다. 용정서 떠나온 후 처음으로 다 같이 모여 저녁을 먹었다.

우리가 도착한 후 두 달 되던 때에 서울 용산구에 있는 해방 장로교회의 목사로 봉사해 주실 것을 요청 받았다. 아버지와 어머니는 매우 기뻐하셨다. 우린 남산 가까이에 있었던 피난민 공동체로 거처를 옮겼다. 그리고 교회가 준비한 작은 집을 얻었다.

북한 공산 정권의 압제를 피하여 남쪽으로 피난 내려온 교인들의 숫자는 300여 명을 넘었고 매주 피난민들로 교회의 교인 수는 늘어나고 성장했다.

제3장 한국 전쟁

　서울의 이백 만이 넘는 사람들 중에 우리 교회의 성가대 지휘자였던 김종성 씨를 다시 만날 수 있을 것이라고는 생각하지도 못했다. 그는 곧 내게 식구들의 안부를 물었고 내가 무엇을 하는지 물었다. 나는 그에게 직장을 얻을 수도 학교에 다닐 수도 없는 곤란한 사정을 이야기했다. 학교에 다닐 돈도 없고 영어를 배우지도 못했기 때문에 서울에서 고등학교를 다닐 수가 없다고 했다.

　김종성 씨는 내가 걱정하는 것을 듣고 그가 일하고 있는 미군 교회에서 일하지 않겠느냐고 물었다. 그는 미군 교회 오르가니스트로 일하고 계셨다. 내가 할 일은 사무실과 교회에서 여러 가지 잡다한 일들을 하면 된다고 했다. 나는 기쁨으로 곧 승낙했다. 나는 영어를 한 마디도 못했고 전에 미국인들을 위해 일해 본 경험이 없어서 겁이 났다. 김종성 씨는 나를 도와주겠다며 안심시켰다. 새 직장은 내게 영어를 배울 수 있는 좋은 기회였고 행운이었다.

　다음 날 나와 김종성 씨는 로버트 뱀버그 군목을 만났다. 김종성 씨는 나의 가족에 대해 설명했다. 특히 자기는 아버지가 시무하시던 교회 성가대 지휘자였고 피아노 연주자였다는 점과 나의 할아버지가 북동 중국 지역에 수많은 새로운 교회를 세운 분이였다고 했다. 그는 내게 악수를 청하면서 같이 일하게 되어서 기쁘다고 했다. 간단한 인터뷰가 있은 후 주일 예배 때 연주하는 오르간을 처음 보았다.

나는 기회가 있을 때마다 영한사전을 가지고 다니면서 미군 병사들과 영어를 연습하였다. 영어 실력은 나날이 늘어났다. 내가 원하는 바를 자유스럽게 표현할 수는 없었지만 조금씩 나아져서 그들이 원하는 것이 무엇인지 알아들을 수 있게 되었다. 육 개월이 지난 후 간단한 영어 회화를 구사할 수 있게 되어 매우 기뻤다.

그해 말 뱀버그 목사님과 34 종합 병원이 미국으로 돌아가게 되었다는 뉴스를 듣고 매우 실망했다. 나는 직업을 잃게 된 것 뿐만 아니라 영어 실력을 향상시킬 기회를 잃어버리게 된 것이었다. 뱀버그 목사님이 떠난 다음 무엇을 해야 할 것인지 고민하였다. 그때 내게 주어진 선택은 학교로 돌아가는 일 뿐이었다. 우리 가족의 어려운 형편으로 나는 국립사범학교에 입학하였다. 이 학교는 전액 정부의 지원을 받아 수업료나 다른 비용이 필요 없었다.

학생들은 교육을 받는 동안 받은 장학금을 보상하기 위해서 졸업생들은 의무적으로 적어도 3년 간은 교사로 근무해야 했다. 어머니와 아버지는 나의 소식을 듣고 매우 기뻐하셨다. 새 학교의 학기는 1948년 3월에 시작됐다. 학생들의 대부분은 시골에서 왔고 우수한 학생들이었다. 본과 2학년 때 나는 학생군사 호국단의 특별 군사훈련 프로그램에 참가했다.

우리는 혹독한 군사 훈련을 2주 동안 받았다. 우리가 학교로 돌아갔을 때에 모든 학교들이 군부대 단위로 재편성되었다. 나는 학도대장에 임명되었다. 우리 학교에 임명된 군사 장교들에 의해 우리는 일주일에 몇 시간씩 군사 훈련을 받았다.

한 달 뒤에 여름 방학동안 나는 대학 입학시험을 준비할 계획이었지만 느닷없이 6월 25일 새벽 미명에 북한 공산군이 38선을 넘어 왔고 몇 시간이 안 되어 서울 가까이까지 왔다. 남한 사람들은 충격적인 사건을 예견하지 못했다. 대부분의 국민들은 남한 군인들을 신뢰했고 그들이 북한

군보다 더 강하고 그들을 이길 수 있다고 믿었기 때문이다. 사람들은 점점 가까이 들려오는 포탄 소리를 듣고 조금씩 걱정하기 시작했다. 그러나 그들의 믿음은 흔들리지 않았고 도망가지도 않았다.

북한군은 수백 대의 러시아의 최신예 탱크로 무장되었고 군대는 고도의 훈련을 받았다. 남한의 병사들은 구식 무기를 갖추고 있어 제대로 저들과 맞설 수가 없었다. 어떤 사람들은 제2차 세계 대전 후 일본 병사들이 남기고 간 장총을 가지고 다녔고 탱크도 한 대도 없었다.

며칠 후 북한군들은 서울의 외곽으로까지 진격해 왔다. 전쟁이 터졌다는 소식이 나자 공산당 학생들이 학교에 불을 질러 파괴한다는 소문이 돌았다. 교장 선생님의 권유로 학도 호국단 학생들은 학교가 파괴되는 것을 막기 위하여 경비를 서기 시작했다.

나는 밤낮으로 학교를 경비하는 학생 그룹을 조직했다. 우리는 6월 28일 아침까지 경비대를 유지했는데 그날 학교는 공산군의 손에 들어가게 되었다. 이것은 큰 충격이었으며 절망이었다. 침략군들은 도시 안에 들어왔고 감옥에 있던 죄수들은 석방되었다.

나는 지난 며칠 동안 나와 함께 학교를 지키던 친구들과 선생님께 작별 인사를 하고 학교를 떠났다. 나는 내가 악몽을 꾸고 있는 것 같았다. 바로 삼 년 전에 우리는 공산 폭도들의 손에서 탈출해 왔는데 이제 또 그들을 피해 도주해야 한다. 이 얼마나 기구한 운명인가!

"인민군 놈들이 바로 뒤에 있소. 살고 싶으면 도망가시오." 라고 외쳤다. 나의 발걸음도 빨라졌고 목숨을 다해 달리기 시작했지만 빨리 뛸 수는 없었다. 다리가 뻣뻣해지고 발은 점점 더 무거워졌다. 작은 언덕을 넘자 빗나간 총에 맞아 죽은 엄마 옆에 앉아서 울고 있는 어린아이를 보았다. 그것이 내가 목격한 첫 번째 전쟁 희생자였다.

내가 집에 오니 모두 안도의 한숨을 내쉬었다. 어머니는 내게 곧 떠나야 한다고 하셨다. 공산 청년 조직원들이 벌써부터 나를 찾고 있다고 했다. 동사무소 사람과 북한군 병사가 아버지를 찾아와 몇 가지 질문을 하고 갔다.

어머니는 내게 약간의 돈을 주시고 어서 떠나라고 하셨다. 나는 작별 인사를 하고 남쪽으로 향했다. 언제 집으로 돌아올지 모르는 여정이다. 어머니는 조용히 우셨다. 나는 가족들을 이 짧은 삼 년 동안 세 번이나 이별하고 떠나게 되는 불행을 맞았다. 가능한 빨리 한강을 건너야 했다. 나는 어떻게 건널 것인지를 곰곰이 생각하면서 강둑에 올랐다.

마포나루에 많은 사람들이 나룻배를 기다리고 있었다. 북한군 병사들이 서서 배에 타려는 사람들을 체크하고 있었다. 나 다음에 있던 어떤 사람이 그것이 마지막 배라고 말했다. 나는 이 배를 타야 한다! 배가 밀려 나가기 직전에 나는 배에 올라 타면서 북한군 병사에게 인천에 있는 가족들을 만날 수 있게 해주어 감사하다고 했다.

그에게 나는 학생이고 단지 서울에 있는 삼촌과 그의 가족들을 만나려고 며칠 전에 왔다고 했다. 배는 천천히 북한군과 육지로부터 미끄러져 나갔다. 장마 기간이 막 시작되어 강 수면이 높아졌다. 남쪽 둑으로부터 반쯤 되는 곳에서 배가 멈추어 버렸다. 우리는 얕은 물가로 헤치며 둑을 향해 걸어 갔다.

나는 마침내 남쪽 둑에 도착했는데 갑자기 "서, 손들어, 높이 들어" 하는 소리가 들렸다. 학도 호국 단원증을 신발에서 꺼내 보였다. 많은 사람들이 건너가기를 원하고 있지만 내가 탄 배가 마지막 배였다고 했다. 기찻길을 따라 수원까지 걸어갔다. 기차에는 피난민들로 가득 찼고 나는 그 차를 타고 얼마 후 대전에 도착했다. 기차에서 내려 시내로 들어갔다. 이제 내가 필요한 것은 먹을 것과 잠을 잘 수 있는 곳을 찾는 일이다. 피난민들이 모여 있는 도청 건물로 갔다.

도청 빌딩에 미 대사관과 미군 고문단의 자동차 정비장이 있었다. 거기서 일하는 차량 배차 관리원이 내가 미국 대사관의 교환원으로 신청했을 때 만났던 김 씨였다. 나는 매우 반가왔다. 그에게 "밥만 먹여주면 무슨 일이라도 할 수 있다고 했다." 그는 내가 서울을 빠져 나옴을 반가워하며 내게 한국 관리들과 직원들을 위해 마련된 임시 종합 식당에서 먹을 수 있는 식권을 주었다. 그것은 집을 떠난 후 처음 먹는 음식이었고 배불리 많이 먹었다.

몇 분이 지난 후 나는 주차장으로 돌아와 그의 친절함에 감사했고 내가 할 수 있는 일이 없겠냐고 물었더니 들어오는 모든 차량의 기름을 체크하고 기름을 채워주는 일이 있다고 했다. 나는 하루 세끼를 해결할 수 있어 다행이라고 생각했다. "그러나 오늘 밤은 어디서 잘 것인가?" 다시 걱정이 되어 김 씨에게로 가서 잘 곳을 찾아야겠다고 말하고 있는데 지프차가 한 대 들어왔다. 내가 기름을 체크하고 가솔린을 채우는 동안 미군 장교가 김 씨에게 사령부 안에서 빨래와 집안 일을 해줄 사람을 알고 있는지 물었다. 그때 김 씨는 나를 지목하며 "이 소년이 일거리를 찾고 있다."고 소개했고 미군 장교는 나를 보더니 "좋아, 내 차에 올라타."라고 말했다.

나는 김 씨를 보고 무슨 말을 해야 할지 몰랐다. 그는 "걱정하지 말아. 내가 다른 사람을 찾아보겠으니 너는 이 대령을 따라 가. 행운이 있기를 빈다."라고 말했다. 그는 빨래해야 할 옷들을 내게로 가져왔다. 나는 전에 집안 일이나 빨래를 해 본 적이 없었지만 이 일을 한다는 것이 행복했다. 상황이 좋아질 때까지 이 일은 내게 음식과 묵을 곳을 제공해 주었기 때문이었다. 거실에 있는 소파에서 잠을 잤고 정부 종합 식당에서 밥을 먹었다. 그 대령은 전선에서 며칠에 한 번씩 집에 와 옷을 갈아 입었다.

어느 날 그는 소지품을 챙기기 시작했고 나에게도 짐을 챙기라고 말했다. 가능한 한 빨리 그의 부대로 돌아가야 하기 때문에 빨리 짐을 싸라고 말했다. 나는 곧 짐을 싸는 일을 도왔다. 그는 나에게 한국군 작업복 한 세트와 담요를 주었다. 그리고 한국 돈 한 뭉치를 주었다. 그렇게 많은 돈을 받아 본 것은 처음이었다.

사간이 있었다면 좀더 친숙해 질 수 있었는데 아쉬움이 남았다. 그리고 곧 작별 인사를 하고 대령은 전선으로 떠났고 인사 장교가 나에게 지체없이 추천서를 한 장 써 주면서 이제 그 부대가 대구로 철수하고 있으니 거기서 일 할 수 있을 것이라고 말했다. 나는 새로 장만한 소지품이 든 작은 보따리를 들고 다시 남쪽으로 향하여 철길을 따라 걸어가기 시작했다.

일 마일쯤 걸어가며 내가 미군 장교와 보냈던 즐거운 시간들을 생각했다. 남쪽에 도착하면 그와 같은 사람을 다시 만날 수 있기를 바랬다. 철로는 편히 걸을 수 있을 뿐만 아니라 길을 잃어버릴 염려도 없었다.

걸으면서 곰곰이 목적지를 어디로 정할 것인지를 생각했다. 대구로 할까 아니면 부산으로 할까? 대구가 자연스러운 선택지가 될 것이다. 나의 안전과 일거리의 보장이 나에게는 끊임없이 걱정거리가 되고 있기 때문에 대구로 간다면 다른 일을 구할 수 있을 것이다. 그러나 나는 부산으로 가기로 결정했다.

부산은 확실히 남한에서는 가장 안전한 곳이고 최전선에서 가장 멀리 있는 곳이었다. 비록 북한군이 낙동강 방어선을 뚫고 내려온다 해도 우리가 부산에 있다면 걱정이 덜할 것이었다. 놀랍게도 난 그곳에서 기다리고 있는 기차를 보았다. 그 기관차는 남쪽으로 향하고 있는데 그 정거장에서 정차하여 무엇인가 기다리는 것 같았다. 거기에는 수많은 피난민들이 타고 있었다. 나는 그들에게 어디로 가는 지 물었다. 그 기차는 부산을 향해 곧 떠나게 될 것이라고 했다. "부산이라고요?" "그렇소. 부산!"

한 시간 반 정도 있다가 기차가 천천히 움직였고 두 시간쯤 지나서 기차는 대구를 지나 부산을 향해 달렸다.

우리는 아침 일찍 부산에 피난민들을 위해 임시로 설치한 초등학교 건물로 안내되었다. 수백 명의 피난민들이 이미 캠프에 들어와 있었다. 캠프에서는 하루 세 번 주먹밥과 단무지 몇 조각을 주었다. 하루종일 캠프에서 무료하게 보내는 것은 지겨운 일이었다. 대전에서 내가 했던 일을 하고 싶었다. 일자리를 얻어야겠다는 생각이 나를 크게 움직였다.

어떤 사람이 내게 일할 노동자를 구하는 곳은 오직 부산 제 1 부두에 있는 미군 병참 부대뿐 이라고 말해 주면서 만약 내가 영어를 못하면 시간만 낭비할 뿐이라고 했다. 나는 그들이 영어를 할 수 있는 사람들을 찾는다는 말에 용기가 났다.

나는 부산 기차역 가까이에 있는 미군 병참 부대의 인사과로 달려가 보니 벌써 수백 명의 사람들이 자신의 인터뷰를 기다리고 있는데 깜짝 놀랐다. 일자리를 기다리는 모든 사람들은 영어를 잘 했다. 대쿠분 나보다 잘했다. 나는 이 사람들과 경쟁할 수가 없었고 나의 희망은 산산이 깨어지고 흥분도 사라졌다. 그러나 곧 "길고 짧은 것은 대 보아야 한다." 는 말이 생각났다.

비록 많은 사람들이 있었지만 그들의 영어 실력과 어떤 일을 원하는지 나는 알 수 없었다. 나는 인사과 앞에서 인터뷰가 이루어질 때까지 기다리기로 했다. 매일 아침 나는 새로운 일자리를 알리는 게시판으로 갔다. 거기에는 대부분 타자수, 전기공, 배관공, 목수, 요리사, 운전기사 등이었다. 내가 할 수 있는 일은 없었다. 인사과에서 하루 종일 기다린 후 다시 캠프로 되돌아가는 매일의 일과가 계속되었다. 기다리면서 나는 칠전팔기(七顚八起)라는 속담을 생각했다.

팔일 째 되던 날, 인사 장교가 나와서 교환시설을 작동할 수 있는 사람이 있는지 물었다. 얼마나 아름답게 들리는 소리였던가? "네, 내가 그것을 할 수 있습니다."라고 외쳤다. 인사 장교는 나를 보고 너무 어려 보여 이런 일을 할 수 있을까 하는 것 같았다.

그는 "정말 할 수 있습니까?" 그의 목소리에는 회의적이었다. "네, 할 수 있습니다."나는 확신에 찬 목소리로 대답했다. "저는 그 일을 한 경험이 있습니다. 나는 그 일에 관심이 많습니다." 그래도 그는 아주 확신하지 않는 듯 했다. "어떤 종류의 교환대를 말하는 것인가요? 크기가 D72나 작은 휴대용인가요?" 라고 내가 그에게 교환대 크기를 물어 보았을 때 비로소 나를 믿어 주기 시작했다. 그는 나를 안으로 데리고 들어가서 D72기계를 작동해 보라고 했다. 나는 잠시 흥분을 멈추고 교환대를 어떻게 작동하는 지를 보여 주었다.

그들은 내게 곧 일을 시작하라고 말했다. 나는 중요한 교훈을 다시 배웠다. 최선을 다하기 전까지는 절망하지 말라는 것과 새로운 기술을 배우는 기회를 놓치지 말고 아무리 하찮은 것일지라도 언제 도움이 될지 모르니 배워 두는 것이 좋다는 것이다. 전에 34 종합병원에서 전화 교환하는 일을 배웠다. 그것은 영어를 듣고 말하는 실력을 증진시키는데 큰 도움이 되었기 때문이다. 내가 재미로 한 일이 이 위기 상황에서 나를 크게 도운 것이다.

나는 며칠 동안 그곳에서 행복하게 일했지만 매일 캠프로 오가야 했다. 매일 일과 후 캠프로 되돌아가지 않고서 밤에 다른 일터를 얻어 자는 문제를 해결해야 했다. 그때에 부산에 있는 여러 군사 시설에서 일어나는 전기 문제에 관하여 걸려오는 전화를 통역할 사람이 필요했다.

그래서 나는 또 하나의 일자리를 얻었다. 새 직장은 나에게 잠자리를 해결해 주었다. 군사 장비의 대부분은 전기로 작동 되었는데 만약 전기가 끊어지면 모든 것이 정지되었다. 나는 비 오는 밤이면 많은 전화를 받았다. 전기 시설이 오래된 탓에 용량이 초과되어 끊어진 퓨즈가 원인이었다. 어떤 날 밤에는 너무 많은 전화가 와 한잠도 자지 못했지단 전화가 전혀 없거나 한두 번 있을 때에는 충분히 잠을 자기도 했다.

몇 주 전에 부산 장로교회에 다니는 우 씨를 찾아갔다. 아버지가 서울에서 목회하실 때 장로이셨던 우 씨는 농림부의 고위 공직자셨다. 그 분의 도움으로 서울에 돌아갈 수 있었다. 서울은 완전히 변했다. 거기에는 내가 기억하고 있었던 그 옛날의 사랑스러운 모습은 없었다. 큰 건물 대부분은 폭격으로 완전히 파괴되었고 작은 집들은 대부분 타 버렸다. 어떤 거리들은 완전히 비어 있었다.

내가 집으로 들어 갔을 때 여동생이 나를 보고 "큰 오빠가 왔다. 큰 오빠가 무사히 집에 왔어요.!"하며 소리쳤다. 아버지의 안부를 듣자 모든 사람들이 슬픔을 가눌 수 없어 울기 시작했다. "아버지는 돌아가셨다."라고 말씀하셨다. 나는 그들과 함께 울기 시작했고 그칠 줄을 몰랐다. 그러나 "이제 너에게 모든 게 달려있다. 너는 이 집안의 장남이다. 이제부터 가족들을 돌보는 문제는 너의 책임이다."라는 생각이 불현듯이 나를 깨워 주었다.

어머니께 조심스럽게 모아둔 돈을 드렸다. 동생들은 모두 대나무 막대기처럼 보였는데 특히 영양 부족이었던 막내 여동생 형인이는 더욱 그러했다. 나는 영등포에 주둔해 있는 미군 제 62 건설 공병대대에서 통역관으로 취직이 되었다.

가족들은 마치 강제 수용소에서 오랜 세월을 보낸 죄수들처럼 보였다. 우리가 살아 남았다는 것이 기적 같았다. 지난 6월 이후 우리 식구가 모두 함께 모여 식사를 즐기면서 어머니는 그 동안 가족들이 건디어내야 했던 고통들을 들려 주셨다.

가장 어린 여동생인 형인이는 겨우 세 살이었는데 비타민이 부족하여 심각한 눈병이 전염되어 어머니는 딸이 실명이나 하지 않을까 걱정하셨다고 한다. 형인이는 배고플 때면 집 주위를 돌면서 큰 오빠가 집에 오면 좋은 음식을 먹게 될 것이라고 노래처럼 이야기했다고 한다. 어머니와 나는 밤새도록 내가 없는 동안 우리 모두에게 일어났던 일들을 좀 더 이야기하였다. 나는 먼저 아버지의 죽음을 둘러싼 이야기들을 알고 싶었다.

북한군 병사들이 와서 아버지를 찾았고 며칠 후 그들은 아버지를 소환하여 심문하였다. 몸이 아프게 되자 집으로 돌려 보냈고 아버지는 심문받은 내용을 말씀하지 않으셨다고 한다. 며칠 뒤 그들은 다시 찾아와 좀 더 묻고 그들이 수집한 정보를 확인하였다고 한다.

전쟁이 한참 진행되고 있을 때라 의사는 물론 약품도 구할 수 없었다. 모든 병원과 의사는 부상당한 북한군 병사들 때문에 다른 사람들은 입원이 되지 않았다. 어머니와 동생들은 아버지 주위에 모여 앉아 아버지가 좋아하시는 찬송가를 잠드실 때까지 불러드렸다고 한다. 깨어 계실 때면 마치 누구를 찾는 듯이 방안을 둘러 보셨다고 한다. 어머니는 아버지가 장남을 찾고 있다는 것을 곧 알아보시고 "여보, 우리 아들 형복이에게 남겨 두실 말씀이 있으세요?"라고 물으셨다고 한다.

그러면 아버지는 잠시 천정을 바라보며 "아니오, 없어요." 하셨고 다시 아버지께 "형복이에게 하실 말씀이 전혀 없으시단 말씀이신가요?" 라고 물어도 대답이 없으셨다고 한다.

"우리가 몇 년 전에 섬겼던 교회의 장 장로를 기억하시오? 그가 죽을 때 많은 재산을 그의 가족에게 남긴 부자였는데 기억하시오?"

"예. 알고 있지요."

"나는 당신이 이것을 알고 있는지 모르겠소만 그가 죽음에 임박해서 그의 동생에게 가지고 있던 재산을 남겨 주면서 그가 죽으면 그의 아들을 잘 돌보아 달라고 부탁했소. 그런데 그 사람은 형님이 죽은 뒤 형님의 재산을 모두 탕진 했소."

"사람들의 소원이란 이루어지는 것이 없소. 나는 사람에게는 아무 것도 남기지 않으려고 하오. 다만 모든 것을 하나님의 손에 맡길 뿐이오. 나는 이미 내가 내 아들 형복에게 하고 싶은 모든 말과 나의 아이들과 가족들을 돌보아 달라고 하나님께 말씀드렸소. 이것이 가장 믿을 수 있는 길이오."

가족들은 아버지가 마지막 숨을 거두실 때까지 계속하여 찬송가를 불러 드렸고 1950년 7월 23일 돌아가셨다. 어머니가 여기까지 이야기를 마치시며 우시기 시작했고 나도 함께 울었다.

잠시 후 어머니는 마음의 평정을 찾으시고 아버지가 돌아가신 후 겪으셨던 일들을 말씀하셨다. 그녀의 주위에는 아무도 도울 사람이 없었다. 보통 때 어머니는 강했고 조용했으며 쉽게 흔들리지 않고 능력 있고 사려 깊으신 분이셨다. 그러나 아버지의 장례를 준비하는데 도와 줄 사람이 필요하셨다. 어머니는 관을 어디서 구해야 할 지 몰랐다. 구한다 해도 그걸 무슨 수로 집으로 가져 온단 말인가? 길거리에서 물건을 좌판에 놓고 파는 장사꾼들 외에 가게를 열고 운영하는 상인이 없었다.

대부분의 성도들은 인민군 감시망을 피해 달아났다. 낮에는 구덩이를 파는 작업이나 건설 자재를 운반하는 일 또는 모래 주머니를 만드는 일 외에는 공습으로 인해 거리는 한산하였다. 대부분의 작업반은 "지원병"에 나갈 수 없는 노인들이나 부녀자들 그리고 어린아이들이 맡았다.

어머니는 사람들이 미군 제트기나 폭격기의 공습을 두려워하였지만 내심으로는 공습으로 인민군들이 강제 노역을 시키지 못하였기 때문에 좋아했다. 이 공습 동안 어머니는 평화와 전쟁이 빨리 끝나기를 위해 기도하셨다. 그러나 이러한 공습은 가공할만한 황폐와 파괴를 가져왔다. 거리에는 투하된 강력한 네이팜 탄에 의해 반쯤 타버린 시체들이 이리저리 뒹굴고 있었고 잃어버린 가족들을 찾는 사람들의 비명소리가 미친 듯이 울려 퍼졌다.

어머니는 이 집사의 집에 찾아갔다. 다행히 이 집사는 집에 숨어 있었고 그는 어머니를 보고 우리 가족에 무슨 일이 일어났음을 직감하였다. 어머니는 그에게 지난 밤 아버지께서 돌아가셨다는 것을 알렸다. 어머니는 그와 아버지의 장례 절차를 의논했다. 칠월의 마지막 날로 가장 더운 시기가 이제 막 시작되어 집 안에 시체를 오래 둘 수가 없었다.

다음 날 아침 일찍 이 집사는 두 장의 판자를 가져와 시체를 누이고 천으로 감쌌다. 아버지는 우리들이 나중에 다시 찾기 쉬운 장소로 효창 공원 근처 큰 나무 두 그루 사이에 묻히셨다. 어머니는 우리들 가족의 사항과 주소가 적힌 것을 병에 넣어 함께 묻어 두었다.

보통 때 같으면 이러한 매장이 시민 공원 안에 허용되지 않았다. 서울시 주위에는 공동 묘지가 몇 개 있었지만 우리 집에서 아주 먼 곳에 있었다. 따라서 전쟁 중이라 공식 매장 허가를 얻기도 어려웠다. 그래서 공원 안에 이 작은 공간이 묘지로 사용된 것이었다. 우리는 뒷날 아버지의 유해를 다시 옮겨야 했다. 많은 다른 사람들도 전쟁 중 그곳에 묻혔다. 어머니는 이 말씀을 마치시고 다시 울기 시작했다. 나도 새벽이 될 때까지 함께 울었다. 어머니와 동생들이 겪었던 모든 일들을 이야기하시기엔 시간이 너무 빨리 지나갔다.

오랜 여행을 끝내고 집으로 돌아온 첫날 밤은 기쁨과 슬픔이 함께 어우러졌다. 가족들이 공산 치하에서 겪었던 어려웠던 일들을 듣는 것은 매우 고통스러운 일이었다. 아버지의 죽음 때문에 너무나 마음이 아팠고, 내가 집으로 돌아가는 꿈을 꾸면서도 아버지의 죽음을 예상하지 못했던 일이었다.

제4장 폐허를 지나서

유엔군은 계속 북상함으로 제 62 건설 공병대대도 주요 군수 보급로를 보수하고 폭파된 버린 다리를 복구하며 북상했다. 그해 11월 중순의 어느 날 작은 단발 비행기 한 대가 우리의 위를 날아가면서 무언가를 뿌리고 지나갔다. 사람들은 폭격이 시작되는 줄 알고 숨을 곳을 찾았지만 그것은 폭탄이 아니라 단지 선전용 삐라였다.

대대장은 비행기에서 뿌리고 간 선전물을 내게 건네주면서 번역해 달라고 했다. 원문은 한국어와 중국어로 "조선에서 고통 받고 있는 인민들을 해방시키고자 중국 인민군들은 조선 인민군 동무들과 손을 잡고 미 제국주의 군대들과 남조선 주구들을 무찌르고자 참여했다."고 써 있었다. 내가 그것을 곧 번역하여 리켈보 대령에게 전해 주었다.

그는 내가 번역해 준 것을 가지고 본부로 달려갔다. 맹렬한 전투가 이미 전선에서 진행 중이었다. 물밀듯이 쳐들어 오는 중국 인민군들의 숫자는 우리가 생각했던 것보다 훨씬 많았기에 유엔군은 그들의 적수가 되지 못했다. 미 제 2보병 사단은 수많은 희생자들을 냈고 현 위치에서 모든 지원부대는 곧 후퇴하라고 명령을 내렸다.

우리는 텐트를 걷고 운반하기에 부담이 되는 장비와 중요하지 않은 서류들을 모두 다 태웠다. 몇 시간 안에 우리는 모두 짐을 싸고 남쪽으로 향하는 긴 대열에 합류하였다.

제일 먼저 떠오르는 것은 가족이었다. 그들은 지금 무엇을 하고 있을까? 중국 인민군들이 쳐들어 온 것에 대해 알고나 있을까? 조선 인민군을 중국이 지원하고 있다는 것이 두려웠다.

밤새도록 달려 오산 지역에 텐트를 설치했다. 이곳은 우리의 새로운 기지가 되었다. 상황은 급격하게 바뀌어 다음을 예측할 수 없었다. 우리는 적들이 계속해서 남하하고 있다는 실망스러운 소식만을 받았다. 그리고 북으로부터 수십 만 명의 피난민들이 남쪽으로 밀려왔다.

1951년 1월 4일 그들은 서울을 다시 점령했는데 "대 탈출"이 이루어졌다. 이때 시민들은 한국군이 우세하다고 선전하는 정부의 발표에 속지 않았다. 실제로도 이때 정부는 시민들에게 떠나라고 독려하였다. 보통 1월은 한국에서 가장 추운 때라 한강이 꽁꽁 얼어붙는 혹독한 날씨에도 불구하고 전보다 쉽게 도시를 빠져 나갈 수 있었다.

북한군이 처음 서울을 점령한 뒤에 남아 있었던 사람들은 그들에게 저질렀던 북한군의 박해와 학살, 처형과 같은 갖가지 만행을 생생하게 기억하고 있다. 혹독한 추위에도 불구하고 아무도 똑 같은 고통을 당하고 싶지 않기에 서울을 빠져 나갔다. 아마도 가족들은 아직도 나를 기다리며 그들을 안전하게 데리고 갈 것이라 믿고 있는지 모르겠다. 그런 생각이 나를 괴롭게 했다. 나는 날마다 가족의 안전을 위하여 기도했고 또한 어머니와 가족들은 나를 위하여 똑같이 기도했을 것이다. 전투는 계속되었지만 우리가 주둔하고 있던 곳은 비교적 최전선과는 거리가 멀어 안전했다.

나는 어머니로부터 좋은 소식을 받았다. 어머니와 나의 여동생들은 안전하게 한국의 최남단 섬인 제주도로 탈출하였다는 것이었다. 가족들은 지금 적의 공격으로부터 가장 먼 곳에 있는 데 어떻게 그곳에 갈 수 있었을까? 서울에 있는 장로회 선교 단체가 탈출을 도왔다고 한다. 가족들은 지난 번 경험을 통해 수많은 기독인들 특히 목사와 교회의 지도자들이 감옥에 갇히고 처형되거나 시베리아 강제 수용소로 보내지는 등 행방불명이 된 사람이 많다는 것을 알고 있었다. 선교 단체는 서울이 다시 함락될 것이라는 것을 알자 마자 급히 목사들과 그들의 가족들을 피난시키기 시작했다고 했다. 그 편지에서 어머니는 조심스럽게 나의 주소를 간직하고 있어서 나에게 편지를 쓸 수 있었다고 했다. 그때에는 민간인들을 위한 정규 우편 서비스가 없었으나 한국군과 미군 우편국 간의 군사 우편물들은 교환되었다. 어머니는 자녀들과 함께 안전하게 서울을 빠져 나갈 수 있었을 뿐만 아니라 그곳 제주의 한국 해군 병원에서 일자리를 구했다. 어머니가 일자리를 얻은 것은 정말 기적이었다. 어머니는 그곳에서 요리사로 일하게 되어 생활에는 아무 걱정이 없다고 했다. 나는 일주일의 휴가를 얻어 제주에 가서 며칠 같이 지냈다.

유엔군의 강력한 공세로 대한민국의 수도 서울은 다시 탈환되었다. 유엔군은 계속해서 진격했고 양쪽 모두에게 많은 사상자를 내면서 전투는 맹렬하게 벌어졌다. 나는 이제 이십 세가 되어 '국방 의무'를 다해야 할 때가 되었다. 나에게 가장 큰 걱정은 내가 군에 입대하면 누가 가족들을 돌볼 것인가? 내가 전투 중에 죽는다면 가족들에게 어떤 일이 일어날까? 하는 것이었다.

어머니는 살아오면서 한 번도 편히 쉰 적이 없었다. 만주에 살았을 때에 뇌졸 증으로 인해 칠 년 동안 침대에 누워 계신 병든 할아버지와 할머니를 간호해 드렸다. 추운 겨울 냇가의 물이 얼기 전까지 모든 빨래는 가까운 냇가에 가서 손으로 빨았다. 어머니는 다섯 자녀들을 돌보시며 목사의 아내로 이 모든 일들을 잘 감당하셨다. 필요한 모든 것들을 성도들이 어머니에게 제공해 주었다.

아버지는 교회 일에 늘 바쁘셨고 아침 일찍 집을 나서면 저녁 늦게 우리들이 잠이 들었을 때 돌아오셨다. 쌀이 얼만큼 있는지, 돈은 얼마가 있는지 몰랐다. 모든 살림은 어머니가 꾸려 나가셨다.

어머니는 아버지가 짊어지신 무거운 짐을 함께 나누어 지시고 싶은 것이었다. 어머니는 아버지의 훌륭한 선교 사역의 동역자이셨다. 어머니의 날마다 생활은 온전히 믿음에 의지하며 살아가셨다. 어머니는 참으로 위대한 여인-어머니요 아내요 며느리로 사신 것이다. 나는 아버지의 성공적 사역은 어머니의 무한한 지원과 헌신 그리고 사랑 때문이었다고 믿는다. "위대한 남자 뒤에는 항상 위대한 여자가 있다."라는 말을 굳게 믿고 있다. 어머니는 위대한 여인의 화신이었다. 남편은 세 살에서 십대 후반까지의 여섯 자녀를 남기고 떠나셨다.

이 모든 시련과 고난을 견뎌내신 어머니를 존경하고 더욱더 사랑하며 어머니를 위해 할 수 있는 모든 것을 다하고 싶었다. 하나님의 도우심으로 나는 제주 신병교육대가 있는 군사 훈련소에 배속되었다.

1952년은 겨울은 혹독하고 얼음같이 차가운 바람이 뻥 뚫린 바다에서 거세게 불어와 견디기 힘들었다. 캠프에는 따뜻한 물이 없었다. 우리는 모두 찬물로 세수하고 빨래도 했다. 추운 바람 때문에 손과 발의 살갗이 모두 터서 고통스러웠다. 기본 훈련은 모두 3개월이지만 때로는 그 기간이 짧아진다.

기본 훈련 기간이 끝나자 나는 새로운 부대로 배속받았는데 대구에 있는 제21 통신 사진 중대였다. 이 부대는 군사 기록들을 사진으로 남기는 곳이다. 나는 사진과 사진 장비들의 사용을 위한 기술 교범들을 번역하도록 배속 받았다. 나는 통역병으로 근무하게 되었고 새로운 배속에 만족하였다. 매일 저녁 나는 미군 고문단에 가서 상영이 모두 끝날 때까지 기다렸다가 영화필름을 빌려 우리 중대로 가져왔다. 때때로 우리는 새벽 2시까지 기다렸다가 그 영화를 보고 돌려주었다.

나는 많은 시간들을 막사에서 앞으로의 나의 진로에 대한 문제들과 나의 가족을 부양하는 일로 고민하며 보냈다. 훌륭한 사진 기술을 가진 12명의 사병들에게 K-20 항공 사진용 카메라작동을 가르쳤다. 나는 로드리그 중위가 강의한 모든 내용을 통역하였다. 교실 강의가 있은 후 우리는 조종사와 교관과 함께 소형 군용 정찰 비행기에 탑승하여 K-20 항공 사진을 찍는 방법과 장비를 다루는 법을 가르쳤다.

1953년 유엔 군은 공산군에게 반격을 가해 잃어버렸던 지역을 성공적으로 탈환하면서 진격을 시작하였다. 맹렬한 전투가 벌어지는 동안 양측은 심한 사상자들이 생겼다. 그때 양쪽이 차지하고 있었던 지역이 현재 남북을 갈라놓는 영원한 군사 분계선이 되었다. 전쟁과 그에 따른 무자비한 살육은 우리들을 고난과 박탈감과 배고픔과 질병 그리고 동족간의 커다란 증오심만 남겼다. 결국 우리는 인위적이며 정치적 선에 의해 여전히 분리되었고 조국통일은 이루어지지 않았다.

사실 전쟁은 끝난 것이 아니었다. 그것은 전쟁이 멈춰진 상태일 뿐이었다. 모든 전투를 종결하고 휴전선을 설정하며 제일 처음 실행하는 일은 전쟁 포로들을 교환하는 일이었다. 이것은 특히 미군에게 있어서 특별히 가장 우선적으로 해결해야 하는 문제였다. 한국전은 미국인들에게 대중적인 지지를 받지 못했기 때문이었다.

미국인들은 한국전쟁을 "Ploice Action"이라고 불렀다. 아이젠하워 대통령은 그가 전쟁을 종결하고 모든 미군들을 미국으로 불러오겠다고 약속함으로 폭넓은 지지를 얻어 대통령에 당선되었다. 제 21 통신 사진 중대는 판문점에서 교환되는 포로들을 사진 기록으로 남기도록 지시 받았다. 나는 한국군을 대표하는 두 명의 사진병과 함께 포로교환에 참여 했다. 그날 나는 한국군과 미 제 8군과의 연락책임병으로 일했다. 그 직책은 나의 군 복무 중 가장 자랑스럽고 뜻 있는 경험이었다.

두 사진 병사와 나는 포로교환이 벌어지는 바로 '돌아오지 않는 다리'

라고 불리는 자유의 다리 남쪽 편에 있었다. 미 국무장관 죤 포스터 덜레스, 미군 참모장 마크 W 클라크, 주한 미군 사령관 매튜 리지웨이 장군 그리고 유엔군으로 한국전에 참전한 나라들의 대표들과 전세계 각국에서 몰려온 기자와 사진 기자들이 돌아오는 전쟁 포로들을 맞이하고 환영하였다. 그들은 지옥 같은 북한군 전쟁포로 수용소에서 3년이란 세월 동안 감옥생활을 하였다.

첫 번째 그룹의 병사들이 다리를 건너와 무릎을 꿇고 땅에 입맞추었다. 어떤 이들은 울었고 어떤 이들은 응급텐트로 인도되었다. 어떤 이는 두 팔을 하늘 높이 쳐들고 무언가를 계속 말했다. 혼란스러운 상황 속에서 아무것도 들을 수도 없었지만 나는 그들이 전능하신 분께 은혜를 베푸시고 보호해 주심에 감사하는 기도를 하고 있었다고 확신했다. 그리고 모든 이들이 외친 "자유 만세!"를 잊을 수가 없다.

우리 사진병들은 사진 찍기에 바빴다. 나는 그들을 따라 다니며 펼쳐지는 드라마 한 순간 순간을 자세히 목격하며 경험했다. 자유는 정말 고귀한 것이었다. 우리도 자유를 얻기 위해 얼어붙은 두만강을 건넌 것을 기억했다. 나는 "돌아오지 않는 다리"를 건너는 모든 병사들 마음을 이해 할 수가 있었다. 그리고 손을 높이 들고 하나님께 감사하는 병사들의 모습은 내 기억에 새롭다. 포로를 교환하는 장면들은 여러 달 동안 나의 가슴 속에 가득 채워져 있었다.

나는 어머니와 동생들이 서울로 무사히 돌아와서 살 곳을 얻었다는 소식에 안심이 되었다. 나는 1954년 4월 17일 명예로운 제대를 하게 되었다. 군에서 보낸 나의 3년 이상의 세월에 종지부를 찍은 것이다. 그들은 단칸방에서 살고 있었다. 그 공간은 우리 일곱 식구가 살기에는 턱없이 부족했지만 그럼에도 불구하고 우리는 함께 살아갈 수 있었기에 무척 행복했다.

나는 학교로 되돌아 가기 전까지 일할 일자리를 찾아보았다. 나는 제 62 공병부대에 약 일 년 동안 일했고 그동안의 급여는 다음의 학비로 저축하였다. 서울대학교 사범대학에 진학하기로 결정했다. 나는 이 대학을 여러 해 동안 꿈꿔왔는데 만약 내가 이 대학에서 학사 학위를 받는다면 서울 국립 사범학교 때 받은 학자금을 다시 되갚을 필요가 없게 된 나는 중고등학교 교사 자격증을 갖게 되는 것이므로 그것은 자연스러운 선택이었다.

시험 전 약 한 달간의 짧은 기간 동안 나는 밤새워 열심히 공부했다. 경쟁은 치열했다. 사범대학은 학비가 전혀 없었다. 그것은 내게 첫 선택일 뿐만 아니라 내가 할 수 있는 유일한 선택이었다. 나는 시험 볼 때까지 매일 밤 늦게까지 공부했고 반드시 합격해야 했다. 나는 게시판을 보기 두려웠다. 내가 머뭇거리고 있을 때 누군가가 "김 형, 형은 합격했네요."라고 외쳤다. 그 사람은 시험 중 바로 내 옆에 있었던 박재룡 씨였고 함께 공부하며 4년이라는 오랜 세월 동안 가까운 친구가 되었다.

내 수험 번호가 게시판에 붙어 있음을 알고 무척이나 기뻤다. 나는 오래 머무를 수가 없었다. 너무나 많은 사람들이 이 소식을 기다리고 있었다. 어머니는 아버지가 계셨더라면 얼마나 자랑스러워하셨을까? 라고 말씀하셨다. 우리는 모두 모여 머리를 숙여 하나님께 감사의 기도를 드렸다.

되돌아보니 나의 학창 시절은 참으로 특별한 과거를 가지고 있었다. 처음부터 졸업할 때까지 계속해서 한 학교를 다닌 적이 없었다. 내가 5학년때 제2차세계대전이 시작되어 공부를 하기 보다는 강제 노역으로 전쟁 물자들을 조달하는 데 많은 시간들을 보내야 했고 일본 제국이 항복하고 길림 성을 떠나 고향에 돌아와 중학교에 갔으나 공산당이 우리 가족들을 박해하는 바람에 중단되었다.

서울 사범학교 마지막 학년에 북한 공산군의 침략으로 떠나야만 했던

것이다. 나는 이 학교로부터 정규 졸업 증서를 받지 못했지만 훗날 뒤늦
은 졸업장을 받았다. 일학년을 마치고 나니 저축했던 학자금이 다 고갈
되었다. 다시 계속해서 공부하기 위해 일자리를 알아보기로 했다. 그 일
은 주로 노동으로 아침 일찍 시작하고 낮에 끝났는데 그일은 내게 알맞
은 직업이다. 나는 오후 학업에는 참석할 수 있었지만 몇몇 아침 시간에
는 빠져야 했다. 토마토 자루와 냉동 고기 상자, 감자 자루 등을 나르는
일들을 열심히 하면서 학비와 생활비를 벌었다.

제5장 한 농부의 절규

월드비전의 회장인 밥 피어스는 한국 전쟁기간 중 고아들이 겪은 고통을 그린 기록 영화를 만들어 기금을 모금하기 위해 미국 전역에서 상영했다. 1954년 12월 해리와 버다 홀트 씨 부부는 오레곤주 유진에 있는 유진 고등학교에서 자녀들과 함께 이 영화를 보았다. 먹을 것을 찾기 위해 쓰레기통을 뒤지는 고아들의 모습을 보고 충격을 받았다. 집으로 돌아오는 길에 홀트 씨 가족들은 고아들을 돕기로 결심하였다.

그러나 홀트 씨는 고아원에 후원금을 계속 보내는 것이 최상의 방법이 아니라고 생각했다. 홀트 씨와 그의 아내 버다는 의논 끝에 아이들 몇 명을 입양하여 그들이 새 가정과 부모를 가질 수 있게 해주기로 결심하였다. 정규적으로 매월 기부금을 주는 것은 그들에게 매일 필요한 음식과 옷가지, 쉼터를 제공해 줄 수는 있지만 그 아이들에게 미래를 꿈꾸며 삶을 바꾸어 줄 수는 없다고 생각했다. 그것을 해결 할 수 있는 길은 오직 입양 뿐이었다.

팔만 명이 넘는 고아들이 전국에 퍼져 있는 팔백여 개의 고아원에 살고 있었다. 홀트 씨 부부는 한국으로부터 어린아이들을 입양할 수 있는지를 문의하며 수속을 시작했다. 이미 여섯 명의 친 자녀들이 있었는데 왜 더 많은 자녀들이 필요한가? 그들은 50세와 51세였다.

그들이 너무 늙어서 아이들을 입양하고 키울 자격이 없다고 생각했다.

그 다음으로 문제 삼은 것은 입양동기가 종교적 신념에 기초했기 때문에 종교적 광신도로 분류되어 어린이들을 입양하는 데 비현실적인 환상을 가지고 있다는 것이었다.

홀트 씨는 한국에서 직접 입양할 수 있는지를 타진하기 위해 한국에 왔다. 그는 모든 것을 하나님께 맡겼다. 그는 한국에 들어오기 전, 동경의 호텔 방에서 조용히 기도하고 어둠 속에서 성경책을 펼쳤다. 그가 불을 켰을 때 그의 손가락이 놓여 있는 곳을 보고 그 구절을 읽었는데 이사야 서 43장 5절에서 7절까지의 말씀이었다.

> "두려워하지 말라 내가 너와 함께 하여 네 자손을 동쪽에서부
> 터 오게 하며 서쪽에서부터 너를 모을 것이며 내가 북쪽에게
> 이르기를 내놓으라. 남쪽에게 이르기를 가두어두지 말라. 내
> 아들들을 먼 곳에서 이끌며 내 딸들을 땅 끝에서 오게 하며 내
> 이름으로 불리는 모든 자 곧 내가 내 영광을 위하여 창조한 자
> 를 오게 하라 그를 내가 지었고 그를 내가 만들었느니라.

이성경 말씀을 읽고 감격과 기쁨으로 눈물을 흘렸다. 하나님께서 자신을 바른 길로 인도하실 것이라는 확신을 갖고 다음날 아침 그는 한국으로 달려갔다. 그는 한국에 있으면서 성경이 이사야서에서 지시한 그대로 북에 있는 어린이들 보다는 남쪽에 있는 고아원에서 입양할 여러 명의 아이들을 찾아냈고 다른 아이들을 찾기 위하여 서울로 다시 돌아왔다.

그는 전부 열 명의 자녀들을 찾았는데 여덟 명은 홀트씨 가족이 입양할 예정이고 나머지 둘은 입양을 원하는 콜리어 씨 가족을 위해서였다. 그는 한국에서 모든 입양수속을 마쳤다. 다른 나라에서 여덟 명의 자녀들을 입양했던 일이 전에는 없었고 현존하는 미국 법에 따르면 그 어린아이들을

미국에 데려갈 수가 없었다.

1924년 이민법에 의한 할당 제도는 이미 미국에서 거주하고 있는 국적들의 퍼센트에 따라 결정되었다. 그러므로 서 유럽 국가들은 미국에 거의 무제한적으로 이민을 보낼 수 있었지만 아시아권 나라들은 최대한 백 명까지만 허용되었다. 1924년 이민법은 인종차별적이어서 그 법안이 1965년 개정될 때까지 수많은 아시아계 사람들의 이민을 제한하였다.

1946년 미국 의회는 난민구호법을 입법 제정했는데 그것은 미군 병사의 외국인 아내와 자녀들이 미국으로 들어오도록 허용하기 위해서였다. 난민구호법으로 알려진 이것은 주로 서부 유럽과 소수의 아시아 국가로부터 미국으로 들어오려는 수천 명의 난민들과 전쟁고아들에게 새로운 기회를 열어 주었다.

오레곤 주의 리차드 뉴버거 상원의원이 여덟 명의 입양 어린이들이 미국에 들어 올 수 있는 법안을 국회에 상정하였다. 이 법안은 88회의 회기 마지막 날 법안이 소개된 지 두 달 만에 만장일치로 통과되었고 아이젠하워 대통령은 그 법안에 서명하였다. 이 법안은 지금 홀트법이라고도 불리고 있다. 당시 그것은 전례 없는 법률적 묘책이었다. 홀트 가족의 믿음과 기도가 이 승리를 안겨다 준 것이었다.

1955년 10월 홀트 씨 부부와 그들이 입양한 여덟 명의 입양 자녀들이 주요 신문과 잡지들의 표지를 장식하였다. 홀트 가족은 갑자기 세계적 명사가 되었다. 어린이들이 새로운 가정과 가족들에 적응하는 사진과 인터뷰와 이야기들이 계속해서 실렸다. 가슴을 울리는 깊은 인간애가 담긴 이야기가 미국과 전 세계 사람들의 마음을 감동시켰다.

이렇게 언론 매체에 알려진 결과, 홀트 씨에게 한국 어린이를 어떻게 입양하는 지를 묻는 전화와 편지가 물밀 듯이 몰려왔다. 그가 한국에 남기고 온 어린아이들의 얼굴이 그의 마음속에 생생하게 남아 있었다. 그들

홀트씨가 입양한 어린이들 8명. 좌로 홀트씨, 캐티카운간소사, 밥피얼스 선명회 소장

은 사랑에 목말라 있었고 새 부모와 가정이 절실히 필요한 어린이들이다.

홀트씨는 하나님과 가졌던 약속을 기억하고 있었다. 어느 날 깊은 숲 속에서 트랙터를 타고 길을 닦고 있던 그는 갑자기 심장병으로 쓰러졌다. 죽음의 문턱에서, 그는 영화의 장면들처럼 지나가는 그의 과거를 보았다. 그는 그의 생애의 대부분이 돈을 벌기 위하여 보냈다는 것을 깨달았다. 그의 지나간 기억 속에서 하나님의 축복으로 얻은 재물을 가치 있는 일에 쓰인 일이 없었다. 그는 하나님께서 그에게 생명을 더 허락해 주신다면 다른 사람을 위해 더 가치 있는 일을 하는 데 쓸 수 있도록 기도했다. 그리고 그는 기적적으로 심장병에서 살아났다.

그는 한국의 고아원에서 기다리고 있는 어린아이들을 다른 부모들이 입양할 수 있도록 도와주는 것이 자기가 앞으로 해야 할 일이라고 믿었다. 그러기 위해선 어떤 구체적인 계획을 세울 필요가 있었다. 그는 다른

가정들이 어린아이들을 입양할 수 있도록 도울 수 있는자를 알아보기 위
해 한국으로 다시 오기로 결심하였다. 그의 담당의사는 심장병 때문에
무리한 해외여행을 하지 말 것을 충고했다. 그러나 이러한 의사의 충고에
도 불구하고 홀트 씨는 한국에 있는 고아들을 생각하며 한국으로 다시 떠
나기로 했다.

제6장 내 삶을 바꾼 홀트 씨와의 만남

1956년 2월 평화모자원 소장 한경생 장로에게서 전화를 받았다. 어떤 미국인이 한국의 고아들을 위하여 새로운 자선 단체를 설립하려 하는데 그를 도울 수 있는 통역자를 찾고 있다고 했다. 그는 내가 이 일에 관심이 있는 지를 물어왔었다.

한국 전쟁이 끝난 후 일곱 명의 가족을 돌볼 수 있는 일자리를 찾는 일은 쉽지 않았다. 게다가 나에게 제의한 일자리는 대부분 번역을 필요로 하고 사무실에서 하는 것이어서 나로서는 좋은 기회라고 생각했다.

1956. 2. 25, 한 장로와 나는 월드 비전 사무실을 찾았다. 먼저 우리는 월드 비전 한국 사무실의 총무 손종율 씨를 만났다. 몇 분 후에 홀트 씨의 한국 대표 해리 라손 씨가 그 방의 다른 쪽에서 나왔다. 홀트 씨와 직접 일한다기 보다는 오히려 라손 씨와 일하는 것으로 알았다.

라손 씨는 나의 배경과 지금 하고 있는 일이 무엇인 지에 관해 물었다. 나의 영어실력이 얼마나 되는 지 테스트하기 위한 것으로 보였다. 우리는 거의 30분 동안 내가 전쟁 이후 해왔던 일에 관하여 이야기를 나누었다. 라손 씨는 깊은 관심을 가지고 들었다.

몇 분 후에 그 방안으로 해리 홀트 씨가 들어왔다. 나는 깜짝 놀랐다. 그는 내가 상상했던 사람이 아니었다. 내가 그려보았던 사람은 미국 영화에 나오는 멋진 정장을 차려 입고 키가 크고 늠름한 모습의 신사였다. 그러나 키는 내 키 정도였고 눈썹이 무성하여 좀 거칠고 서부영화에 나오는

카우보이 같이 무서운 외모
를 한 사람이었다.

그는 나의 가족에 대해 계
속해서 물었다. 그들은 우리
가 중국 공산당으로부터 어
떻게 탈출했는가에 대해 많
은 흥미를 보였다. 나는 북동

내가 홀트 씨를 만났을 때의 사진

중국에서 공산당들에게 숙청되어 서울까지 오게 된 것을 설명했다.

내가 이야기를 끝내자 홀트 씨는 자리에서 일어나 나와 함께 일하게 되
어서 감사하다고 했다. 그의 겸손함에 또 한 번 놀랐다. 그는 정말로 신사
였다. 내가 군 기지에서 일하면서 접촉했던 다른 서양인과 같지 않았다.
나는 그날 아침 인터뷰를 위해 집을 나서기 전 어머니가 "하나님께서 뜻
하시면 모든 것이 잘 될 것이다" 하면서 격려해 준 말을 떠올리며 하나님
께 감사했다. 나는 이제 한국에서 홀트 씨와 함께 일하는 첫 번째 한국인
이 된 것이다.

내가 인터뷰를 받고자 집을 나섰을 때 하늘은 잿빛이었고 날씨도 추웠
지만 내가 월드 비전 사무실을 나올 때엔 이른 봄의 상큼한 공기와 태양
이 조각구름들 사이로 비치고 있었다. 집으로 향하는 발걸음은 매우 가볍
고 빨랐다. 그날 저녁 가족들과 이 기쁜 소식을 함께 나누었다. 그때 아무
도 이 일터가 내 평생 헌신하게 되는 곳이 될 줄은 몰랐다.

우리가 하는 일은 혼혈 전쟁 고아들을 찾아 미국 가정에 입양시키는 일
이다. 나는 혼혈 어린아이들에 대해 아무것도 몰랐다. 더구나 나는 외국
가정에서 한국인 어린아이들을 입양하고 싶다는 이야기를 들어 본 적이
없었다. 어떻게 미국인 가정이 그들 자신의 민족적 배경과 다른 어린이들
을 입양할 수 있단 말인가? 나는 전에 한국인 가정에서도 전쟁 고아들을

입양한다는 이야기를 들어본 적이 없었다. 입양에 대해 내가 처음 알게 된 것은 성경에서 모세의 이야기뿐이다.

입양은 한국에서 매우 드물게 이루어졌다. 그리고 그것은 부부가 가문의 대를 이어갈 후손이 없을 경우에만 있었다. 딸들은 일단 결혼하면 남편 가족의 일원이 되기 때문에 가문을 이어갈 수가 없어 다만 남자 어린 아이가 입양되었다. 그리고 입양은 언제나 아주 은밀하게 이루어져 아무도 모르게 진행되었다.

나는 한국에서의 입양에 관하여 더 자세히 알아보고자 책을 사보기로 했으나 아무것도 찾을 수가 없었다. 나는 입양 법에 관하여 옛날 서적에서 겨우 몇 가지를 찾을 수 있었다.

미국에서의 입양은 어린이가 중심이 되지만 한국에서의 입양은 부모나 가족 전체의 복지를 위한 것이어야 한다. 라손 씨에 의하면 미국 가정은 집 없는 어린이들에게 새로운 가정을 제공해 주기를 원하기 때문에 아이를 입양했고 성 차별이 없었다. 사실 미국 가정은 오히려 딸을 더 선호하였다.

한국 입양 법 조항은 입양 예정 부모와 입양 어린이는 똑같은 성과 본적을 가져야 한다. 즉 김해 김 씨 성을 가진 입양 부모는 입양 예정인 아이도 김해 김 씨 성을 가져야 한다. 이것은 혈연에 순수성을 확인시켜 주는 것이고 또한 입양하려는 사람은 제한된 가족 구성원으로부터 입양 예정된 아이를 선택해야 한다. 이러한 법적 구조는 후계자가 없는 장손이 그 대를 잇기 위하였으며 오랜 세월 동안 뿌리 깊게 자리 잡은 사회적 관례가 되었다.

이것은 실질적으로 김 씨 성을 가진 사람이 박 씨 성을 가진 어린이를 입양한다는 것은 불가능하다는 것을 보여주는 한 예다.

수만 명의 고아들에게 똑 같은 성을 가진 입양가족들을 찾는다는 것은 거의 불가능했다. 고아원에 있는 아이들 중 삼분의 이가 상속자가 될 수 없는 여자 어린이들이었다.

한국의 입양은 부모가 늙었을 때 자신들을 돌보아 줄 수 있는 사람이 필요해서 어린이들을 입양했다. 그러나 남자 아이를 입양하는 가장 중요한 이유는 설날이나 추석, 한식과 같은 명절 때 조상에 대한 제사를 드리는 것 때문이었다. 이러한 행사는 한국인 가정에 있어서 자식 사랑과 밀접하게 연관된 것이며 이것은 오늘날에도 한국의 모든 가정에게 요구되고 있다. 이러한 옛 관습과 법률이 입양될 어린이들에게 새로운 가정을 가질 수 있는 기회를 박탈하고 있었다. 가족의 영향이 큰 한국의 어린이들에게 가정이 없다는 것은 치명적인 것이었다.

한국 전쟁으로 미국인들이 우리의 자유와 민주주의를 수호하기 위해 많은 희생을 감수하였다. 이제 그들은 우리의 전쟁 고아들을 입양하기를 원하고 있었다. 정말 가상한 일이 아닐 수 없다.

제7장 해외입양 역사의 시작

　1956년 2월 26일 홀트아동복지회가 공식적으로 혼혈전쟁 고아들을 위해 새로운 가정을 찾도록 도와주는 일을 시작하였다.

　혼혈아동이란 'GI Babies' 라고 불렀는데 한국인 어머니와 미군인 아버지 사이에서 태어난 아이들을 말한다. 나는 유엔 깃발아래 참전한 15개국의 다른 나라도 있는데 유독 혼혈 어린아이들을 모두 미군의 아이들이라고 지목해서는 안 된다고 생각했다. 16개국은 캐나다, 영국, 프랑스, 벨기에, 룩셈부르크, 노르웨이, 스웨덴, 덴마크, 그리스, 터키, 필리핀, 타이랜드 그리고 미국 등으로 북에서 침략해온 북한군에 맞서 싸웠다.

　이 일을 시작하면서 첫 번째 급선무는 작은 사무실을 찾는 일이었다. 이때 한국에서 알맞은 사무실 공간을 찾는 일은 건초더미에서 바늘 찾는 일처럼 어려운 일 중의 하나였다. 어느 정도 크기를 갖춘 빌딩이라면 폭격을 맞았거나 타버렸다. 우리는 서울 구세군사관학교 빌딩 안에 작은 사무공간을 얻었다. 가로 12피트 세로 10피트 정도 크기로 의자 두 개와 책상 하나를 놓기에 알맞은 방이었다. 구세군은 얼마 안 있으면 완성될 새 사무실을 건축하는 중에 있었다. 우리는 그 건축물이 완성될 때까지 이 방을 사용하기로 했다. 우리는 '홀트해외양자회' 라는 이름으로 일을 시작하였다.

　국내와 외국의 뉴스 매체들의 기자들이 와서 앞으로의 계획에 대하여 물었다. 새롭게 세워진 이 조직에 대한 기사가 거의 매일 같이 뉴스 매체에 실렸다.

두 번째 옮겨 간 사무실. 서울 신문로 구세군 빌딩

전쟁 후 한국에 수많은 외국 자원 봉사 기구들이 구호활동을 하고 있었다. 이들은 CARE, Christian Children Fund, Save the Children, Church World Services, Catholic Charities, World Vision, Compassion 등이었다. 이들 단체 대부분은 고아들을 위한 지원 사업을 했고 쓰던 옷과 옥수수가루 및 전지 우유 등과 같은 잉여 농산물을 제공하였다. 그러나 홀트는 미국인 가정으로 전례 없이 많은 어린이들을 입양하는 유일무이한 기관이다.

새롭게 문을 연 이 사무실의 주요 과제는 홍보 활동을 계속하여 혼혈 어린이들을 우리에게 찾아오도록 홍보하는 일이다. 우리는 월드 비전 코리아와 연계된 고아원들을 통하여 많은 어린이들을 접수하였다. 피어스 박사는 월드 비전의 도움 받는 고아원들에게 혼혈 고아들을 위해 시작된 시설로 보내도록 지시했다.

직원은 노르웨이 의사와 간호사인 바니 씨 부인을 제외하고 모두 한국인이었다. 노르웨이는 유엔군의 일원으로 의료 구호 작업을 위해 많은 의사와 간호사 그리고 의무 기술자들을 한국에 보냈다. 그들이 전쟁기간 동안 부상당한 시민들을 치료하기 위해 세운 "메디칼 센터(중앙 의료원)"는 아직도 한국 정부에 의해 운영되고 있다. 바니 의사와 같이 많은 의사들은 이제 인턴 과정을 마치고도 전문의 과정을 수료하지 못했다.

바니 씨 가족은 감기, 설사, 호흡기 질환과 수두, 열병 등에 걸린 어린이들이 언제나 많았기 때문에 큰 도움이 되었다. 어린이들이 들어오면 전염병이나 다른 질병을 앓고 있는지 알아보기 위한 의사진료를 하였다. 결핵이나 수두, 볼거리와 홍역 등과 같이 전염성이 강한 질병에 쉽게 노출된 어린아이들은 격리병동에 수용되었다.

그때 한국에서 제일 사망률이 큰 병은 폐결핵이었다 결핵은 열악한 위생 기준과 영양상태 때문에 만연하고 있었다. 집에는 상하수도가 없었고 오직 큰 관공서나 공중 빌딩만이 수세식 화장실을 가지고 있었다. 도시 중심부를 벗어나면 하수도가 땅 위로 흐르고 지방에는 하수도의 배수로가 덮여 있지 않았다. 우리가 센터에서 접수했던 많은 어린이들이 이러한 질병 때문에 죽었다.

어린아이들이 우리 센터에 들어오면 곧 입양 수속을 추진해 나갔다. 라손 씨는 거의 매일 시설에 있는 어린이들의 사진을 찍었다. 우리가 보낸 사진들은 예정 부모들이 입양할 어린아이들을 받아들이기로 결정하는 데 큰 역할을 하였다. 대부분의 부모들은 이 아이들의 사진을 보자마자 곧 승낙하는 편지를 보내왔다. 부모들로부터 승낙서와 서명된 몇 가지 공증 서류를 받으면 수속이 시작되었다.

며칠 후 우리는 순자 어머니로부터 순자를 인계 받았고 또 은 인애라는 여자 어린아이와 그녀의 부모가 우리 사무실을 방문하였다. 그들은 이 아이를 낳은 부모는 아니었고 이 아이가 태어난지 며칠 후부터 키워왔다. 이 아이가 어느 여름 새벽, 문 앞에 놓여 있었다고 했다.

인애는 노란 머리털 색이었고 순자와 같이 푸른 눈을 가졌다. 순자보다

세 살이나 위였는데 뚜렷한 서양 외모를 갖춘 아주 아름다운 여자 아이였다. 부모님은 인애를 매우 사랑했었고 해외 입양에 대해 많은 고민을 했다.

인애의 부모는 학교 선생님이었고 이해심이 많은 분들이었다. 그들은 이 아이를 키우는데 문제가 없었지만 인애가 유치원에서 돌아오면 언제나 불안해하고 혼란스러워했다. 다른 아이들이 인애를 놀렸기 때문이다.

인애의 부모는 인애가 친구들로부터 강한 차별을 계속 받는 것에 큰 충격을 받았다. 인애와 헤어져야 한다는 것을 생각하면 무척 가슴이 아팠다. 어린아이들은 동질성보다는 이질성에 더 주목했고 자신들이 아무렇지도 않게 한 질문이 다른 친구에게 어떤 영향을 미칠 것인지를 이해하지 못했다. 어린이들은 매우 직설적이고 생각나는 대로 그냥 질문했다.

친척들과 친구들은 인애를 입양 보내는 것이 인애 자신을 위해서 가장 최선의 길이라고 생각했다. 인애는 무슨 일이 진행되는지 호기심을 갖고 우리의 대화를 조심스럽게 들었다. 순자와는 달리 인애는 좀 더 철이든 듯 보였다. 그녀는 결코 어머니의 치맛자락을 붙잡고 울거나 외관상으로 걱정스러움을 보이지 않았다. 그녀는 아주 조용했고 침착한 어린 소녀였다. 그녀의 부모가 그녀를 잘 양육하였고 이별에 대한 준비를 미리 잘 시킨 듯하였다. 그녀의 부모는 인애를 우리에게 맡기면 미국에 있는 좋은 기독교 가정으로 입양시키도록 하겠다는 말에 안심이 된 듯 하였다.

부모는 인애에게 "우리가 너에게 일러주었던 것을 기억하겠니? 너는 이제 아빠가 계신 미국으로 가는 거야 인애는 아무 대답도 없었다. 그녀는 다만 그녀의 부모들을 바라보고 그들이 한 말을 이해한다는 듯 가볍게 고개만 끄덕였다. 인애도 아마 이 문제를 가지고 고민해 왔음에 틀림없다. '미국에 계신 나의 아버지와 함께 사는 것이 이 모든 고통과 고민보다 더 가치가 있는 것일까?' 좀 더 있으면 상급학교에 다니게 될텐데 그땐 지금 보다 더 큰 고통에 직면하게 될 거라는 걸 인애는 예감하고 있는 듯 했다.

인애의 부모는 그녀에게 작별 인사를 하고 손을 흔들며 떠났다. 인애도 손을 흔들어 답했다. 사무실을 떠나자마자 그 어머니는 감정을 주체하지 못하였고 아버지는 그녀를 팔로 부둥켜안고 천천히 버스 정거장으로 걸어 내려갔다. 인애는 약간은 혼란스러운 듯 보였지만 자신의 나이보다 놀랍게도 잘 견디어냈다. 인애가 영원한 집을 얻게 되어 기쁘기도 했지만 그녀를 길러주고 사랑으로 돌보아 주었던 부모님과 영원히 이별해야 한다는 것을 생각하니 가슴이 무너질 듯 아팠다. 바니 박사와 그의 아내는 인애를 기꺼이 받아들였다. 그녀는 곧 센터에 있는 다른 어린이와 함께 어울렸다.

그 후 우리는 사무실을 새로 지은 건물로 옮겨 갔다. 새로운 빌딩에서 지금보다 더 큰 방 두 개를 사용할 수 있게 되었다. 그러나 책상 두 개와 몇 개의 의자, 전화기 한 대 그리고 사무실 비품 몇 가지가 전부였다. 우리는 걸려오는 전화를 받거나 타자를 칠 수 있는 직원이 필요했다. 그때 유 씨 부인이 비서로 우리들과 합류하였다. 그녀는 30대 후반이었고 결혼하여 딸 하나를 두었고 영어를 유창하게 했다. 게다가 뛰어난 타이피스트였고 우리의 모든 통신과 서류를 담당할 정도로 능력이 뛰어났다. 그녀는 혼혈아와 함께 살아가는 어머니들의 역경을 잘 이해하였고 어머니들이 아이들을 데리고 오면 그들에게 친절하고 조심스럽게 대해 주었다.

우리의 업무는 점차 효과적으로 운영되었고 날이 갈수록 양이 점점 늘어났다. 우리는 라디오에 홀트 사업을 광고하였고 그 결과 많은 문의가 들어왔다. 얼마 후 우리에게 열두 명의 어린이들이 일시보호소에 들어왔다. 그럭저럭 우리는 미국에 있는 입양 예정 가족들로부터 가정 조사서와 법적 서류를 받아 입양아를 선정하여 수속을 시작했다. 수속의 모든 단계는 아주 까다롭고 어려웠다. 유월이 되어서야 우리는 열두 명 어린이들의 입양 수속을 마쳤다.

그들은 밥 피어스 씨와 그의 직원들이 이 아이들을 에스코트하여 1956년 6월 12일 서울을 떠났다. 나는 마지막 순간까지 서류 작업을 다치고 여권과 비자 그리고 출국허가와 천연두 예방 접종 등을 마치느라고 매우 바쁘게 지냈다. 열두 명의 어린 아이들을 긴 해외여행을 하도록 준비하는 것은 그리 쉬운 일이 아니었다. 피어스 박사와 12명의 어린이 그룹은 그날 안전하게 한국을 떠났다.

한국의 모든 신문들은 미국에 있는 새로운 부모들을 만나기 위해 밥 피어스 박사가 에스코트하여 떠나간 12명의 혼혈 어린이에 관한 기사를 썼다. 이 이야기는 라디오 뉴스로도 알려졌고 한국에서 아주 큰 인간 감동의 이야기가 되었다. 뉴스 미디어의 표지는 입양을 위해 우리 브호 센터에 있는 많은 어린이들을 실었다. 홀트 씨가 7월에 잠깐 한국에 왔다. 나중에 안 일이지만 그가 갑작스럽게 방문한 것은 라손 씨에 관한 일로 문제를 해결하기 위해서였다. 홀트 씨는 라손 씨에 대하여 한국어 있는 선교 단체들로부터 여러 차례 불평을 들어왔다. 그는 매우 불쾌하고 예의가 없는 사람으로 알려졌다. 많은 사람들이 그가 매너가 없고 불손한사람이라고 불평했다.

빌리 그레이엄 전도대회가 서울 운동장에서 열렸을 때 한국군 총사령관이었던 백선엽 장군이 라손 씨에게 의자를 내주었던 것을 월드 비전 직원 중 한 사람이 보았다. 예배 내내 라손 씨는 의자에 앉아 있었고 백 장군은 서 있었다. 이것을 본 사람들은 라손 씨가 백 장군의 제의를 거절하지 않은 거만한 행동을 믿을 수가 없었다고 했다.

이와 같은 사건들이 자꾸 반복되면서 사람들은 그가 홀트해외양자회를 대표하는 사람으로는 알맞지 않다고 생각하게끔 되었다. 그는 라손 씨에 대하여 손 씨와 라엣츠 씨 두 사람과 한 이야기를 내게 말해 주었다. 오랜 이야기 끝에 홀트 씨는 한국 홀트사무실에 변화가 필요하다고 생각했다. 라손 씨는 직책에서 물러나 한국에서 떠났다. 며칠 후 그는 미국으로 돌아갔다. 나는 가끔 그에게 무슨 일이 있는지 궁금했다. 개인적으로 그가 갑작스럽게 한국을 떠나게 되어 섭섭했다. 시작부터 많은 어려웠던 상황들을 같이 겪었으며 함께 일했던 그 였기 때문이다.

우리는 입양 기관으로서 정부 인가를 받아 완전히 독립적으로 운영되어야 한다고 믿었다. 그때까지는 모든 입양수속 절차들을 한국아동 양호회가 맡아서 했다. 나는 홀트보호센터에 있는 모든 어린이들의 법적 후견인이 되었다.

홀트해외양자회에 네 번째로 합류한 사람은 20대 중반인 문인재 양이었다. 유 씨 부인은 라손 씨가 미국으로 돌아간 뒤 얼마 안 있어 사직했다. 문 양의 직무는 여러 가지 번역된 것을 타이핑하는 것이었다. 그녀는 미국의 출생증명서에 해당되는 한국의 호적등본과 고아 증명서, 후견인 지정서, 입양 증명서와 출국 증명서, 비자 신청서 등 여러 가지를 영문으로 타자했다. 그녀는 과중한 일에 결코 불평하지 않았고 때로는 주어진 일을 처리하기 위하여 밤늦게까지 일을 했다.

이번엔 박하규 씨가 우리와 합류하였다. 그 또한 20대 후반이었고 미래에 목사가 되고자 하는 신학생이었다. 그는 영어를 매우 잘했으며 따뜻한 마음을 가진 젊은이였다. 그는 성실하고 성숙한 사람이었고 언제나 조용하고 논리적이었다. 그는 모든 결정을 서두르지 않아 나를 많이 보완해 주었다. 나는 감성적이고 열정적이어서 빠르게 결정하고 밀고 나가는 성격이었다.

박하규 씨는 어린아이들을 데려오는 곳이라면 어느 곳이든 갔고 가끔 먼 곳도 마다하지 않았다. 그는 또한 홀트해외양자회의 선교적 사업을 설

명하는 글과 전도지를 만
들었다. 혼혈 고아들의 어
머니나 그들의 가족들을
찾아가기 위하여 홀트 씨
와 다른 선교사들과 함께
동행 했다. 다섯 번째로 합
류한 사람은 20대 초반의
김인민 대학생이었다. 그
는 일학년을 마쳤지만 학
자금이 없어 학업을 계속
할 수 없었다. 그의 일은
한국어로 입양 관련 서류
를 작성하는 일이었다.

홀트 씨와 첫 번째 직원들(좌로부터 김인민, 박하규, ㄷ형복, 김태웅, 문인재)

K.J. 포어맨 씨는 한국 주재 장로교 선교사였는데 라손 씨가 한국을 떠
난 후 가족에게 어린아이들을 배치하는 일을 맡았다. 포어맨 씨는 여러
해 동안 한국에서 살았기 때문에 한국어를 할 줄 알았다. 포어맨 씨는 그
의 책임에 대해 매우 성실하였고 그의 직무를 성실히 수행하였다. 그의
일을 돕기 위해 김태웅 씨가 우리의 일곱 번째 직원으로 입사했다. 그도
역시 20대 중반이었고 영어를 전공하고 있는 외국어 대학생이었다.

이 두 젊은이는 고아들과 그들의 어머니들과 일을 했다. 어린아이들을
우리들에게 데려오면 김태웅 씨가 이 아이가 신체적, 정신적으로 그리고
정서적으로 입양될 수 있는지를 알아보기 위하여 가까이서 관찰하였다.
그는 어린이의 발달 과정에 관하여 알고자 아이들을 키운 사람들에게 여
러 가지를 물어보았다. 그는 또한 포어맨 씨와 어린이의 성격과 습관 그리
고 다른 일들에 관하여 서로 상의했다. 아이들과 부모 사이에 좋은 연결을

위해서 가족과 어린아이를 깊게 잘 안다는 것은 매우 중요한 일이었다.

여덟 번째 합류한 사람은 운전기사 염 씨였다. 그는 30대 중반으로 우리 직원들 중 제일 나이가 많았다. 우리 차는 1950년도 산 윌리스 지프 왜건으로 한국 주재 그리스도 교회 선교회가 우리에게 대여한 것이다. 이 차량은 우리가 병이 난 어린이들을 병원으로 긴급 이송해야 할 때 사용하는 참으로 귀중한 것이었다. 그리고 고아원이나 혼혈 어린이의 어머니로부터 아이들을 데려올 때에도 사용되었다.

우리 기관에 합류한 헌신적인 젊은이들로 정말 축복받은 시간이 흘러갔다. 직원들은 매우 열심히 일했고 정해진 시간보다 훨씬 더 많은 시간 동안 일했기 때문에 나는 우리 직원 모두에게 감사했다. 직원 모두의 헌신은 하나님께 대한 그들의 깊은 신앙심과 집 없는 어린이들에 대한 깊은 관심과 사랑에서 온 것이다. 그들은 모두 훌륭한 기독교인들로서 홀트 씨가 보여준 희생정신에 많은 영향을 받았다. 홀트 씨는 라손 씨가 떠난 후 한국에 와서 우리와 함께 일했다. 그는 대부분의 시간을 현장과 미군 기지로 어린이들을 찾아 다녔다.

그는 최선기 씨라고 하는 젊은 통역사를 한국의 선교사를 통하여 알게 되었다. 최선기 씨는 명문 유교 가정에서 태어났는데 유명한 가문이었다. 그의 삼촌은 경기도 도지사였다. 최선기 씨의 집안은 그가 기독교인이 된 것에 실망했다. 나중에 홀트 씨 부부는 그가 미국 유학을 갈 수 있도록 그의 후원자가 되었다.

난민 구호법이 1956년 12월 31일에 만료되기까지 시간이 촉박했다. 불과 몇 달 안에 많은 혼혈 고아들을 다 입양시킨다는 것은 불가능한 일이었지만 우리는 남아 있는 기간 동안 우리가 할 수 있는 모든 일에 최선을 다했다. 홀트해외양자회를 소개하는 전단지를 인쇄하여 시간이 촉박했다는 사실을 알리고 뒷면에는 복음의 메시지가 담긴 글을 실었다.

그것은 어머니들에게 그들의 삶의 방식을 바꾸고 예수를 믿으라고 권고하는 글이었다. 우리는 이 전단지를 수천 장 인쇄하여 교회와 상점, 고아원, 철도와 버스 정거장에 배포하였다. 홀트 씨는 이것이 우리가 하나님을 믿지 않는 사람들에게 복음을 전하는 데 아주 좋은 기회가 될 것이라고 믿었다. 그리고 우리 직원들은 그들이 방문지로 떠날 때면 언제나 몇 백 장씩 들고 나갔다.

제8장 첫 번째 아동보호시설

홀트해외양자회가 독립적으로 운영되면서 우리에게 찾아오는 어린 아이들을 돌볼 새로운 아동보호시설이 필요했다. 사무실에서 이 접수 센터로 왔다 갔다 하는 일이 매우 불편하였다. 우리는 시설에 있는 어린이들을 방문하여 이들의 건강 상태에 관한 정보를 기록해야 한다. 그러나 시간은 왔다 갔다 하는 길에서 대부분을 허비하게 되었다.

그때 때맞춰 새로운 시설과 입양기관 인가로 말미암아 한국 지원 봉사 협회 KAVA(Korea Association of Voluntary Agencies)회원으로 가입할 수 있게 되었다. KAVA 회원이 되면 미국에서 수입되는 필요 물자들을 무관세로 들여 올 수 있게 된다. 음식이나 기저귀, 어린이 옷가지, 의약품, 우유 등을 수입하는데 더 이상 월드 비전의 도움이 필요 없게 되었다. 한국에서 구할 수 없는 많은 양의 물자가 필요했다. 통조림으로 된 식품들을 시장에서 살 수도 있었으나 공급물량이 제한적이고 가격도 무척 비쌌고 수량도 모자랐다.

서울에 있는 몇몇 선교단체들과 이 문제에 대해 의논하였는데 그리스도교회 선교부지 일부에 새 시설을 지을 수 있도록 허락 받았다. 홀트해외양자회가 사업을 다 마치면 그 건물을 기부한다는 조건이었다. 홀트 씨는 서울 효창공원 안에 있는 선교회 부지 끝에 약 4,000평방피트 정도 되는 시멘트 블록의 구조물을 지었다. 커다란 3개의 방이 있었고 2개의 어린이 생활공간을 갖추었으며 식당과 부엌, 목욕탕, 세탁실이 있었다.

이 건물은 완전히 홀트 씨에 의해 고안되었고 이기규 장로가 지었다.

이기규 장로는 장로교 교회의 장로였으며 훌륭한 목수였고 가구도 만드는 분이었다. 뒤편 벽은 방마다 작은 창문이 있었고 건물 전면은 완전히 유리창과 문으로 되어 있었다. 무엇보다도 많은 햇볕과 빛이 커다란 창을 통하여 비춰졌다. 이 장로는 어린이들을 위해 많은 침상을 만들었다. 어린이들은 이 침대를 무척 좋아하였다. 2살 이하의 어린이들은 이 장로가 만들어준 나무 칸막이 어린이용 침대에서 잤다.

홀트 씨는 그의 일과 기술에 대해 정말로 감사했다. 지구의 서로 다른 곳에서 만난 이 두 노신사는 기독교 신앙으로 뭉쳤다. 이 장로는 영어를 한 마디도 못하였지만 그들은 마음으로 서로 대화할 수 있었다. 홀트 씨는 그를 대단히 좋아하였고 그는 미국으로 온 가족이 이민 갈 대까지 10여 년 동안 우리를 위해 함께 일했다.

한국 자원봉사단(KAVA)회원 권위라는 것은 우리가 예상했던 것 보다 더 컸다. 식료품뿐 만 아니라 안면용 티슈, 타월 등도 수입하였다. 심지

제일 처음 홀트 씨가 효창공원 안에 지은 어린이 보호 센터

어 욕조통, 서양식 변기, 경첩(문돌쩌귀), 우리가 새로 지은 어린이 시설물에 쓸 손잡이에 이르기까지 미국에서 수입하였다. 미국에서 선적해 온 가장 중요한 품목은 자동차였다. 빨갛고 하얀 색이 어우러진 최신형 1956년형 시보래 왜곤 차량을 인천 세관을 통해 들여왔을 때 우리는 정말로 기뻤다. 홀트 씨는 병이 난 어린 아이들을 병원으로 빨리 이송하기 위해 신형 차량을 수입하였다. 그리고 어머니들로부터 어린 아이들의 입양 수속을 위해 센터로 데려오는 데 사용되었다. 우리 차는 한국에서 단 한대 밖에 없는 빨갛고 하얀 시보래 차량이었다. 그것은 확실히 전쟁이 끝난 뒤 음산한 서울 거리를 환하게 해주었고 흑갈색의 미군 차량의 단조로움을 깨뜨려 주었다.

우리는 곧 어린이들을 돌볼 직원들 – 간호사, 요리사, 세탁, 청소직원– 을 고용했다. 우리의 첫 번째 한국인 간호사는 이씨 부인이었다. 홀트 씨가 1년 전에 한국에 있을 때 입양했던 첫 번째 여덟 어린아이들을 돌보았던 바로 그 간호사였다.

새로운 간호보조 인력들 가운데 보석같이 훌륭한 이들이 있었는데 바로 이승주 양이다. 새로운 자원 간호사는 델라 위퍼였고 전직 미 육군 간호사로 서울에 있는 34 야전 종합병원에서 근무했었다. 서울 가까이에 있는 이 병원은 내가 1947년 여름에 밴 버그 군목과 함께 일하기 시작한 곳이기도 하다. 델라는 한국에 대해 아주 잘 알고 있었다. 그래서 그녀가 새로운 직업에 적응하는 것은 어려운 일은 아니었다. 아동보호 시설은 매우 불편했으나 참고 견디며 업무를 잘 수행했다.

우리의 정규 근무시간은 9시부터 5시까지이며 토요일에는 9시에서 12시까지였지만 나는 더 이상 근무시간 중에 시계를 보는 일이 없게 되었다. 나는 아침 8시 이전에 사무실에 왔고 일을 다 마칠 때까지 사무실을 지켰다. 라손 씨가 한국을 떠난 이후 다른 사람의 지시를 받지 않고 이 일을 해왔다.

첫 번째 1956년, 시설

제9장 새 책임자의 선임

홀트는 계속 성장을 거듭했고 거의 매일 새로운 일에 도전했다. 홀트 씨는 라손 씨가 떠난 후 홀트해외양자회를 위해 일할 새로운 책임자를 찾았고 미국인이 아닌 한국인을 생각하였다. 후에 그가 마음속에 결정한 사람이 바로 "나"였다는 것을 알았다. 이 중요한 시점에 나를 결정했다는 것에는 매우 놀랐고 뜻밖이었다. 전후 또는 전란 중 예외 없이 한국에 있는 모든 구호 단체들은 그 조직의 책임자로 미국인이거나 유럽 출신이었기 때문이다.

오랫동안 한국의 선교사로 머물렀던 올리 스왈렌 양이 홀트 씨를 만나기 위해 사무실로 찾아 왔다. 올리 스왈렌 양은 북한 평양에서 태어났다. 그녀는 북한 사투리 억양이 담긴 한국어를 한국인처럼 아주 잘 했고 그녀는 미군 캠프 근처에서 살고 있는 많은 혼혈아를 우리에게 데려다 주었다.

그녀는 최근 여러 달 동안 홀트 씨와 홀트 씨가 이룩해 온 많은 일들에 대해 감사했다. 기관의 미래 지도자 상에 대하여 화제를 바꾸었다. 계속 성장을 위해 훌륭한 지도자가 필요하다는 점을 강조하였다. 그리고 라손 씨가 한국을 떠난 후 홀트해외양자회가 커다란 어려움을 받았다고 덧붙였다. 홀트 씨는 그녀가 하는 이야기에 대답하지 않고 조용히 듣고만 있었다. 그리고 그녀에게 "스왈렌 양, 나는 이미 홀트해외양자회를 이끌고 나갈 새로운 지도자는 어떠한 사람이어야 하는지 결정하였습니다. 그 사

람과 함께 한다면 나는 이 기관의 미래를 걱정하지 않습니다.” 홀트 씨의
확신에 찬 이 말에 스왈렌 양의 눈이 커졌다. “홀트 씨 그런데 그 사람은
언제 미국에서 오나요?” 홀트 씨는 머리를 흔들면서 “ 그 사람은 미국에
서 오는 게 아닙니다.”“아, 그래요? 그러면 한국에 있는 선교 단체에서
일하는 사람인가 보네요. 그렇죠. 홀트 씨!” 스왈렌 양은 홀트 씨의 대답
에 기뻐했는데 그것은 한국에 있는 그녀의 동료 중에 뽑을 것이라고 확
신하였기 때문이었다. 홀트 씨는 다시 고개를 저으면서 말했다. “이 사람
은 한국에 있는 선교 단체에서 일하고 있지 않습니다.” 그때 나를 포함하
여 방안에 있던 모든 사람들이 당황하였다. 그러면 그 사람은 대체 누구
란 말인가? 홀트 씨는 천천히 “스왈렌 양 나는 오랫동안 다음의 홀트해
외양자회 지도자로 Mr. Kim을 마음속에 정해 두었습니다. 이 사무실을
보세요. 그의 훌륭한 지도력에 홀트가 그동안 이루어낸 훌륭한 일들이
그 증거입니다” 라고 말했다.

방안에 있는 모든 사람들은 어안이 벙벙했다. 사무실 안은 쥐 죽은 듯
이 고요했다. 스왈렌 양의 입은 크게 벌려져 있었고 그녀의 크고 동그란
눈은 더욱더 커졌다. 그녀 위에 떨어진 폭탄 세례를 어떻게 감당해야 할
지 몰랐다. 잠시 후 그녀는 충격에서 제 정신을 차리고 말했다. “홀트 씨
당신은 Mr. Kim이라고 하셨나요? 어느 Mr. Kim인가요? 이 나라의 홀
트해외양자회에 대해 사람들이 얼마나 많이 기대를 하고 있는지를 당신
은 모르고 있지 않지요? Mr. Kim은 아직 대학도 졸업하지 않은 어린 한
국인입니다. 당신은 그가 이 일을 잘 해낼 수 있을 것인지를 생각해 보아
야 합니다. 나는 당신이 무엇을 하고 있는지를 알고 싶습니다.”

나는 두 번 다시 놀랐다. 사실 놀랐다기 보다는 좀 불쾌하고 실망했다.
내가 그날 들은 것은 여러 해 동안 한국인들에게 기독교를 전파하는 선
교사로부터 경멸과 인종차별을 하는 서슴치 않는 망발이었다. 그녀의 자

세는 그 당시 한국인을 향한 수많은 미국인들이 보통가지고 있던 전형적인 모습이었다. 그러한 증언이 한국에서 거의 한 평생을 보낸 선교사에게서 나온 것이라는 점에서 더더욱 받아들이기 힘들었다.

홀트 씨는 내가 속으로 분을 삭이고 있는 것을 눈치 채고 천천히 의자에서 일어나 그녀에게 말했다. "나는 내가 무엇을 하고 있는지를 잘 알고 있습니다. 나는 이 상황에서 내가 결정한 일이 최선이었다고 생각합니다." 그의 목소리는 떨렸고 표정은 굳어져 있었다. 홀트 씨는 "Mr. Kim은 이 조직을 무에서 일궈내었고 오늘의 성장과 발전에 이르도록 책임을 지고 일해 왔습니다. 그는 우리의 입양 수속을 발전시켜 왔기에 짧은 시간 안에 우리는 더 많은 어린이들을 입양할 수 있었습니다. 당신은 그가 훌륭한 관리자라는 것을 알아야 합니다. 그리고 홀트 안에서 일어나는 모든 일들을 아주 잘 하고 있음을 아시기 바랍니다. 그리고 그는 훌륭한 기독교인 입니다." 라고 말했다.

그는 그녀를 사무실 밖으로 데리고 나갔다. 그들의 대화는 복도에서도 계속 이어졌다. 나는 그들이 말하는 것을 거의 들을 수 없었지만 그들 대화의 마지막 부분을 들을 수 있었다. "나를 믿어주시오. 나는 지금 내가 무엇을 하고 있는지 잘 알고 있습니다. 방문해 주셔서 감사합니다. 나는 아주 훌륭한 사람을 만나게 되었다는 것에 감사하고 있습니다."

스왈렌 양이 건물을 떠난 후 그는 내 사무실로 돌아왔다. 그는 내 책상 앞으로 다가와서 손을 내밀고, 머리를 약간 숙이며 그들 사이에 일어났던 일들에 대해 사과했다. "나는 방금 전 스왈렌 양이 당신에 대해 이야기했던 모든 일에 대해 사죄하며 죄송하게 생각합니다. 그녀는 무엇을 말하고 있는 것인지 잘 모르고 있습니다. 나는 선교단체를 대신하여 깊은 사과를 드립니다."

그녀가 그렇게 지각이 없는 줄 몰랐다고 했다. 그는 모든 사람들이 그녀가 말하는 것들을 듣고 있음에도 한국인을 비하하는 언행은 믿을 수 없었다. 홀트 씨는 "당신은 영어를 잘 하기 때문에 그녀가 한 모든 말을 이해했을 것입니다. 나는 그녀가 그녀와 둘이서 있는 장소에서 내게 이런 말을 했다면 이해할 수 있고 또 용서할 수 있습니다. 그런데 Mr. Kim 당신 앞에서 어떻게 그럴 수 있습니까?" 라며 그녀가 저지른 실수에 대해 사과하였다. 그의 상기된 목소리와 볼은 떨리고 있었고 충격을 받았음을 알 수 있었다.

나는 홀트 씨가 내게 말한 것과 스왈렌 양의 태도에 증오와 감명이 교차함을 느꼈다. 선교사인 스왈렌 양의 한국인 비하언사는 내 마음에 깊은 상처를 남겼다. 그녀가 한 말 가운데 이해할 수 없는 것은 나의 개인적인 능력에 관한 것이 아니라 한국인들을 향한 일반적인 비하였다. 그녀가 말한 내용이 무엇을 암시하는지에 대해 생각하면 할수록 나는 더 격분했다. 그것은 한국에 살고 있는 미국인이나 선교사들로부터 받았던 가장 불쾌한 경험이었기 때문이다. 나는 홀트 씨가 모든 일에 대해 아주 못마땅하게 생각하고 있고 더구나 나에게 사과까지 했기에 그를 위해서라도 마음을 가라앉혔다.

다시 한 번 홀트 씨의 사려 깊음과 한국에 대한 연민의 정에 대해 깊은 감명을 받았다. 그가 얼마나 훌륭한 사람이고 그와 함께 일 할 수 있다는 것이 얼마나 다행한 일이고 큰 기쁨이었는지 모른다. 정말 감사했다. 그는 지난 2월 월드 비전 사무실에서 내 손을 꼭 잡아주면서 앞으로 여러 달 동안 나와 함께 일하게 되어 얼마나 기쁜지 모른다고 말했던 바로 그 사람이다.

지금 그가 나의 손을 다시 꼭 잡고 있다. 이번에는 미국인 동료의 잘못을 대신 사과하면서 말이다. 그는 "그녀가 그렇게 무지하고 센스가 없는 줄 몰랐습니다. 전혀 상상 밖이었습니다. 내가 무엇을 하고 있는지 왜 이 일을 결정했는지 잘 알고 있습니다. 나는 Mr. Kim이 홀트해외양자회의 새로운 지도자로서 뛰어난 자질을 가진 적임자라고 굳게 믿습니다.”라고 말했다.

그는 공식적으로 나에게 한층 더 책임감 있고 막중함이 주어진 새로운 지위를 제의하였다. 나는 놀라움에 할 말을 잃었다. “당신은 나를 잘 알고 있다고 했는데 나는 이 중요한 자리에 합당하다고 믿고 있지 않습니다. 나는 이 직무를 수행하기 위해 필요한 모든 능력을 갖추고 있지 못합니다.”라고 말했다. 그러자 그는 나의 손을 꼭 쥐면서 “나는 당신이 해 낼 것이라고 믿고 있습니다.”라고 말했다. 나는 잠시 동안 그 말에 다시 동요되었다. “감사합니다. 홀트 씨!” 이 말은 그 순간 내가 말할 수 있는 모든 것이었다.

그가 이제것 행한 모든 일에 대한 감사의 표시로 나는 얼떨결에 도전해야겠다는 결심을 한 것이다. “최선을 다하겠습니다.”라고 했다. 우리 모두는 홀트해외양자회를 위해 주어진 이 막중한 책임을 수행하기 위한 결정에 승복했다. 내가 정말 새로운 책임자로서 일을 잘 해 나갈 수 있을지 두려웠다.

나는 이 두려움을 홀트 씨와 함께 나눴다. 그는 내게 용기를 주었다. “이 일을 당신의 생각과 지혜 그리고 경험만 가지고 해 낼 수 있다고 생각하지 마십시오. 모든 것을 하나님께 맡기고 기도로 항상 그분의 지혜와 인도하심을 구하세요. 오직 주님만을 믿으세요 저를 보십시오. 나는 아무 것도 아닙니다. 나는 단순한 농부입니다. 이 일을 하기에 지혜롭지도 않고 힘도 없습니다. 이것은 오직 주님의 일이어서 그의 명령에 따를 뿐입니다.”

“만약 내가 일을 제대로 하지 못하거나 당신이 기대한대로 하지 못한다면 내게 말해 주십시오. 나는 언제든지 이 자리를 기꺼이 떠나겠습니다."라고 대답하고 다시 한 번 더 그에게 감사했다.

나는 정말로 스왈렌 양이 방문한 이래로 닥쳐오는 모든 일에 의욕이 넘쳤다. 나는 어린아이의 기저귀를 갈아주는 것부터 주일 어린아이들의 머리를 깎아주는 것에 이르기까지 모든 일을 다 했다. 이제 나는 홀트해외양지회의 모든 일을 책임지고 홀트 씨를 대신해 모든 것을 감당하게 되었다.

홀트 씨가 사무실을 떠난 후 나는 일을 계속했지만 내 감정을 제어하기가 어려웠다. 그날 저녁 홀트 씨가 나에게 말한 일들을 식구들과 함께 나눴다. 어머니는 "주님만을 믿고 최선을 다하거라! 모든 어려움과 곤란한 일을 이겨낼 수 있을 것이다" 라며 격려해 주었다.

제10장 뉴하우스 목사와 피아티 골스키

　우리는 미국으로부터 아주 훌륭한 방문자인 캘리포니아 에스콘 디도에 자리한 "Christ Ward Ministry"의 설립자인 로렌스 뉴하우스 목사님을 맞이하게 되었다. 오레곤 본부에서 일하고 있는 수지 넬슨 여사가 이미 나에게 그의 한국 방문을 알려주었기에 기다리고 있었다. 넬슨 부인은 나에게 그가 두세 살 된 남자와 여자 2명의 어린이를 입양하도록 도와줄 것을 부탁했다.

　뉴하우스 목사는 한국에 머무는 동안 혼혈 어린이들을 찾고자 고아원과 군부대를 방문하려고 아침 일찍이 사무실을 찾아왔다. 우리가 여행을 할 수 없는 날이면 그는 우리 직원들을 도와 타이프도 치고 서류도 정리하면서 그가 할 수 있는 모든 일들을 해 주었다. 우리가 함께 여행을 할 때면 그는 우리의 운전기사로 봉사하였다. 그에게 있어서 어떠한 일도 하찮은 것이나 낮은 일은 없었다. 그는 우리 모두에게 많은 격려로 북돋아 주었다.

　우리 모두는 그가 미국 입양부모의 좋은 예라고 생각하였다. 우리 사무실에서 모든 노력을 다한 끝에 2주 후 우리는 그가 갈렌과 멜로디라는 2명의 어린이를 입양할 수 있도록 도왔다. 한국에서의 짧은 머무름 가운데 그는 입양아를 찾아보면서 사무실의 여러 일들을 돕고 차를 운전하고 또 우리를 즐겁게 해 주었다. 세계적으로 유명한 첼로 연주자 피아티고르스키 씨가 아이젠하워 대통령의 특사로 한국에 왔을 때 뉴하우스 목사는 내게 이화여자대학교 강당에서 열린 연주회에 참석할 수 있는 기회를 주었다.

피아티고르스키 씨와 같이 유명한 첼로 연주자가 한국을 방문한다는 것은 참으로 놀라운 일이었다. 단 1회의 연주회가 토요일 저녁에 있었고 뉴하우스 목사는 3장의 표를 사서 그분과 우리 직원 그리고 나, 세 사람이 연주회를 즐길 수 있도록 해주었다.

연주장에 들어가 우리 자리에 앉았을 때 또 한 번 놀랐다. 제 二열 맨 가운데가 바로 우리들의 자리였기 때문이다. 내 전 생애를 통해 이런 융숭한 대접을 받아보기는 처음이었다. 피아티고르스키 씨가 그의 손에 첼로를 들고 무대로 나와 우리가 앉은 자리에서 겨우 몇 피트 떨어진 곳에 앉았다. 그것은 내 평생 오직 단 한 번 주어진 기회였다. 세계적인 첼로 연주자로부터 몇 피트 안 되는 거리에 앉아 연주를 듣는다는 것은 정말 상상하기 어려운 일이었다. 나는 처음부터 끝까지 단 한순간도 놓치지 않고 연주를 경청했다.

그가 연주 활을 가지고 하는 모든 동작들을 자세히 관찰하였다. 그리고 모든 동작 하나하나에 의해 울려 나오는 아름다운 선율을 감상하였다. 내가 이 위대한 순간을 증언할 수 있다는 것이 얼마나 큰 행운인가! 그것은 잠시 동안 나를 전쟁으로 인한 파괴, 배고픔과 질병의 비참함, 여러 가지 불행들을 잊게 해주었다.

그의 예정된 프로그램이 끝났을 때 모든 사람들은 발을 구르거나 기립박수와 열광적인 갈채를 보냈다. 그들은 소리를 지르거나 휘파람을 불며 한 번 더 들려줄 것을 요청하였다. 잠시 후 그는 무대에 나타나 다른 곡을 연주하였다.

깊은 감명을 받고 청중들은 다시 앙코르를 외치며 박수를 쳤다. 그는 다시 연주하였고 청중들은 3번째 앙코르를 외쳤다. 그가 마지막 앙코르 연주를 마쳤을 때 마치 줄을 대지 않고 여전히 연주를 하고 있는 것처럼 활을 계속해서 움직였다. 청중들은 그가 활을 움직이는 동작에 맞춰 몸을 움직였다.

청중들의 열화와 같은 갈채는 피아티고르스키 씨가 그의 두 뺨에 엷은 미소를 띠고 의자에서 일어나기 전까지 그치지 않았다. 나는 완전히 그의 음악과 그의 첼로에 몰입되었고 그의 연주 솜씨에 놀랐다. 기립 박수는 몇 분 동안 계속되었다. 나는 전에 청중들로부터 그런 열광하는 모습을 본 적이 없었다.

그는 연단에 서서 미소 지으며 때때로 손으로 박수를 치면서 우레와 같은 갈채에 답하였다. 그는 처참한 전쟁으로 분단되어 고통 받는 나라 한국에서 서양음악에 그처럼 열광적일 것이라고 생각하지 못하였던 것 같다. 나는 후에 뉴하우스 목사를 통해 피아티고르스키 씨가 세계 여행을 마치고 미국으로 돌아와 신문기자와 인터뷰를 했을 때 그의 이번 연주여행 중 가장 기억에 남은 것은 한국에서의 연주뿐이었다고 들었다.

뉴하우스 목사님과의 업무 관계는 그분이 미국에 돌아간 후에도 계속되었다. 나는 그의 도움과 우정으로 인해 그를 진심으로 깊이 존경하였다. 그는 한국의 수많은 집 없는 어린이들의 삶을 위해 커다란 공헌을 했다. 나는 이제 근무시간에 맞춰 일할 수는 없었다. 새로운 지위는 때때로 나를 밤늦게까지 사무실에 머물게 했고 때로는 밤을 새우게도 했다. 사무실에서 잠을 잘 수 있도록 야전 침대를 두었다. 어머니는 아침식사를 사무실로 가져다주었다.

8월 중순 경이 되면서 우리는 난민 구호법의 효력이 12월 31일에 끝나게 됨에 따라 몇 달 안 남은 시간에 쫓기게 되었다. 우리 모두가 시간외 근무를 하게 되었다. 우리는 가까운 식당에서 음식을 시켜 사무실에서 먹었다. 어느 누구도 시간외 근무하는 것에 대해 불평하는 이가 없었다.

나는 그들의 헌신이 홀트 씨의 희생정신에 보답하는 것이라 믿었다.

우리가 일을 시작한 첫 해에 미국으로부터 많은 사람들이 방문하였다. 이들 가운데 내가 가장 만나보고 싶었던 분은 바로 버다 홀트 여사였다. 그녀를 가족사진 속에서 보았고 그녀의 딸 바바라를 통해 많은 것을 들었다.

홀트 여사가 가을쯤 한국을 방문할 것이라고 들었으나 정확한 날짜는 언제가 될는지 몰랐다. 그녀는 어떤 분일까? 나는 가끔 상상으로 그녀를 그려보았다. 홀트 씨에 대해 좋은 감정을 가지게 되고 또 그의 용기와 판단력 그리고 하나님께 대한 깊은 신앙심에 대해 더욱더 그를 존경하게 되면서 나의 호기심은 점점 더 커져갔다. 홀트 씨가 그렇게 수많은 일들을 해낼 수 있었던 요인들 중의 하나는 바로 가족들, 특히 아내의 강력한 뒷받침이었다고 믿기 때문이다.

나는 아버지와 어머니를 통해 아내의 무한한 뒷받침이 남편에게 얼마나 소중한 가를 잘 알고 있었다. 아버지는 300여 명의 성도들이 모이는 장로교회의 목사였다. 그는 병원에 있는 성도들을 방문하거나 어려움에 처한 분들을 돕기 위하여 아침 일찍 집을 나섰다가 매일 밤늦게 돌아왔다. 어머니는 가정에서 일어나는 모든 일들과 아이들과 자녀 교육문제, 가계를 꾸려나가는 일까지 전부 책임지셨다. 그 당시 넉넉하지 못한 목사 사례비를 가지고 어머니는 강한 믿음을 가지고 살림했다. 그녀는 아버지가 아이들이나 가정 일에 대해 조금도 염려하지 않고 오직 목회와 하나님의 소명에 전념할 수 있도록 배려하였다. 나는 홀트 여사의 방한을 생각하면서 이와 같은 내 어머니의 희생을 되새겨 보았다.

나는 공항에 언제 그녀가 도착하였는지 몰랐다. 그들은 나의 일을 방해하고 싶지 않았기에 내게 알리지 않았던 것이다. 나는 오후 늦게 사무실에 돌아온 후에야 그녀가 도착했다는 소식을 들었다. 그녀는 사교적이고 따뜻하고 자상함이 넘치는 분이었다. 그녀의 목소리는 홀트 씨의 묵직한 음성과 완전히 대조적으로 약간 높은 편이다. 홀트 여사는 은발의 긴 머리를 둥글게 묶어 머리 맨 위에 따 올렸다. 그녀의 연한 금빛 나는 머리는 하얀 얼굴빛과 잘 어울렸다.

나는 그녀에게 우리의 일을 하는데 적합한 사람을 찾기가 어렵다는 점에 대해 함께 이야기했다. 직원을 채용함에 있어 여러 가지 요소들 중에서 특별히 정직성과 신뢰성이 중요하게 생각된다고 했다. 그러자 그녀는 미국에서는 "정직성보다는 효용성입니다."라고 대답했다. 나는 그녀의 충고를 오랫동안 기억하였고 후에 (미국)홀트국제아동복지회 최고 책임자가 되었을 때 그것을 잘 기억하고 활용했다.

11월 말까지 우리는 거의 80명의 어린이의 입양수속을 마쳤다. 어린이들의 건강을 위한 확실한 보증은 가능한 한 빨리 그들을 부모님들에게 보내주는 일이다. 효창공원 시설에는 입양을 기다리는 많은 어린이들로 다시 넘쳐났다.

한국을 처음 방문한 홀트 할머니와 홀트 직원들

제11장 사랑을 가득 실은 첫 번째 전세기

　홀트 씨는 모든 어린이들을 한꺼번에 보낼 계획을 세웠다. 그러기 위해선 80명의 어린이와 여러 명의 에스코트를 앉히기에 충분한 비행기를 전세내야 했다. 비행기 한대를 통째로 빌린다는 것은 매우 어려운 일이었다. 미국과 한국 사이에 오가는 항공사는 오직 팬 아메리칸 월드 에어웨이와 노스웨스트 에어라인 두 곳 뿐이었다. 직항로는 없었기 때문에 전체 여행시간은 20여 시간이 걸렸다. 팬 아메리칸 에어라인은 서울에서 동경과 호놀룰루 거쳐 샌프란시스코에 가고 노스웨스트 에어라인은 서울에서 동경과 알라스카를 거쳐 시애틀로 갔다.

　홀트 씨는 비행기 전세기에 대해 알아보기 시작했다. 비행기를 빌리는 데 세 가지 기본적인 조건이 맞춰져야 했다. 첫째, 비행기는 어린이들과 에스코트 요원들 모두 80명 이상을 태울 수 있는 비행기는 마련되어야 했고, 둘째로 가격이 합당해야 했다.

　몇 주 후, 홀트 씨는 더글러스 디씨 7C형 비행기를 팬 아메리카 항공사에서 전세를 내었다. 이 비행기는 1956년 12월 16일 한국을 출발할 수 있다고 했다. 가격은 삼만 오천 달라 였는데 그때 당시 매우 큰돈이었다. 당시 한국에서 미 서부 해안까지의 편도 항공료는 510달러였다. 회사의 여행이 아니면 거의 대부분의 개인들이 이용할 수 없는 금액이다. 사람들은 대개 화물선으로 여행했는데 비행기보다는 거의 반값이었으나 시간은 2주일 이상 걸렸다.

모든 사람들은 출발 준비를 서두르게 되었고 함께 출발 날짜를 맞춰 준비했다. 홀트 씨는 성탄절에 가까울수록 사람들이 이 어린이들을 하나님께서 주신 선물로 여길 것이라고 말했다. 또한 어린이들의 탑승은 아기 예수의 오심을 상징화한 것이라고 말했다. 양쪽 모두 좋은 생각이었다. 아직 끝나지 않은 입양수속을 마칠 수 있는 마지막 서류들이 등기우편으로 도착되었다. 어떤 부모들은 오랜 비행시간 동안 그들의 어린이들이 입을 새 옷가지들을 넣어 보내왔다.

그들이 한국을 떠나가기 전 어린이들은 두 가지 매우 중요한 단계를 거쳐야 한다. 첫째는 죠지 류 박사의 2번째 신체검사를 통과하는 것이었다. 닥터 루는 의심이 많은 의사로서 어린이들을 결핵 환자로 의심하였다. 통과하지 못한 어린이는 일주일에서 육 개월 후에 다시 데려오도록 했다. 우리는 그때마다 X선 검사와 신체검사를 다시 받기 위해 매우 불편한 걸음을 반복해야 했다. 나중에 알려진 일이지만 많은 어린이들이 그의 신체검사를 통과하지 못한 이유는 그가 잘못 진단했기 때문이었다.

어린이들이 2차 신체검사를 통과하면 곧 비자 신청이 이뤄졌다. 비자가 발급되면 모든 어린이들은 직접 검역소로 가서 천연두 접종을 마치고 증명을 받아야 했다. 예방 접종증명을 받지 않고는 누구도 미국에 들어갈 수 없었다. 때로는 이 예방주사 후 어린이들이 열이 올라 출발을 못하는 수도 있었다.

우리는 12월 15일까지 필요한 모든 준비를 마쳤다. 여권, 예방접종 증명서, 미국 입국 비자 등 모든 입양 서류의 마지막 부분까지 세세히 점검하였다. 그리고 마침내 외무부로부터 출국허가를 받았다.

1956년 12월 16일 비행기는 오후 늦게 도착하였다. 어린이들이 시설을 떠날 때부터 울어대기 시작하여 차와 버스 안은 온통 아이들의 울음소리로 꽉 차 있었다. 몇몇 갓난아기들은 출발하기도 전에 먹은 우유를 토해 내어 새 옷을 더럽혔다. 서울 여의도 공항은 전쟁 중에 주로 군사용으로 쓰고자 만들어진 작은 군사용 공항이었다. 공항에는 많은 여객을 처리해 낼 수 있는 터미널이나 변변한 시설도 없었다.

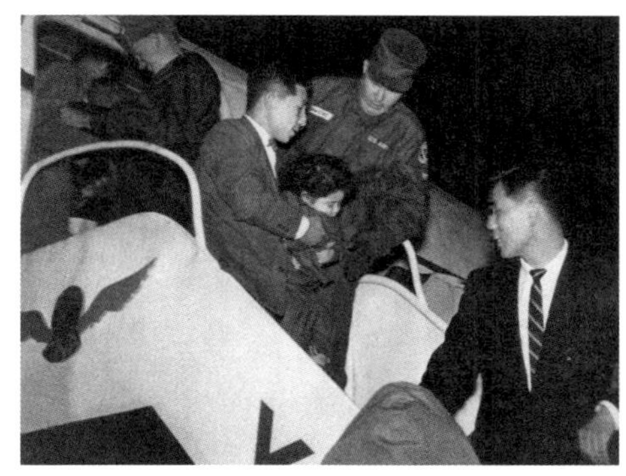
전세 비행기로 미국에 도착한 입양아가 트렙을 내려오고 있다

그런데 문제가 생겼다. 우리가 전세 낸 비행기는 67명의 승객용 좌석을 갖고 있어 67명의 어린이만 탈 수 있다는 것이었다. 그것은 전혀 예측하지 못한 돌발 사태였다. 67명의 어린이 외에는 더 이상 안 된다니! 어떻게 그런 일이? 으리는 여행을 위해 76명의 어린이들을 데리고 왔는데….

우리는 80명이 넘는 어린이들의 입양 수속을 마쳤지만 몇몇 설사와 고열로 앓고 있는 어린이들을 제외하고 나머지 어린이들은 공항에 나와 있었다. FAA의 규칙은 예약된 좌석이 없이는 누구도 탑승할 수 없다고 한다. 탑승 결정이 늦어짐에 따라 어린아이들이 점점 더 크게 울어 댔다. 포어맨 씨는 계속하여 "규칙에는 예외가 있기 마련입니다. 필요한 변경사항을 처리하기 위해 규칙이 보류될 수 있는 특별한 상황과 긴급한 상황이 있을 수 있지 않습니까?"하며 거듭거듭 애원했다. 협상은 금방 30분을 넘겼다. 어린이들과 갓난아기들이 울어대는 울음소리는 이제 합창 연주 같았다. 기장은 선한 사람이었다. 불쌍한 어린이들의 어려운 처지에 확실히 감동 받은 것 같았다. 그는 이 문제를 풀 수 있는 해결책을 찾으려고 노력했다. 몇 분 동안 그의 승무원들과 협의한 끝에 그는 만약 항공사 사장이 허락한다면 가능할 것이라고 했다.

홀트 씨는 그와 연락하여 76명의 어린이들이 모두 탑승할 수 있도록 허락해 달라고 호소하였다. 만약 갓난아기들이나 어린이들이 이곳에 남겨져 새 부모들을 만나지 못하면 이 어린 아이들은 고아원에 남겨져 병에 걸리게 되어 죽을 수도 있다고 했다. 몇 분간의 대화 끝에 팬암 사장은 홀트 씨에게 그의 기장이 결정할 수 있게 조치했다고 했다. 그런 상황에서 기장은 인간애에 기초를 둔 즉석 결정을 해주었다. 기장은 우리에게 공항에 있는 모든 어린이들과 에스코트들의 탑승을 허가 했다.

모든 직원들은 손을 높이 들어 기쁨의 환호성을 울렸다. 비행기에 먼저 갓난아이들로부터 태웠다. 다 태운 후 어린이의 숫자를 세는 일은 내가 했다. 세고 또 세었다. 홀트 씨, 미국 선교사, 미국으로 유학을 떠나는 한국인 등 일곱 명의 어른들이 새로운 가정을 찾아 떠나는 어린이들을 호송했다. 나는 가는 동안 돌보아야 할 어린이들의 숫자를 나누어 각 사람들에게 활당해 주었다. 갓난아기들은 시간에 맞춰 우유병을 먹여야 했고, 기저귀를 갈거나 나이 어린 아이들이 음식 먹는 것을 도와야 했다. 나는 홀트 씨가 동승했기 때문에 크게 걱정하지는 않았다.

잠시 후 첫 번째 엔진이 시동되었고 두 번째, 세 번째 마침내 마지막 엔진이 모두 시동되었다. 비행기는 울퉁불퉁한 아스팔트 활주로를 달려 하늘 높이 요란하게 올라갔다. 나는 공항에 서서 비행기가 푸르고 넓은 지평선에 작은 점이 되어 사라질 때까지 바라보았다.

우리는 기저귀와 남은 옷가지들, 여기 저기 흩어져 있는 젖병, 장난감을 주워 모았다. 지난 6월처럼 어린이들 숫자보다 더 많은 기자들과 홀트 직원들, 자원 봉사자들로 좁은 공간은 꽉 차 있었다. 따뜻하고 휴머니즘에 기초한 하나님의 사랑과 인간애로 이루어진 이 사건은 그 후, 전쟁의 어려움을 견디어 낸 모든 이들에게 신선한 충격이었다.

공항에서 집으로 돌아오는 길에 나는 오늘의 이 큰 행사를 되돌아보았다. 모든 사람들의 헌신과 이타심, 열심히 일한 결과와 강한 믿음의 결실이다. 나는 홀트해외양자회의 책임자가 된 이래 그렇게 큰 기쁨과 만족을 느껴 본 적은 없었다. 76명의 어린이들을 한 번에 태울 수 있었던 것은 홀트 씨가 나를 한국의 홀트해외양자회 지도자로 임명한 이후 단지 5개월 만에 이루어졌다. 이 일은 한국에 나와 있는 외국 선교 단체와 미국인들에게 한국 국적의 직원도 홀트해외양자회와 같은 외국 기관에서 훌륭한 지도력을 갖추고 일을 해 낼 수 있음을 증명해 주었다. 나는 좋은 선례를 만들었고 오직 미국인만이 지도자가 될 수 있다는 종래의 생각을 지울 수 있었다는 점이 기뻤다.

모든 홀트해외양자회의 사업의 바탕과 골격이 되는 난민 구호법의 유효기간이 1956년 12월 31일 자정에 만료된다. 이달 말까지 우리는 겨우 13일 정도 남아 있기에 시간의 여유가 없었다. 이 기간 동안 가능한 한 많은 어린이들의 입양 수속을 마친다는 것은 기적 같은 일이었다. 우리는 홀트해외양자회가 올 해 말이 지나면 존재하지 않는다고 믿었다. 우리 모두 쉬지 않고 올 해 말까지는 열심히 뛰어야 했다. 어떤 어린이든지 입양수속에서 빠지면 안 된다.

비행기 임대 후 평판이 좋아진 탓에 어린이들은 계속해서 우리 센터로 찾아오고 있었다. 효창 공원 시설은 미국으로 어린이를 보낸 뒤 텅 비어 있기 때문에 이들을 다 받아 드릴 수 있었다. 나는 입양 수속을 곧 시작할 수 있도록 들어오는 모든 어린이들의 명단과 입양가정들의 명단을 미국 대사관에 등록시켰다.

이렇듯 짧은 기간 안에 우리는 100명의 새로운 어린이들과 갓난아기들의 입양수속을 마칠 수 있었다. 이것을 완수하기 위하여 우리는 매일 밤 사무실에서 지내야 했다. 이 좋은 결과는 홀트해외양자회의 모든 직원들에 의해 함께 만들어진 노력의 산물이었다.

나는 12월 31일 마감시간 직전에 비자 신청서를 한 아름 가득 들고 대사관 정문을 들어섰다. 오후 5시 이후 빌딩의 문은 닫혔고 정문은 잠겼다. 그런데 미국 대사관의 새로 부임한 부영사 토마스 메이필드 씨는 내가 가져온 모든 비자 서류를 접수시키면서 걱정하지 말라고 나를 안심시켰다. 그는 모든 일은 자정까지 비자발급을 끝내야 한다고 했다. 아니 자정이라고? 그는 자정까지 일 할 것인가?

메이필드 씨는 두 명의 한국인 직원을 제외한 모든 사무실 직원들이 퇴근한 다음 일을 시작했다. 그는 나에게 어린이의 법적 후견인으로서 서명하도록 하였고 어린이들의 영어이름과 한국이름과 나의 이름을 함께 서명하라고 했다. 서명은 어린이마다 한국여권에 있는 사진 2장 위에, 비자 발급을 위한 사진 2장 위에, 비자 신청서 서류 2장 위에 그리고 서류 자체에 모두 일곱 번씩 내 서명을 반복하였다.

내가 서명을 마치면 메이필드 씨가 서명하고 미국 대사관 철인을 찍음으로 모든 수속은 끝난다. 우리는 그날 밤에 백 건이 넘는 비자 신청 서류를 모두 끝마쳤다. 나는 그 일을 마치고 메이필드 씨가 보여준 친절과 어린이들에 대한 깊은 사랑에 진심으로 감사하였다. 그는 공무원으로서 의무 이상의 것을 실천한 것이다.

그날 밤 늦게까지 우리 어린이들을 위해 열심히 일해 준 메이필드 부영사와 두 한국인 직원, 조동설 씨와 최 양에 대해 하나님께 감사 드렸다. 정말로 미국 정부 관리가 어린이들과 시민들을 위한 그들의 봉사정신에 깊은 감명을 받았다. 처음으로 국민의 의한, 국민을 위한, 국민의 정부의 진면목을 보았다. 대한민국 관리들이 정해진 의무를 넘어 문을 닫고 밤늦게까지 일을 한다는 것은 결코 상상할 수 없었다.

이미 자정을 넘어 30분이 지나고 있었다. 새해의 첫 시간이 된 것이다. 대사관을 나와 내 머리 위에 떠 있는 달빛을 보았다. 전형적인 한국의 겨울 하늘. 차가운 공기가 파고들어 왔지만 홀가분하고 상쾌했다.

지난날을 회상해 보면 참으로 정신없이 바쁜 날들이었다. 그러나 내게는 많은 변화와 보람 있었던 한 해였다. 하나님의 축복에 감사했다. 효창 공원 시설에서 기다리고 있는 어린이들, 그들은 이제 새로운 가정을 향해 떠날 수 있게 됐다. 그 생각을 하니 가슴이 벅차올랐다. 하늘을 쳐다보면서 새해는 1956년보다 더 나은 한 해가 되어 한국 전역에 널려 있는 집 없는 수많은 고아들을 도와줄 수 있기를 소원했다.

토마스 메이필드 부영사는 그 이듬해 늦게 다른 지위로 옮겼고 한국을 떠났다. 우리는 좋은 친구를 잃었다. 나는 계속해서 우리 시설에 들어온 모든 갓난아기와 어린이들의 아동 보고서, 호족, 후견인지정서, 신체검사, 사진 그리고 다른 필요한 서류들을 만드는데 힘썼다. 난민 구호법의 시효가 끝났음에도 어린이들은 계속해서 우리 보호시설로 들어왔다. 미국의 여러 곳에서 처음으로 한국 고아들이 도착했다는 신문 기사가 실리자 한국 신문에도 실리게 되었다. 혼혈 고아들의 입양에 관한 이야기는 거의 매일같이 뉴스가 되었다.

수많은 혼혈 어린이들의 어머니들과 친척들이 우리에게 그들의 어린이들이 미국에 입양되어 갈 수 있는지를 문의해왔다. 우리는 그들에게 홀트 씨가 옛 난민 구호법을 개정하거나 새로운 법안을 통과시키기 위해 미국에서 노력하고 있다고 말해 주었다. 날이 갈수록 우리 센터는 다시 어린이들로 꽉 차게 되었다.

리처드 뉴버거 상원의원과 오레곤 출신 하원의원 에디스 그린 의원의 도움으로 8명의 전쟁고아들을 처음 입양할 수 있는 법안을 소개하였다. 그러나 지금은 많은 다른 의원들과 새로운 법률을 추진하기 위해 힘을 합치고 있다고 했다. 우리들의 노력과 기도가 마침내 모든 것을 이루어 주었다. 미국 정부가 난민 구호법을 1957년 1월 31일까지 한 달 더 연장해 준 것이다.

제12장 나의 첫 미국나들이

거의 100여 명의 비자를 발급받은 입양 어린이들을 위해 전세 비행기 대여를 준비했다. 이번에는 크리스마스 휴가철에 맞춰야 한다는 중압감도 없기 때문에 전세 가격이나 좌석의 숫자, 시간 맞추기에 있어서 여유를 갖고 교섭할 수 있었다.

전세 가격은 지난번과 같았다. 홀트 씨는 그런 큰돈을 계속해서 낼 수 없었다. 그때 캘리포니아 버뱅크에 있는 플라잉 타이거 항공사가 여객 전세와 화물 서비스를 제공하겠다고 제의했다. 그들은 슈퍼 컨스텔레이션과 같은 기종을 사용했다. 반면에 비용은 많이 저렴했다.

날자는 1957년 3월 16일로 확정되었다. 우리의 첫 비행과는 달리 모든 서류는 이미 완료되었다. 우리는 단지 출국 허가서와 예방접종 증명서만 준비하면 된다. 서울 국립 검역소로 6명씩 또는 10명씩 어린이들을 조를 짜서 보내 그들에게 천연두 예방 주사를 접종시켰다. 감기나 몸살, 홍역, 설사, 수두 등의 질병이 있는 어린이들을 제외한 모든 어린이들이 떠날 수 있었다.

홀트 씨는 나에게 이번에는 내가 그들과 동행할 수 있도록 여행 서류를 준비하라고 했다. 나는 처음으로 미국 땅을 밟을 수 있다는 것을 생각하니 흥분되었다. 미국으로 여행 가겠다는 생각을 처음으로 한 것은 매우 오래전 일이었다. 이 생각은 내 마음 속에 거의 10여 년 간 잠재해 있었는데, 마침내 수주일 안에 이 꿈이 현실로 이뤄지게 된 것이다. 그러나 내 자신의 여권수속은 쉬운 일이 아니었다. 20대의 젊은이가 해외로 여행하는 일은 매우 어려운 일이었다. 신체검사, 경찰과 정보기관의 신원조회, 국방부 여행허가서 등이 필요했다. 나의 열정은 기가 꺾이고 오랫동안 고대해 왔던 이 여행을 거의 포기하고 싶은 생각이 들었다. 그러나 나는 이 거추장스러운 수속을 열심히 끝냈다.

미국 비자를 얻는 것도 내가 처음 생각한 것만큼 쉽지는 않았다. 수많은 한국인 학생들처럼 나의 비자 신청은 신체검사에서 연기되었다. 류 박사가 나의 통과를 거절한 것이다. 그는 나의 X선 촬영에서 나타난 작고 오래된 상처를 발견하였다. 그것은 내가 10대 때 앓은 늑막염으로 인해 생긴 것이다. 나는 지금껏 아픈 적이 없었고 병역 의무를 수행한 건강한 청년이다. 그러나 이런 것들은 그에게 별로 중요한 것이 아니었다. 그는 나의 상태가 양성인지 아닌지 알아보기 위해 좀 더 자세히 관찰하길 원했다.

나는 그가 결핵에 대해 지나치리만큼 의심하는 습성의 희생자가 된 것이었다. 아시아 각국으로부터 오는 방문객들에게 신체검사를 요구하는 미국정부에 대해 환멸을 느꼈다. 그것은 아시아 사람들에 대한 차별이었다. 유럽으로부터의 방문자들에게는 이를 요구하지 않았다.

홀트 씨는 나의 여권과 비자 신청이 어떻게 진행되고 있는지를 물어왔다. 나는 그에게 신체검사와 X선 결과에 대한 어려움을 설명하였다. 그는 아무 말도 하지 않았으나 다음날 아침 일찍 미국 대사관에 가서 미국 영사에게 말하였고, 그제야 나는 비자를 발급받을 수 있었다. 그들은 내 여권에 비자 스탬프를 찍고 X선 필름을 나에게 돌려주었다.

나는 참으로 의아했다. 왜 내가 며칠 동안 미국을 방문하기 위해 이 X선 필름을 가지고 가야만 하는가? 나는 이미 신체검사를 마친 상태였다. 방문하는 손님에게 X선 필름을 들고 오라는 나라가 또 어디 있단 말인가? 나는 처음으로 이런 것들은 세계 최부국이며 최강국이라는 오만함과 교만함에 그 원인이 있다고 생각하였다. 홀트 씨는 비자를 발급받기 위해 벌어진 불편함에 대하여 내게 사과하였다. 나는 검역소에 가서 천연두 접종 증명서를 받고 출국허가를 받았다. 나의 가장 큰 관심은 입양 온 이 어린이들이 사랑과 돌봄을 제대로 받고 있는 지 또한 한국의 어린이들에게 차별은 없는 가였다.

우리는 탑승을 위해 어린이들을 데리고 여의도 공항으로 갔다. 어린이들 중 몇몇은 마지막 순간에 병에 걸려 모든 입양 수속이 완료되고 비자 발급까지 받았음에도 여행할 수가 없었다. 1957년 3월 16일 두 번째 떠난 어린이들은 87명이고, 호송원들을 합치면 모두 95명이었다. 나는 어린이들의 모든 서류들을 휴대하고 호송인들을 이끌었다. 내가 자리에 앉아 벨트를 매기 전 나는 몇 번이고 사람들을 세었다. 갓난아이들과 걸음마를 하는 아이들은 좌석 벨트를 하자마자 울기 시작했다. 한 목소리로 울어대는 50여 명의 갓난아이들의 울음소리는 모든 사람들의 귀를 멍하게 했다.

시끄러운 울음소리와 엔진의 굉음이 점차 잦아들면서 비행기는 마침내 하늘을 날아올랐다. 15분쯤 후에 대부분의 갓난아기들은 새로운 환경에 적응하였는데 오히려 몇몇 큰 어린이들이 울기 시작하고 귀 통증과 멀미를 호소하기 시작했다. 여자아이 하나는 양부모가 보내준 새 옷에 토한 탓에 울고 있었다. 다른 어린이는 제때 화장실에 갈 수 없어서 속옷을 더럽히고 울었다.

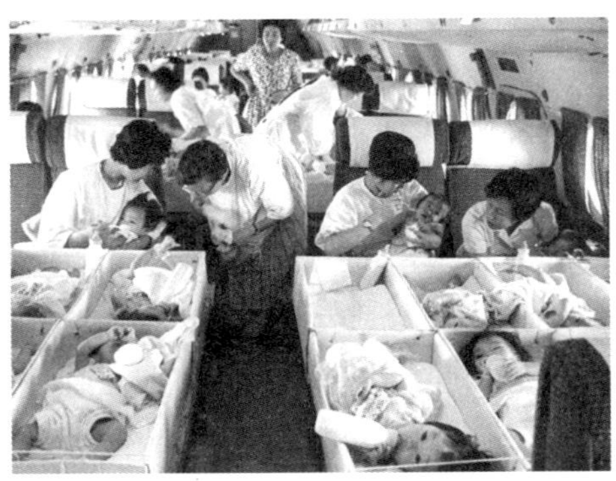

비행기 내의 모습

우는 아이들을 돕기 위해 좌석에서 일어날 때마다 여 승무원은 내게 앉아달라고 외쳤다. 마침내 안전벨트 등이 꺼지고 호송인들이 담당한 어린이들과 갓난아이들을 돌볼 수가 있었다. 토해낸 우유와 대소변을 본 기저귀의 냄새가 비행기 안에 퍼지기 시작했다. 나는 그토록 오랫동안 꿈꾸어 왔던 미국여행을 재미있고 낭만적으로만 생각했다. 온통 우는 어린이들과 냄새가 코를 찌르는 이 비행기가 나의 꿈의 한 부분일 줄은 전혀 예견하지 못했다.

홀트 씨는 나에게 와서 호송인 한 사람이 멀미를 심하게 하여 도저히 움직일 수가 없다고 했다. 그녀는 움직이면 멀미를 하는 심각한 증세를 가지고 있어서 도저히 움직일 수가 없었다. 머리와 가슴을 좌석에 파묻고 있는 그녀는 4명의 갓난아이와 2명의 걸음마하는 아이 그리고 5살 난 2명의 어린아이들을 돌볼 책임이 있는데 결국은 내가 그녀의 아이들까지 돌보는 상황이 되었다. 갑자기 18명의 어린 아이들을 돌보아야 하고 더구나 병이 난 이 여학생까지 돌보아 주어야 하는 처지가 되었다.

울고 있는 갓난아이들 사이를 부지런히 오가며 젖병을 물리고 기저귀를 갈아 주었다. 지금까지 내 평생 한 장소에서 동시에 18명의 갓난아이들을 돌본 적은 없었다. 그것은 가장 잊을 수 없는 신고식이 되었고 이를 경험한 뒤로 어린아이들을 돌보는데 내가 할 수 없는 일은 아구것도 없다고 자신했다.

우리의 첫 번째 경유지는 웨이크 아이랜드로서 6시간 이상 걸리는 곳이었다. 혹독한 겨울 날씨 때문에 남쪽 항로를 택했다. 어떤 어린아이들은 이륙하면 즉시 잠에 빠졌다. 때때로 나는 비행기 안을 돌아다니면서 어린이들의 건강상태를 점검했다.

우리는 웨이크 아일랜드에 착륙했다. 공기는 깨끗했고 하늘은 맑았다. 그리고 적도의 태양이 강렬하게 느껴졌다. 섬은 푸른 나무로 무성하고 흰 산호 모래로 덮였다. 숨이 막힐만큼 아름다운 장면은 내가 책이나 잡지에서 보았던 열대 섬의 사진들과 같았다.

이 작은 섬에는 영구 구조물은 없고 터미널과 식당은 군용 막사와 같은 건물들이었다. 단지 몇 십 명의 군사 요원들과 항공사 직원들이 섬에서 살고 있었다. 가장 긴 인조 구조물은 기다란 활주로이고 가장 높은 건물은 항공관제탑이었다.

어린이들은 곧 더위를 느꼈다. 그들은 서울을 떠날 때 삼월 중순의 추운 날씨 탓에 모두 두툼한 옷을 입었다. 갑작스러운 일기 변화 때문에 어린 아이들의 몸은 땀으로 젖어 기내를 시원하게 할 수 있는 에어컨을 요청했다. 모든 어린이들은 식사 그리고 열대 기후에 맞는 옷으로 갈아입혔다.

이윽고 비행기는 연료를 재급유하고 떠났는데 이때까지 14시간을 여행했다. 갓난아이들과 어린이들은 이제 완전히 피곤해졌고 비행기가 공중으로 날아갈 때면 금방 안정을 되찾았다. 어떤 아이들은 젖병을 주고 기저귀를 갈아줘도 계속해서 울었는데 그것은 귀가 아파서였다. 물을 갈아 마시거나 이유식을 바꿔 주는 것은 길어지는 여행에서 설사를 유발하였다. 어린 갓난아이들은 쉽게 탈수 증상을 보였기 때문에 나는 호송인들에게 열이나 설사 증상을 보이는 어린이에 대해서는 특별한 주의를 기울여 달라고 했다.

우리는 아침 일찍 다음 기착지인 하와이 호놀룰루 공항에 도착했다. 호놀룰루의 진주만은 일본 지배하에 자라난 우리 세대에게 특별한 의미를 갖고 있다. 우리는 강제로 일본 왕과 미국 전함을 향해 자신의 비행기와 함께 목숨을 던진 9명의 일본 전쟁 영웅들에게 경배하였다.

하와이가 미국으로 들어오는 첫 번째 공항이기 때문에 공항의 보건 검역과 이민국 및 세관원의 검사 수속을 마칠 때까지 항공기에서 내릴 수가 없었다. 공항에 많은 한국자원봉사자들이 나왔는데 이 섬에 그렇게 많은 한국인들이 살고 있는지 몰랐다. 그들은 약속의 땅으로 들어온 어린 고아들을 따뜻하게 환영해 주었다.

호놀룰루에서 2시간 동안은 어린이들과 호송인들 모두에게 휴식과 회복의 귀중한 시간이 되었다. 한국인 자원 봉사자들은 어린이들을 목욕시키고 기저귀와 깨끗한 옷으로 갈아 주고 깨끗한 젖병을 주었고 그들을 즐겁게 해주었다. 호송인들은 그동안 편히 쉬면서 서울을 떠난 후 처음으로 평화와 안정을 즐겼다. 그리고 미국 땅에서 처음으로 음식을 먹었다. 가장 큰 호기심을 돋우는 음식은 커다란 그릇에 담긴 여러 가지 열대 과일들이었다.

우리는 아름다운 섬 하와이와 한국계 미국인인 자원 봉사자들과 헤어져 최종 목적지인 로스앤젤레스로 향했다. 그곳까지 약 8시간 정도 남았다. 이제 어린이들과 호송인들은 거의 30시간이 넘는 비행으로 모두 피곤에 지쳤다. 나이가 든 몇몇 여자 어린 아이들은 조용히 흐느껴 울었다. 나는 그들이 걱정하는 것을 이해했고 그들 삶의 커다란 변화를 두려워하지 않도록 안심시켜 주었다.

한 어린 소녀가 내게 새 부모를 처음 만나면 무어라고 말해야 하는지 물었다. 그녀에게 짧은 영어 몇 마디를 가르쳐 주었다. "How are you? I am happy. I love you." 그녀는 로스앤젤레스에 도착할 때까지 이 말들을 반복하며 연습했다.

다른 소녀가 내게 "그들이 나를 싫어하면 어떻게 하죠?" 하고 물어왔다. 나는 소

녀에게 그런 것을 걱정할 필요가 없고 너를 진심으로 사랑할 것이라고 확신시켜 주었다. 새 부모들이 너를 너무나 보고 싶어서 너가 도착하는 것을 정말 간절히 기다리고 있다고 말해 주었다. 소녀는 조금은 안심하는 듯 했으나 완전히 신뢰하지는 않는 듯 보였다.

소녀의 질문을 되새겨 보았다. 만약에 처음 만남에서 우리의 어린이 중 하나라도 양부모들이 싫어한다면 어떻게 하나? 실망하게 될 어린아이를 상상하면 내 등에 찬 물을 퍼붓는 것 같았다. 어린 아이가 던진 질문이 내 가슴에 한 알의 의심의 씨앗을 심어주었다. 그와 같은 생각을 한다는 것은 소녀의 나이에 비해 믿기 어려운 일이었다. 그러나 소녀는 한 번 버림받은 경험이 있는 어린이다. 어떻게 할 수 없는 양부모의 거절에 대해 분명히 걱정하고 있는 것이다. "하나님 지금 기다리고 있는 새 부모들이 당신의 귀한 어린이들을 거절하는 일이 없게 하여주옵소서. 그들은 다른 어떤 사람들보다 더 많은 아픔을 경험하였습니다. 다시는 전쟁과 굶주림, 병 그리고 사랑하는 이들과의 이별을 겪지 않게 해주소서" 하고 기도했다. 나는 미국에 있는 새로운 가정을 향해 가는 어린이들을 위해 많은 시간을 보내지 못했음을 후회했다.

태양은 이륙 후 몇 시간 안 되어 저물었고 어둔 밤이 되었다. 창밖을 내다보는데 갑자기 환한 불빛을 보았다. 그 환한 빛은 멀리 떨어진 해안으로부터 비쳐오는 전기 불빛이었다. 우리는 이제 젖과 꿀이 흐르는 땅, 미국 본토로 다가가고 있는 것이다. 아니 어떻게 드넓은 땅이 대낮과 같이 밝을 수 있단 말인가? 전기 불빛은 멀리서 비쳐 왔지만 여전히 밝았고 태평양의 고요한 수면 위에 반사되어 더욱 밝았다. 불빛들은 내가 볼 수 있는 한 끝없이 뻗어나가 거대한 이 나라 전체를 뒤덮는 듯이 보였다.

수많은 입양 부모들이 그들을 위해 특별히 마련된 공항 터미널의 한 코너에서 우리들이 도착하기를 기다리고 있었다. 사진 기자들과 신문 기자들이 어린이와 그들의 새 부모들을 취재하기 위해 공항으로 믈려왔다.
수 백 명의 부모와 친척들이 공항 내 복도에 줄을 지어 기다렸다. 홀트
씨는 비행기에서 어린이 한 명씩 한 명씩 데리고 나오면 넬슨 씨가 부모
의 이름을 불렀다.

부모들은 그들의 아이들을 계속해서 끌어안고 울었다. 아마 오랫동안
기다림이 끝났다는 안도감과 기쁨이 폭발한 것이다. 부모들은 아이들을
망설임 없이 사랑하였다. 부모들의 사랑은 진솔하였다. 아이들은 그곳에
있는 모든 사람들의 박수와 기쁨에 넘치는 외침 속에 모두가 자신의 새
부모들에게 넘겨졌다.

우리 모두 40시간 이상의 여행을 하고 비가 오는 포트 랜드에 도착했
다. 아스팔트 포장도로와 활주로를 제외하곤 모든 것들이 푸른색으로 덮
여 있었다. 도착하는 문 앞에는 로스앤젤레스에서와 마찬가지르 기다리
는 부모들과 친척들, 친구들, 기자들로 가득 차 있었다. 홀트 씨가 첫 번
째 아이를 데리고 비행기에서 내리자 한 어머니가 이 아이를 받기 위해
담요를 가지고 달려 나왔다. 카메라들이 이 만남을 기록하기 위해 플래
시를 터뜨렸다. 홀트 씨가 입양 부모들에게 한 아이 한 아이를 넘겨주면
서 그들과 인터뷰를 하는 동안 계속해서 플래시가 터졌다.

떠나가는 어린이들의 뒷모습을 보고 있을 때 어떤 사람이 내 어깨를
툭툭 치면서 "당신은 이 아이를 아십니까?" 하고 물었다. "네, 이 아이는
순자입니다." 소녀는 내가 처음 접수한 아이로 지난 번 12월 전세 비행기
편으로 한국을 떠났다. 그녀는 어머니의 손을 꼭 잡고 어머니오 내 얼굴
을 번갈아 가며 쳐다보았다. 분명히 소녀는 새로 만난 가족들과 함께 행
복하게 지내고 있었다. 나는 그녀와 악수하며 소녀에게 얼마나 예쁜 소
녀가 되었는지 모른다며 칭찬을 해 주었다. 3개월 동안 그녀는 너무 많
이 변해 있었다. 따뜻한 사랑의 보살핌이 소녀를 몰라보게 빨리 변화시

홀트씨가 살던 집

킨 것이다. 이제 혼혈아를 입양시키고자 데리고 오는 이들에게 확신을 가지고 설명할 수 있었다.

이제 본사가 있고 홀트 씨가 살고 있는 크레스웰까지는 자동차로 몇 시간을 더 가야 했다. 나는 피곤에 지쳐 아무 생각도 할 수 없었다. 단 몇 분이라도 부드러운 침대에 발을 쭉 뻗고 눕고 싶을 뿐이었다.

내가 가장 크게 놀란 것은 광활하게 트인 넓은 벌판에 똑바로 뚫린 고속도로의 모습이었다. 어떤 길은 들판이 양쪽 길 위의 지평선을 가로질러 내 눈으로 바라볼 수 있는 데까지 쭉 뻗어있었다. 지난여름, 홀트 씨와 함께 한국의 곡창지대인 호남평야를 가로 질러 달린 기억이 났다. 그러나 그 평야와 지금 내가 보고 있는 것과는 비교할 수가 없었다. 나중에 알고 보니 그곳은 윌라멧트 평야였다.

공허함이 나를 엄습했다. 들판은 파랗게 물들었고 양떼들이 여기저기서 풀을 뜯고 있는 것 외에는 농사의 흔적이 없었다. 한국에서는 한줌의 땅도 비록 그것이 언덕 꼭대기에 이르는 길이라 할지라도 곡식을 심기 위한 계단식으로 경작할 수 있는 땅으로 만들었다. 나는 홀트 씨에게 "왜 이 넓은 들판을 농장으로 개간하지 않나요, 평평하고 비옥한 토양과 풍부한 물은 쌀농사 짓기에 아주 좋을 텐데요?"하고 물었다. 그는 나를 바라보며 잠시 동안 크게 웃더니 미국인들은 한국인처럼 쌀을 먹지 않는다고 말했다. 그들은 스테이크나 치즈, 밀크, 버터 등을 좋아하기 때문에 이 초원 위에 가축들을 키우는 것이라고 말했다. 그곳은 낙농을 위한 넓은 농장이었다.

제13장 홀트의 가정

　작은 마을 "크로스웰을 지나면서 인구 450명"이라고 쓴 작은 팻말을 보고 놀랐다. 이곳은 서울과는 비교할 수도 없는 아주 작은 시골 마을이었다. 홀트 씨가 살고 있는 집은 넓은 정원 안에 세워진 핑크 빛 2층 콘크리트 빌딩이었다. 커다란 맨션을 핑크 빛으로 칠했다는 것이 이상했지만 내가 미국에서 보았던 모든 것들은 모두 독특한 것이었다. 집은 커다란 나무들 가운데 자리 잡고 있었으며 푸르고 무성한 잔디에 둘러싸여 있었다.

　오레곤 주는 위도상 한국보다 좀 윗 쪽에 있다. 그러나 기후는 더 부드럽고 따뜻한 것 같다. 홀트 씨를 따라 집으로 들어갔다. 한국에서 입양된 어린이들은 몇 달 동안 보지 못했던 아버지에게 달려 나왔다. 홀트 씨는 아이들을 한 명씩 얼싸안고 볼에 뽀뽀를 해 주었다. 모든 아이들은 행복하게 보였고 깔끔하고 건강하게 보였다.

　복도 오른쪽에는 홀트 씨의 서재가 있었고 커다란 거실에는 피아노가 있었다. 부엌과 식사 공간과 식당이 거실에 연이어 자리 잡고 있었으며 홀트 씨의 큰 집에는 8개의 침실이 있었다. 그는 2층의 4개의 침실 중 하나로 나를 안내하였다.

　그들은 나에게 먼저 씻고 가족과 저녁을 먹자고 했으나 나는 잠시 쉬려고 침대에 누었는데 다음날 정오가 될 때까지 자고 말았다. 점심식사 후 처음으로 나는 홀트 씨 집 1층에 자리 잡은 본부에서 일하는 직원들을 만났다. 전화로만 대화를 나누었던 친절한 목소리의 주인공들이었다. 나는 마치 오랫동안 알고 지냈던 친구들과 함께 있다는 느낌을 받았다.

미국에서의 전화 대화는 깨끗하게 들려서 마치 옆방에서 말하는 것처럼 들렸다. 한국에서는 잡음이 심하였는데 특히 비 오는 날이면 더욱 심했다. 가끔 새벽 2~3시에 국제 전화 전신국에 가서 전화를 걸었다. 이때에는 수신 강도가 매우 좋았다.

홀트에서 일한 이래 처음으로 며칠간의 휴가를 즐겼다. 다음날 홀트 씨와 나는 홍역으로 고생하다가 폐렴으로 전날 밤 병원에 입원한 한국 어린이를 방문하였다. 병원 방문을 마친 후 홀트 씨는 나를 병원 앞 데리 퀸이라는 작은 식당으로 데리고 가서 바나나 스플렛을 사주었다. 알고 보니 그것은 바나나를 쪼개 그 위에 아이스크림 세 덩어리를 얹어주고 크림과 땅콩을 뿌려놓은 것이었다. 이처럼 추운 날씨에 누가 아이스크림을 먹는지 의아해했다.

홀트 씨는 한 접시를 나에게 밀어주었고 다른 접시는 자신이 먹었다. 3월에 아이스크림과 바나나라니!! 천천히 나는 아이스크림을 바나나와 함께 먹기 시작했다. 정말로 맛있었다. 집으로 돌아왔을 때 바바라는 내게 말 타기를 권해 같이 말 타는 법을 배웠다. 홀트 씨 집 주위의 넓은 정원은 말 타기에 적합했다.

셋째 날 우리는 오레곤 해안가 플로렌스라에 있는 홀트 씨 별장에 갔다. 가는 도중 홀트 씨의 어머니를 방문했는데 그녀는 건강해보였다. 그녀는 크레스웰 남쪽 15마일 떨어진 곳의 커틴이라는 작은 도시의 우체국장으로 일하고 있었고 많은 나이에도 불구하고 여전히 활기차게 보이는 모습에 놀랐다.

길 양 편에 서 있는 더글라스 전나무들은 아주 크게 자라고 있어 거의 200피트 이상은 되어 보였고 하늘에 닿을 듯 했다. 얼마나 부요한 나라인가! 끝없이 펼쳐진 풍부한 천연자원을 단지 바라만 보아도 금방 배가 불러지는 것 같았다.

한국에서 소나무는 키가 크지도 곧게 자라지도 않는다. 대부분의 나무들은 기둥 줄기와 가지가 휘어지고 척박한 토양과 길고 혹독한 겨울 날씨 때문에 빨리 자라지 않는다. 수 백 년에 걸쳐 굽어진 가지와 줄기는 가끔 붓으로 그림을 그리는 화가들과 시인들의 예술의 주제가 되어왔다.

고속도로를 따라 줄지어 서 있는 커다란 참나무들은 살아있는 이끼로 뒤덮여 있었다. 나는 산 나무에 이처럼 두터운 이끼를 본 적이 없었다. 바바라는 습기 찬 긴 계절이 이끼가 번성할 수 있도록 해준다고 했다.

우리가 크레스웰을 떠날 때 보슬비가 내렸는데 해안 산맥을 지나고 나니 맑게 개였다. 해변가에 자리 잡은 홀트 씨의 별장은 태평양을 마주보고 있었다. 나는 신과 양말을 벗어 들고 비치를 향해 달려갔다. 그리곤 아무 생각 없이 물속에 뛰어 들었는데 물은 얼음 같이 차가웠다. 내가 그 다음날 남 캘리포니아로 떠나야 했기 때문에 우리는 그날 밤 별장에 머무를 수가 없었다.

나는 크레스웰에서 북쪽으로 9마일 떨어진 도시 유진에서 그레이하운드 버스로 남쪽으로 갔다. 나는 다음 정거장에 잠시 멈추었을 때 바나나 스플렛을 주문해 먹었고 그 다음 정거장에서도 역시 같은 것을 주문하였다. 사람들이 마치 나에게 "지난 번에도 먹었는데 또 바나나 스프렌을 먹으려는가?"하는 듯했다. 24시간 여행하면서 거의 열 접시는 먹은 것 같았다.

기후는 로스앤젤레스에 가까이 오면서 점점 더 따뜻해져 갔다. 길 양편에 늘어서 있는 야자수들이 내 눈을 사로잡았다. 추운 날씨속에서 살다 왔기에 나는 지금 머나먼 꿈나라에 와 있는 듯한 기분이 들었다.

어렸을 때 나는 만주에서 세라믹 화분에 심은 작은 야자수들을 본 적이 있다. 아버지는 이러한 열대 식물들을 좋아하셨는데 겨울철 추운 날씨에 선인장을 보호하시기 위해 스키 모자를 덮어 씌어 주셨다. 선인장이 꽃을 피울 때면 이웃 사람들이 와서 꽃을 구경하였다. 말라버린 선인장 꽃은 약재로 쓰었다.

나는 메뚜기처럼 보이는 철제 구조물이 무엇인지 물어보았다. 그는 지하에서 기름을 뽑아 올리는 석유시추 장치라고 했다. 온 지역에 널려져 있는 이 펌프들의 끊임없는 움직임이 참으로 신기했다.

뉴하우스 목사님은 샌디에고 그레이하운드 버스 정거장에서 나를 맞아 주었다. 지난 여름 그가 한국을 떠난 다음 이렇게 빨리 다시 만날 수 있을 것이라고는 전혀 상상하지 못했다. 그를 다시 만나자 그와 함께 여행했던 일과 그들 부부가 입양하고자 어린이들을 찾아다니던 일, 특히 피아티고르스키의 첼로 연주회에 참석했던 일 등 좋았던 추억들이 새록새록 떠올랐다. 나는 그가 난민구호법의 효력을 연장시키고자 노력했던 일들에 대해 깊이 감사했다.

우리는 에스킨디도 가까이에 있는 퀘스트 헤븐에 도착할 때까지 샌디에고 북쪽으로 약 25마일 가량 차를 몰고 갔다. 가는 길 양편에는 야자수와 유칼립터스 나무들이 줄지어 서 있었는데 참으로 아름다운 드라이브였다. 이곳은 오레곤과는 전혀 달랐다. 키가 큰 상록수도 없었고 비도 내리지 않았다. 날씨는 건조하고 맑아 거의 하와이 같았다. 그러나 하와이와 오레곤과는 다르게 풀들이 말라서 황금빛이었다.

뉴하우스 부부는 멜로디와 갈렌을 입양한 뒤 곧 크리스토퍼를 입양했다. 어린아이들은 모두 행복해 보였고 새 부모와 가정에 잘 적응한 듯 했다. 비록 이 어린이들은 아직 능숙하지는 못하지만 자유롭게 영어로 의사표시 하는 모습이 놀라왔다.

뉴하우스 부인은 나에게 그녀의 집을 보여주었다. 어린아이들의 방들은 채광이 잘 되어 있었고 아름답게 꾸며져 있으며 장난감과 인형으로 가득 차 있었다. 그 집 뒤편에는 아름다운 정원이 있었고 앞으로는 자그마한 계곡이 내려다보이는 그야말로 아주 아름다운 곳이었다. 퀘스트 헤이븐은 뉴 하우스 목사 부부에 의해 시작되고 개인들이 모여 만든 공동체이다. 계곡 안에 여기저기 집들이 흩어져 유칼립터스 나무들과 숲 속에 감추어져 있었다.

주일에는 그곳 교회 예배에 참석하였는데 약 200여 명이 모였다. 뉴하우스 목사는 나를 그들 부부가 한국에서 3명의 아름다운 아이들을 입양하는데 도움을 준 그의 친구로 소개하였다. 그리고 한국에서 나와 함께 일했던 일화를 소개해 주었다.

월요일에는 샌디에고 주립대학을 방문하는 기회를 가졌다. 내게는 생전 처음으로 방문하는 아주 아름답고 웅장한 캠퍼스를 가진 대학이었다. 대부분의 건물들이 스페인식 이었고 지붕은 빨간 기와로 덥혀 있었으며 학생들이 잔디밭에 앉아 공부하고 있었다.

뉴하우스 목사와 함께 걸어가는 동안 그가 내게 이 대학교에 공부하러 올 생각이 없는지 물었다. 그는 나의 교육에 대해 기꺼이 후견인이 되어 지원해 주고 싶다고 말했다. 나는 깜짝 놀랐다. 어떻게 알았을까? 나는 지난 여름 우리가 함께 여행할 때 미래에 대한 나의 소망에 대허 함께 이야기를 나눈 바가 있었다. 나는 뛸 듯이 기뻤다. 미국에서 교육을 받고자 밤낮으로 얼마나 꿈꾸어 왔던가? 드디어 그 기회가 온 것이다.

그 때 갑자기 나는 고아원에서 기다리는 어린아이들에게 약속했던 일이 생각났다. 그것은 고아원 아이들을 위해 난민구호법이 연장된 사실이다. 내가 그들을 위해 헌신하겠다고 맹세하지 않았는가. 그리고 홀트 씨가 홀트해외양자회를 이끌어 달라고 부탁할 때 나는 최선을 다하겠다고 약속했었다. 그런데 어떻게 불과 몇 달 전에 한 약속을 잊을 수 있단 말인가!

뉴하우스 목사는 내가 마음속으로 고민하는 것을 알아차렸다. 그는 나에게 서두르지 말고 언제든지 결심이 서면 그때 알려달라고 했다. 나는 그 제안이 고마웠고 나를 이해해주고 또한 많은 배려를 아끼지 않은 것에 감사했다. '참는 자는 복이 있도다.' 라는 성구가 떠올랐다. 나는 수많은 세월 동안 기다려왔다. 이제 조금 더 기다리자고 마음속으로 다짐했다.

뉴하우스 목사는 내가 오페라 음악 감상을 좋아한다는 것을 알고 내게 마리오 델 모나코가 부른 "파리아치" 오페라를 선물로 주었다. 그의 친절함과 나의 방문을 따뜻하게 환대해 준 것에 대해 감사했다.

아버지가 돌아가신 후 여섯 자녀들을 돌보아야 하는 어려움을 홀로 견디신 분, 그리고 한국 전쟁 동안 수많은 고통을 이겨내신 나의 어머니. 가죽 핸드백으로 작은 감사의 표시를 대신했다. 또한 4명의 여동생들과 남동생을 위해 선물을 샀다.

유진으로 돌아가는 길에 나는 국제 입양에 관하여 캘리포니아 주 상원의원 회의실에서 개최된 청문회에 참석했다. 청문회는 한국으로부터 캘리포니아 주로 들어오는 입양 아동에 대한 것이었다. 많은 사람들이 전쟁 고아들을 입양하는 미국인 가족에 대해 깊은 감동을 표했지만 반대하는 이들도 있었다. 반대하는 사람들은 미국 공익의 건강과 행복을 해칠 수도 있는 "바람직하지 않은" 어린이들을 미국으로 데려오는 것을 두려워하였다. 이러한 관심은 아시아 이민자들을 반대하고 또한 보통 "황화(黃禍)라"고까지 생각하는 이들의 뿌리 깊은 편견에 기인한다.

내가 청문회에 참석한 이유는 홀트해외양자회를 통하여 입양된 어린이들이 신체적으로 건강한지 아니면 많은 사람들이 비난한 바와 같이 위험스러운 질병을 옮겨왔는지를 보기 위해서였다. 상원 청문회에 참석한 어린이들은 매우 행복해 보였고 건강했다. 약 30여 명의 어린이들이 그들의 입양 부모와 친척 및 친구들과 함께 참석하였다.

처음에는 딱딱했던 청문회 실내 분위기도 입양 부모들이 발언의 열기를 더해 감에 따라 점차 변화되기 시작했다. 질문과 대답이 오가면서 분위기는 더욱 좋아졌다. 청문회가 끝나갈 무렵 상원의원들은 어린이들과 부모들은 함께 어울리면서 어린이들을 팔에 안고 사진도 찍었다.

이 청문회는 홀트해외양자회의 인도주의적 봉사에 대해 지원을 얻게 되는 전환점이 되었다. 나는 캘리포니아로의 만족스러운 여행을 마치고 오레곤으로 돌아왔다. 다음날 바바라와 나는 서울을 향해 출발하였다. 우리는 호노룰루에 며칠 머무르면서 우리 입양가족 중 하나인 수더맨 씨 가정을 방문하기로 했다.

수더맨 씨 부부와 두 명의 입양 어린이, 게일과 찰리가 우리를 문에서 반갑게 맞이해 주었다. 그들은 공항에서 약 40분정도 떨어진 라니카이 라는 곳에서 살고 있었다. 수더맨 씨 가족은 아름다운 정원과 수영장이 딸린 아름다운 1층 집에서 살고 있었다. 아름다운 바다가 한 발자국만 내디디면 닿을 수 있는 곳이었다.

수더맨 씨는 하와이에 있는 제너럴 밀스라는 회사 관리자로 있었고 수더맨 부인은 악기와 악보, 레코드 등을 파는 자그마한 악기상점을 운영하고 있었다. 수더맨씨는 호놀룰루의 감리교회의 성가대 지휘자였고 오르간과 피아노, 트럼펫을 연주하였다.

다음날 수더맨 씨 가족은 우리와 수천 명의 병사가 잠들고 있는 펀치볼 국립 현충원을 방문했다. 우리는 진주만에 있는 미 전함 아리조나호 기념관에 들렀다. 나는 오래 전부터 진주만을 보고 싶었다. 비록 전쟁이 일어났을 때 나는 초등학교 5학년이었지만 아직도 일본의 선전포고 뉴스를 생생하게 기억하고 있다. 침몰한 배들을 위한 기념관을 제외하고는 전쟁의 흔적을 볼 수 없었다. 진주만을 구경한 뒤 우리는 그 유명한 와이

키키 해변에서 수영을 하였다. 나의 서글펐던 기억들을 따뜻한 태평양의 파도에 말끔히 씻어버렸다.

우리는 다음날 호놀룰루를 출발하였다. 동경을 향해 오는 길에 연료를 재급유하기 위해 웨이크 아이랜들에 잠시 들렀다. 승객들은 비행기에서 내려 터미널 내부에 있는 식당에서 따뜻한 점심을 먹었다. 우리는 이 작은 섬의 한 쪽 끝에서 맞은편 쪽 끝을 한눈에 볼 수 있었다. 바바라와 나는 다른 승객들을 따라 다녔다. 일본인 관광객 한 팀이 작은 기념비 앞에 엄숙하게 서서 손을 합장하고 머리를 숙여 기도를 드렸다. 미국인들은 이러한 장면을 사진 찍느라 바빴다. 우리는 후에 제2차세계대전 중 이 섬을 지키다 죽은 일본군 전사자들을 기념하고자 일본인들이 세운 작은 기념비라는 것을 알았다.

거의 8시간 쯤 뒤 하네다 국제공항에 도착하였다. 우리는 2박 3일 동안 동경에 머물렀다. 다음 날 우리는 시내 관광을 하면서 살아있는 신 히로히토 일왕과 그의 가족이 살고 있는 황궁을 볼 수 있었다. 초등학교와 중학교 2년 동안 나는 황궁을 향해 절을 해야 했다. 그러나 이제 나는 전혀 존경하는 마음 없이 왕궁을 그냥 서서 바라보고 있다. 막강했던 일본이 패망하여 몰락한 것에 대해 깊은 감사가 나를 즐겁게 했다. 단 하나의 다리가 마치 천국과 이 땅을 연결함과 같이 왕궁과 이 세상을 연결해 주고 있었다. 그러나 이제는 성스럽다는 그 왕궁 앞에서 웃으면서 자유롭게 이야기를 주고받고 있는 것이다.

힐탑 호텔로 가는 길에 우리는 홀트 씨가 한국을 처음 방문할 때 잠시 묵었다는 도쿄 제국 호텔을 지나쳐 갔다. 홀트 씨는 그가 어디로 가야 하는지 알지 못하였을 때 하나님께서는 성경을 통하여 그에게 그 길을 제시해 주셨다. 홀트 씨는 그의 모든 힘과 지혜가 성경으로부터 나온 말씀에 의지하여 열심히 노력함으로 성공한 사람이 되었다.

나는 다시 집으로 돌아오게 되어 기뻤다. 그런데 가장 큰 문제는 우리 사무실과 직원들의 미래였다. 난민 구호법이 연장되리라는 루머도 있었지만 언제 얼마나 더 연장될지 아무도 몰랐다. 이러한 불확실성 때문에 고아원과 혼혈 어린이와 어머니들의 방문을 맡았던 김 씨와 박 씨가 자원해서 홀트해외양자회를 떠났다. 운전기사였던 염 씨는 서울에 있는 선교 단체에 새 일자리를 얻었다. 타자원이었던 문양은 언제 우리가 다시 일을 재개할 지 몰라 역시 떠났다. 남은 사람은 이제 김 씨와 나 뿐이었다. 첫 번째 일은 지금 비어 있는 사무실을 좀 더 작은 곳으로 옮기는 일이다. 세 번째 사무실은 효창공원 시설 마당에 자리잡게 되었다. 이 사무실은 군용 트럭의 콘테이너 박스를 떼어내 만들었는데 전에 선교 단체 마당 한 구석에 버려져 있었던 것이다.

이 콘테이너 박스는 전쟁 기간에 군용 통신 장비를 싣고 이등 통신 센터로 사용되었다. 넓이가 8피트, 길이가 10피트, 높이가 7피트, 양쪽 벽에 가로 세로 모두 16인치쯤 되는 창문과 뒷벽에는 문이 하나 있었다. 책상 하나, 의자 두개, 서류를 넣어둘 캐비닛 하나 놓을만한 공간이 있었고 앞으로 사용할 사무용품들을 쌓아놓을 공간이 있었다.

그동안 우리 센터는 다시 어린이들로 가득 찼다. 두 번째 전세 비행기가 떠났던 지난 3월, 우리는 난민 구호법이 연장되지 않거나 새로운 이민법이 제정되지 않으면 그것이 마지막이 될 것이다라고 생각했다. 이러한 불확실성에도 불구하고 언론에 적극적으로 알렸기 때문에 어린이들은 날마다 우리의 시설로 몰려왔다. 물론 우리에게 어린이를 데리고 온 어머니들은 난민 구호법의 실정에 대해 전혀 알지 못했고 또 우리에게 데려온 이 아이들이 왜 미국으로 가지 못하는지 알지 못했다. 우리는 이 법에 대해 설명하였고 그들이 참고 이해해 줄 것을 요청했다. 어머니들은 잠시 법의 실행이 멈춰있는 것에 대해 걱정을 하지 않았고 그들의 어린이들이 조만간 곧 입양 될 것이라고 믿고 있었다.

우리는 계속해서 미군기지촌에 살고 있는 어린이들과 그들의 어머니들을 접촉하였다. 나는 홀트 씨나 바바라와 함께 어머니와 친척들로부터 어린이들을 인수하기 위해 돌아다녔다. 매번 나는 우리가 입양했던 어린이들과 미국의 입양 가족들을 방문했던 일들을 설명해 주었다. 또한 내가 받아온 입양 부모와 어린이들의 사진들을 보여주었다.

입양을 위해 어린이들을 포기한 어머니들은 행복한 가정 속에서 살고 있는 어린이들의 사진을 보고 대단히 기뻐하였다. 그들은 나에게 입양된 아이들이 새로운 형제자매들과 입양 부모님들, 친척들, 그리고 지역사회에서 원만한 관계를 유지하며 지낼 수 있는지에 관해 많은 질문들을 했다. 가장 자주하는 질문은 "그들이 지역사회에서 다른 어린이들과 사람들에게 차별대우를 받지 않느냐"는 것이었다.

녹번동 사무실에서 같이 일하던 새 직원들. 좌로부터 오화자, 김형신, 진올만, 김형복, 김인민, 이왕곤

우리는 다시 한국어로 된 서류를 영어로 타자할 수 있는 직원이 필요하였다. 며칠 동안 찾아 본 뒤 나는 내 여동생인 형신을 홀트에 새 직원으로 맞아들였다. 콘테이너 박스의 비좁은 공간은 매우 불편하였다. 우리가 해야 할 가장 첫 번째 일은 바로 콘테이너 박스 옆에 사무실을 덧대는 일이었다. 이 장로가 이틀 동안 이 공간을 완성해 주었는데 그 공간은 내 동생이 한국어로 된 서류뭉치를 영어로 타자치기 위한 아주 훌륭한 공간이 되었다.

제14장 홀트 씨와 새로 부임한 부영사와 조우

효창 공원 센터에 그 다음날 갔을 때 한 어린이가 달려와서 물었다. "아저씨, 아저씨, 나 미국에 언제가?" "그래, 곧 가게 될 거야." 우리는 본부로부터 난민 구호법이 연장되었다는 전보를 받았다.

홀트 씨가 처음으로 시도한 8명의 어린이들 입양을 위한 법안 통과를 위해 뉴버거 상원의원이 얼마나 열심히 노력했는지를 잘 알고 있었다. 그가 다음 해까지 이 법안을 연장시키는데 성공했다. 우리는 뉴하우스 목사가 그의 친구인 셔만 아담스 씨-아이젠하워 대통령의 참모장이었던-를 만나기 위해 수도 워싱턴까지 간 것을 알고 있다. 뉴하우스 목사는 그가 홀트해외양자회에서 목격했던 일들을 다시 생생하게 증언하였다. 뉴하우스 목사의 짧은 한국 방문이 수많은 어린이들의 삶에 이와 같이 커다란 결과를 가져오리라고는 누구도 예상하지 못했다.

신문 방송 매체들은 난민 구호법이 일 년 연장되었음을 신문 첫 면에 게재하였다. 신문과 월간 잡지들은 새롭게 입양된 어린이들의 행복한 모습을 담은 사진들을 실었다. 난민 구호법의 연장에 대해 문의하는 전화가 물밀듯이 걸려왔다. 거의 날마다 신문기자들이 인터뷰하기 위해 몰려와 우리는 바빴다.

형신은 아무런 불평없이 계속하여 일을 했다. 형신은 미국에서 사회복지학을 배우고자 하는 훌륭한 젊은 남자를 만나 결혼할 때까지 6년 동안 홀트해외양자회를 위해 열심히 일했다. 나는 형신이가 사무실에 나와 일하는 것을 무척 좋아했다. 형신은 악조건 속에서 효과적으르 일을 잘 해주었다.

우리 사무실은 고아원과 가까이 있었는데, 갓난아이들이 계속해서 울어대는 바람에 일에 집중할 수 없었다. 이렇게 산만한 가운데에서도 그녀는 모든 일들을 잘 해내었다. 고생했던 날들은 보람이 있었고 거의 100여 건의 입양수속을 끝맺었다. 새로 부임된 부영사는 매우 까다로웠고 지난번 부영사와는 큰 대조를 이루었다.

홀트 씨는 내게 비자 신청이 잘 되어가고 있는지를 물었다. 새로 부임한 부영사가 우리 일에 속히 익숙해지기를 바란다고 했다. 다음 날 우리는 미국 대사관에 들어갔다. 나는 밖에서 기다리고 홀트 씨 혼자 들어갔다. 몇 분이 지난 다음 영사과 안에서 천둥 치는 듯한 소리가 들려왔다. 마치 꽝하는 폭발음 같았다. 갑자기 사무실 안이 조용해졌다.

홀트 씨가 피가 나는 주먹을 부여잡고 천천히 걸어 나왔다. 나는 피가 흐르는 것을 멈추기 위해 손수건을 꺼내 주었고 무슨 일이 일어났는지 물었다. 그는 대답도 안 하였고 상기된 채 나와서 "못된 놈"이라고 뇌까렸다.

마침내 비자 신청서류를 확인하고자 영사과로 들렀을 때 조동설 씨는 내게 홀트 씨가 안에 들어온 후 무슨 일이 일어났는지 아느냐그 물었다. 아무것도 모른다고 하자 그는 당시의 상황을 설명해 주었다. 그의 이야기를 듣고 "홀트 씨는 그럴 사람이 아닙니다! 그는 정말 친절하고 겸손하신 분입니다."라고 대답했지만 후에 그것이 사실이라는 것을 알고 매우 놀랐다.

조동설 씨는 홀트 씨가 사무실에 조용히 들어와 새 부영사의 책상 앞에 앉아서 몇 분 동안 이야기를 나누었는데 갑자기 무언가 터지는 듯 한 소리가 났다는 것이다. 모든 사람들의 눈은 부영사에게 쏠렸는데 그는 의자 뒤로 물러서서 홀트 씨를 피하고 있었다.

곧 이어지는 대화에서 홀트 씨는 부영사가 말한 것 때문에 흥분되어 영사의 얼굴에 그의 주먹을 날렸다. 운이 좋게도 부영사는 뒤로 물러서서 홀트 씨의 주먹을 피했다. 그의 주먹은 책상 위에 놓인 두꺼운 유리 재떨이를 내리 치게 되어 여러 조각으로 깨지고 담뱃재와 담배꽁초들이 여기저기 튀었다. 그의 손은 깨진 유리 때문에 피가 흘렀고 사무실에 있던 모든 사람들은 깜짝 놀라 두 사람을 번갈아 바라보기만 했단다.

홀트 씨는 참 무서운 사람이라고 했다. 나는 홀트 씨의 겸손한 태도 뒤에는 불의에 대해 결코 물러서지 않는 불굴의 정신이 숨어 있다는 것을 알았다. 도움을 필요로 하는 약자들을 보호하기 위해 악당들과 싸우는 '선한 사람' 들을 연상시키는 서부 영화 속의 장면이 생각났다.

내가 홀트 씨에게 미 대사관 직원이 나에게 이야기 해준 것을 말했더니 껄껄 웃으면서 권리만을 행사하려는 졸장부라고 했다. 홀트 씨는 정부 관리들을 두려워하지 않았다. 그들은 세금을 내고 도움을 요청하는 납세자들의 편의를 위해 고용된 것이다.

나는 우리 아이들의 이익을 위해 이와 같이 몸을 아끼지 않고 보호하려는 홀트 씨가 있다는 것이 참으로 기뻤다. 아무도 미국 입국 사증을 발행하는데 절대적인 권한을 가진 미국 정부 관리에게 대항할 용기를 가졌던 사람은 없었다. 나는 마음에 내키지는 않았지만 홀트 씨가 한 일 때문에 푸대접을 받을 것 같아 무척 걱정하면서 미 대사관으로 들어갔다. 놀랍게도 부영사가 바뀌어 있었다.

영사관 직원들이 나를 따뜻하고 친절하게 대해 주는 게 아닌가! 더구나 새 부영사는 아주 친절했고 어떤 방법으로든지 우리를 돕고 싶다고 했다. 기가 막힌 반전이 이루어진 것이다! 나는 미국 국민들의 힘에 다시 깊은 인상을 받았다. 한국에서나 어떤 다른 권위주의적인 정부에서라면 아마 정부 청사에서 그와 같은 폭력적인 행동을 했다면 즉시 체포되어 구금되었을 것이다.

그 후 미 대사관은 항상 우리 어린이들에게 최상의 서비스를 제공했다. 나는 홀트 씨가 성공적인 사업가가 된 이유를 알게 되었다. 그는 보통 사람들이 하지 못하는 것을 할 수 있는 사람이었다. 두세 주가 못되어 미 대사관은 우리들에게 100여 건의 비자를 발급해 주었다. 입양 가족들이 어린이들의 항공료를 부담한다고 했지만 홀트 씨 혼자로서는 전세 비행에 따른 추가 비용을 부담 할 수 없었다.

우리는 어린이들을 전염병에서 보호해야 했고 또 매주 들어오는 새로운 어린이들을 위해 새 공간을 마련하기 위해서는 가능한 한 빨리 어린이들이 떠나야 했다. '위기는 기회다' 라는 말이 현실로 나타났다. 마침내 KNA로부터 저렴한 가격의 항공기를 전세 낼 수가 있었다. KNA는 한국에 있는 단 하나의 민간 항공사였다. KNA는 남한의 주요 도시를 제한적으로 운행하고 있었고 해외에는 때때로 전세 비행을 하곤 했었다.

우리가 원하는 시간대에 언제든지 떠날 수 있었다. 돌아오는 편에 우리가 필요한 보급품들을 싣고 올 수도 있었다. 그것은 참으로 우리가 바라던 가장 최상의 거래였다. 이 항공사는 앞으로 6년간 10회가 넘는 전세 비행기를 제공해 주었다.

KNA 항공기는 전에 우리가 탔던 비행기보다는 작은 더글러스 DC-4였는데 비행 중 기내 기압을 조정하는 장치가 없어 9,000피트 이상 고공을 날아갈 수 없었다. 이 고도에서는 공기의 흐름이 안정적이지 못하여 비행하는데 불편했다.

이번 비행을 위해 우리는 8명의 호송인 들에게 10명의 어린이들을 책임지도록 했다. 호송인들에게 항공료는 무료였기 때문에 언제나 지원자가 밀려들었다. 우리는 의사와 간호사, 선교사에게 우선권을 주었다.

우리는 KNA가 호송인과 나이가 많은 어린이들을 위한 좌석을 제외하고 대신 다른 좌석들을 다 제거해 달라고 했다. 우리는 세 명의 어린이들을 한꺼번에 누일 수 있는 커다란 요람을 그 자리에 실었다. 뉴스 매체들과 한국 정부는 우리가 KNA 비행기를 전세 내었다는 것을 기뻐했다.

우리는 10시간 정도 여행을 했는데 어느새 포트랜드에 반 정도 와 있었다. 이번 항로는 지난 겨울의 남쪽 항로보다 훨씬 더 짧았다. 비행기가 고도에 이르자 아이들의 입술이 새파랗게 된 것을 보고 조종실로 뛰어가 비행기의 고도를 낮춰달라고 요청했다.

그러나 비행기가 고도를 낮추자 난기류 때문에 나이가 많은 어린이들과 호송인들은 멀미를 하기 시작했다. 어떤 호송인은 전혀 움직일 수가 없었다. 기저귀 통은 금방 멀미 봉투로 가득 찼고 기내 공기는 토해낸 악취로 가득 찼다. 꼼짝할 수 없는 호송인 때문에 나는 내가 책임 맡은 아이들에다가 그들의 아이들까지 같이 돌보아야만 했다. 우리는 포틀랜드에 무사히 도착했다.

제15장 신앙의 유산

1900년대 초에 할아버지는 한 농부의 다섯 아들 중 막내로 함경북도에서 태어나셨다. 할아버지의 아버지가 돌아가신 뒤 그의 어머니는 다섯 형제를 키울 수 없어 5살 난 그를 근처 사찰에 보냈다. 사찰은 그를 돌보아 주었고 잔일을 거들어 주는 대신 다른 곳에서 받을 수 없는 귀중한 교육을 받을 수 있었다. 교육은 주로 불교에 관한 것이어서 승려의 길로 정진하게 되었다.

그는 성장하여 불교를 포교하기 위해 여러 곳을 순례하다가 스물한 살이 되던 해 백두산에 들어가 백일기도를 드리기로 하였다. 그런데 깨달음을 더 얻기 위한 그의 여정은 오히려 불교를 떠나 기독교로 귀의하게 되었다. 다음은 그 지방에서 캐나다 선교사로 일하셨던 윌리엄 스코트 박사가 쓴 "한국 속의 캐나다인들"이라는 책 중 "불교승려에서 기독교 전도자로"라는 책에서 발췌한 글이다.

"김계안은 어린 나이 때 불교 수도원에 보내졌다. 그는 주지스님의 가르침으로 그의 우수성을 인정받고 부처의 열렬한 수도자가 되어 결국은 승려가 되었다. 그는 평범한 수도생활에서 만족을 찾았던 다른 승려들과는 달리 숲과 산속을 떠돌아 다녔고 계곡을 흐르는 물소리에 맞춰 기도를 읊조리곤 했다.

부처님의 좀 더 깊은 뜻과 '깨달음'을 얻기 위하여 수도의 길을 떠나 많은 곳을 찾아다녔고 오랫동안 금식하면서 기도해보았지만 그가 원하는 깊은 '깨달음'을 얻지 못했다. 그는 자기가 추구하는 것을 얻기 위하여 더 깊은 산속에 들어가 기도 드리기를 결심하였다. 한국에서 제일 성산이라고 믿고 있는 백두산에 들어가 백일기도를 드리기로 결심하고 그곳을 찾았다.

산위에 흰 눈이 덮인 백두산 정상 가까이에 숲이 우거지고, 계곡물이 흐르는 조용한 암자를 찾아 절에서 가지고 나온 부처의 목상을 바위 위에 세워놓고 그 밑에 가지고 온 쌀자루와 소지품을 놓고 기도를 시작하였다. 몇 주 동안 마음속에 간직했던 불경을 계속해서 열심히 외우며 기도했다. 그의 몸은 피곤에 겹쳐 몸은 쇠약해졌으나 불도에서 말하는 '깨달음'은 얻지 못했다. 백일기도가 거의 끝날 무렵 산에서 갑자기 무서운 번개와 천둥이 치면서 큰 비가 쏟아져 내렸고 산사태가 나 모든 것들이 물로 쓸려 내려갔다. 그는 옆에 있는 나뭇가지를 붙잡고 다른 한 손으로는 떠내려가는 부처님의 목상을 건져내 그 위험에서 벗어날 수 있었다. 육체적인 고통도 컸지만 정신적인 고통은 이루 말할 수 없이 더 컸다.

왜? 이런 일이 이때 일어나야 하는가? 그는 계속 물었다. 내가 하늘을 거역해서 받는 벌인가? 그렇게 물을수록 그의 의심은 더 커져갔고 그 의심은 마음속 깊은 곳에 자리 잡게 되었다. 오랫동안 기도하면서 얻은 대가가 이런 것인가? 이러한 여러 가지 물음과 의심이 더해 갈수록 그의 마음은 더 외로웠고 이것이 마치 하늘이 그에게 노하여 내리는 벌 같았다. 하늘에 바쳐야 할 기도와 정성을 부처님께 드렸기 때문인가?

그는 한국인이 제일 경외하는 말 "하늘-하나님"이라는 말이 계속 그의 마음속과 뇌리에서 떠나지 않았다. 그의 마음속에는 부처님의 가르침을 깊게 믿고 정성껏 따르는 불제자가 받고 있는 그 어려움과 번뇌에 고민하였다. 그는 빌려온 부처님 목상을 돌려주기로 하고 자기 마음의 결정을 부처님께 이제부터는 부처님 대신 하나님을 믿겠다고! 고백했다.

그는 절에 다시 가 동료 불제자들과 상의했으나 그들은 그의 개종을 조롱하고 규탄했다. 그러나 동료 중의 선임자 한 분이 그를 동정하여 아랫마을에 있는 예수를 믿는 사람들을 찾아보라고 했다. 그들은 예수를 하나님의 아들이라고 믿는다고 했다. 그는 곧 아랫마을 예동에 가서 예수 믿는 사람들을 찾아갔다.

그들은 친절하게 할아버지를 맞아주었고 하나님에 대한 것을 많이 알려주었다. 그들은 할아버지에게 예수님의 생애가 쓰여 있는 누가복음서와 교회의 사역에 대해 쓴 사도행전을 주었다. 그가 받은 책들은 그동안 열심히 외웠던 불경보다 간단하고 쉽게 쓰여 있어 이해하기 대우 쉬웠다. 그는 그 책자를 열심히 읽고 예수교에 대해 쉽게 이해해 나갔다. 그 후 그의 마음은 한없이 기뻤고 마음의 번뇌도 사라졌다. 교인들이 모여 예배드리고 친교 하며 늘 사랑이 넘쳐나고 생명력이 솟는 듯 보였다.

그동안 온 마음과 정성을 쏟아 정진하면서 불경을 배워온 것처럼 그 정성과 마음을 이제 예수님과 하나님께 바치게 되었다. 그의 열성과 믿음에 탄복한 캐나다 선교사 로버트 구례선 박사는 할아버지를 그곳 초등학교 교사로 받아들였다. 그는 계속해서 많은 것을 더 배워 전도사가 되되었다.

그는 초대 그리스도 교인으로서 결실을 가장 많이 맺은 전도사가 되었다. 그 후 그는 과거 불도를 닦으면서 시주를 얻으러 다니던 길을 따라 이제는 기독교인으로서 어떻게 살아야 하는가를 많은 사람들에게 가르치며 또 보여주었다.

그 지방의 많은 사람들과 동네들이 그를 환영하였고 예수를 믿기 시작했다. 북쪽 지방에 생긴 많은 교회들은 그 공을 김계안 장로에게 돌려야 한다고 했다.“

스코트 박사는 할아버지에게 조심스럽게 물었다. "김선생님은 두 종교에 대해 잘 알고 계시는데 불교와 기독교의 다른 점은 무엇이라 생각하십니까?" 할아버지는 한참 있다가 서슴지 않고 말했다. "한국은 불교에서 많은 것을 배우고 얻었습니다. 한국 사람들은 그들의 위안과 영감들을 불교를 통해 얻었습니다. 그리고 한국 사람들의 좋은 기질은 부처님을 통해서 얻은 것입니다.

그러나 제 자신은 그리스도를 통해 얻은 것이 더 많습니다. 부처님보다 예수님께서 내게 더 많은 삶의 지혜와 용기를 주셨습니다. 부처님은 위안을 위하여 그것을 깊은 산중에서 찾으라 하셨습니다. 그러나 예수님은 사람들을 사랑하시어 그것을 우리들의 일상생활 속에서 찾으려고 하십니다. 부처님은 사람들에 대해서 관심이 없어 보입니다. 그러나 예수님은 십자가를 통해서 일상생활의 모든 것을 같이 고민하십니다.

부처님께서는 모든 인간의 질병과 아픔에서 풀어주시기를 원하지만 예수님은 모든 인간들의 질병과 아픔 속에서도 우리에게 풍족함을 주십니다. 부처님은 우리에게 조용한 명상과 기도를 원하지만 예수님은 이 모든 것 외에 사람들에게 봉사하는 데 함께 힘써야 합니다"

그리곤 계속해서 말을 이었다. "나는 그리스도에게 돌아온 것을 후회하지 않습니다. 그분 안에서 그분을 경배할 때 내가 항상 찾고자 했던 평화와 기쁨을 발견했으니까요." 할아버지는 돈독한 기독교인이 되셔서 성경의 가르침에 따라 살아갔다. 그는 기독교 진리의 깊이를 찾았고 실생활에 이를 응용하셨다. 날마다 외우시며 독경에 대해 간직했던 그 헌신으로 성경을 읽었다.

그가 집을 떠난 후 그의 가족은 함경북도 학성군 학남면 예동에 잠시 머물다 고향을 등진 수많은 한국인들이 정착하여 살고 있는 만주로 떠났다. 그는 한때 불교의 승려로서 부처를 위해 시주를 받으며 다녔던 길을 따라 이제는 하나님을 위해 전도하며 다녔다. 후에 그는 그의 전도 지역을 중국, 함경북도, 러시아까지 이어나갔다. 참으로 그는 기독교 선교의 개척자였다.

이때 한국은 일본의 침략으로 커다란 혼란 속으로 빠져 들어가 결국에는 합병 당하게 되었다. 이것은 커다란 사회적, 경제적, 불안과 혼동을 가져 왔고 수많은 한국인들은 그들이 태어나 꿈과 기쁨으로 행복하게 살아온 조상이 물려준 이 땅에서 떠나야 했다. 할아버지는 광활하고 비옥한 만주 벌판이 한국인과 그를 위한 새로운 "약속의 땅"으로 믿고 있었다. 그가 태어나 자란 한국의 산악지대와는 전혀 다른 드넓은 평원과 기름진 땅에 매료되었다.

만주에 있는 그의 선교 루트를 따라서 거의 100여 개의 새로운 교회를 개척하였다. 독신으로 살아온 그였기에 그가 러시아까지 이르는 광대한 지역을 여행하는 것이 오히려 쉬웠다. 그는 승려들의 독신생활에 아주 익숙한 사람이었다. 그러나 그는 30대 중반에 마침내 한 아름답고 현숙한 여인, 이한나를 만나 결혼하게 되었다. 그들은 만주 용정에 정착하여 가정을 꾸려나가기 시작했다.

용정에 정착하면서 할아버지는 계속하여 전도하였고 교회를 섬겼다. 그는 또한 그 지역에 "국민회"라는 단체에 가입하여 재정을 맡고 독립운동에 적극 참여하였다. 재정을 담당하고 있던 그는 회원들로부터 회비와 독립운동에 관심을 가진 사람들로부터 기부금을 거두어 독립운동을 지원하였다.

한국이 일본에 의해 강제 병합되었을 때 수많은 한국인들은 고향을 떠나 만주와 중국, 러시아 국경지역 및 심지어 미국까지 건너갔다. 일본은 한국 독립운동에 대하여 주시하고 있었다. 일본 영사관은 조선 총독부의 지서 역할을 감당했으며 독립운동에 관한 활동을 궤멸시키는 데 온갖 힘을 기울였다. 일본 영사관에는 고문실과 감옥을 갖추고 있어 헌병대가 관할하고 있었다. 그 당시 이 지역에 사는 모든 사람들에게 큰 공포의 대상이 되었다.

일본 당국은 결국 국민회와 함께 일하시는 할아버지를 의심하여 체포하였고 6개월 동안 감옥에 갇혀 여러 가지 고문과 폭력에 시달리면서 그동안 활동해 온 것에 대해 실토하도록 강요당했다. 날마다 매질과 고문의 고통스러운 나날이 이어졌다. 할머니는 남편이 고문을 이기지 못해 고백하고 일본 당국에 회원과 기부자의 명단을 넘겨줄까 두려워하였다. 일본인들은 계속해서 할아버지를 회유하고 명단을 넘겨주면 투옥에서 풀려나와 석방될 수 있는 유일한 길이라고 계속해서 말했다.

그러나 할아버지는 매일매일의 고문과 매질을 잘 참고 용감하게 견디어 내면서도 자신은 곧 석방될 것이라고 할머니에게 확신시켜 주었고 할머니에게 서류를 건네주는 일은 결코 있어서는 안 된다고 했다. 만약 서류를 넘겨주면 많은 사람들이 체포되어 처형되기 때문이었다.

할머니는 윗저고리에 명단을 간직하고 큰아들, 나의 아버지를 항상 등에 업고 다녔다. 일본 헌병들은 집안 곳곳을 샅샅이 뒤졌고 천정을 찢고, 마루 방바닥을 뜯어냈다. 그들은 계속해서 집 주위의 의심되는 곳을 파보았다.

그들의 강제 수색은 여러 달 동안 계속되었지만 할머니의 윗저고리에 깊이 감추어진 서류는 찾아낼 수 없었다. 할아버지는 마침내 풀려났고 독립운동하신 분들을 배반하지 않고 지난 6개월 동안의 모진 고문과 감금을 견디어 내셨다. 조부모님은 3명의 아들과 4명의 딸과 함께 축복의 삶을 살았다. 할아버지는 첫 아들과 첫 딸을 하나님의 사역에 바쳤다. 장남인 아버지는 평양 장로회 신학교를 졸업하고 목사가 되었다. 나의 큰 고모는 원산에 있는 마르다 성경학교를 졸업하고 결혼하지 않은 채 한 평생 기독교 선교에 헌신하였다. 나의 두 삼촌은 제2차세계대전이 발발하기 전까지 도쿄에서 대학을 다녔다. 한때 할아버지가 세우신 교회들은 중국 공산당 치하에서 완전히 소멸된 것처럼 보였지만 공산주의와 문화혁명이 극에 달하던 시절에도 살아 남았다. 오늘날 그들은 새로운 종교 자유의 물결 속에서 부흥해 가고 있다.

1998년, 우리가 박해를 피해 나온 지 51년이 되던 해 나는 할아버지가 옛날에 용정에 세운 새 교회에서 헌당 예배를 드렸다. 조부모님과 같이 믿음의 길을 걸어갔던 이곳 초대교회 성도들의 굳건한 믿음과 기도가 결코 헛되지 않았다. 내가 가지고 있는 이 기독교 신앙의 유산은 처음 기독교인이 된 할아버지로부터 시작되어 5대를 걸쳐 이어져 왔고 이것은 그리스도를 믿고 따르는 우리 가족 모두에게 전해졌다. 이 신앙의 유산은 나로 하여금 한국에서 홀트 씨 사역을 함께 감당할 수 있었던 원동력이 된 것이다. 집 없는 수많은 어린이들과 함께 일하게 된 축복은 할아버지와 아버지 그리고 고모와 함께 시작되었던 선교 사역의 유산으로 맺어진 것이다.

내가 처음 홀트 씨와 일을 시작했을 때 하나님의 뜻이 무엇인지를 알 수 없었다. 시간이 지나면서 한국에서 홀트해외양자회를 시작하시고자 홀트 씨를 택하셨고 또한 나를 그와 만나게 함으로 동역자가 된 것이라 믿고 있다. 홀트 씨와 나는 아주 가깝게 일해 왔고, 홀트해외양자회를 위한 중요한 사안과 결정을 내림에 있어서 우리 두 사람 사이에 이의가 거의 없었다. 하나님의 놀라운 계획은 서로 다른 문화적 배경과 지구 정반대 편에 있었던 우리 두 사람을 부르시어 그의 목적과 사역을 하게 하였다. 기독교 신앙과 사랑이 두 사람 사이에 가교가 되어 주었다.

한국 보건사회부 장관이 홀트 씨에게 한국의 혼혈 전쟁고아들을 위한 인도주의적 봉사를 치하하여 공익포장이라는 메달을 수여했다. 한국정부가 외국인에게 주어지는 첫 번째 메달이었다.

기자들이 홀트 씨에 관한 이야기를 취재하고자 사무실과 효창공원시설을 방문하여 홀트 씨를 만났다. 미디어 매체들이 쓴 기사들이 우리의 일을 아주 크게 도와주었다. 적극적인 홍보 때문에 정부 관리들은 특별한 호의를 베풀어 주었고 서류 진행이 수월하게 되도록 지원하였다. 서류가 빨리 진행되는 것은 어린이들이 조기 출국하는 데 필수적이다. 고아원에 머무는 시간이 짧다는 것은 그만큼 우리 어린이들을 위해서 큰 도움이 된다는 것을 말한다. 1958년 1월31일 우리는 KNA와 또 전세 비행기를 예약했고 1월에 북방항로를 택할 수가 없어 남방항로를 택했다.

손장관으로부터 공익포장 수여

제16장 내 팔에 안겨 하늘나라로 간 아이

　이번 비행은 내게 큰 시련을 가져다주었다. 한 어린이가 폐렴에 걸렸다. 산소호흡 펌프를 열심히 가동시켰지만 말리의 헌신적인 노력에도 불구하고 폐렴을 이기지 못하였다. "왜?" 이 아이가 여기에서 죽어야 합니까? 아이는 비행 중 나의 팔에 안겨 죽음을 맞이하였다. 우리는 몇 차례의 비행 중 위기일발의 순간을 맞이하였지만 비극적 결말 없이 무사히 여행을 끝낼 수 있었다. 그러나 이번 비행은 지금까지의 비행과는 좀 달랐다. 지상에서 머무는 시간이 길었고 갑작스런 기온의 변화 때문에 병이 생겼고 그것을 어린이가 이겨 내지 못했다. 그때부터 비행 전 신체검사는 지금까지 우리의 예비 점검 중에서 가장 중요한 절차가 되었다.

　오랜 비행과 어려운 여행길에 많이 지쳤지만 공항에서 새로 간난 입양 부모들의 얼굴들을 보는 순간 우리는 새 힘을 얻었다. 한국에 돌아와서 3월에 있을 또 하나의 전세 비행을 준비하였다. 우리는 길고 힘든 남방 항로를 피하기 위해 3월까지 기다렸다. 지난 번 비행의 비극이 모든 사람들의 가슴속에 큰 상처를 남겼다.

　우리는 3월 26일을 출발 일자로 정했다. 이번에는 어린이들의 2/3가 갓난아이들이었다. 갓난아이들의 숫자가 그렇게 많음에 걱정이 되었지만 다행히도 우리 한국인 호송인 중 한명이 의사였다. 의사가 함께 여행한다는 것은 큰 위안이 되었다. 갓난아이들 중 몇은 감기 증상을 보였다. 나는 의사의 특별한 주의를 요구하였지만 이 의사는 심한 멀미 때문에 화장실에서 대부분 시간을 보냈다. 그는 의사로서 또는 에스코트로서 아무런 소용도 없었다.

말리가 황급히 나를 불러 산소병을 가져오라고 했다. 나는 달려가 그것을 가지고 지난 번 비행에서 한 것처럼 산소 호흡을 시작하였다. 이 아이의 상황은 계속해서 절망적이어서 포틀랜드에서 아이를 기다리는 새 부모를 만날 희망이 전혀 없어 보였다. 말리는 의사 대신 이 아이에서 저 아이로 찾아다니며 치료를 하거나 호송인들에게 적절한 지시를 해 주었다. 나는 계속 해서 산소병을 작동했다. 그러나 어린이는 점점 더 약해져 가고 폐렴을 이기지 못하고 포틀랜드 국제공항에 도착하기 전 생을 마감했다. 이번 비행은 놀라울 만큼 짧은 여정이었다. 이번 비행길은 훌륭했지만 폐렴으로 어린아이 하나를 또 잃었다. 지난 번 비행길은 정말 악몽과 같았다. 그런데 이렇게 훌륭하고 짧은 비행길에서 어떻게 이런 일이 또 생길 수 있는가? 우리는 기나긴 남방 항로를 피해 3월 말까지 기다렸다. 우리가 최선의 노력을 다했음에도 비극은 반복되었다.

다음날 우리는 어린아이의 영결예배에 참석했다. 한국 법정에서 이 아이의 입양이 이루어질 때까지 법적 후견인이며 첫 번째 아버지로서 이 예배에 참석하도록 요청받았다. 나는 그곳 대학에서 공부하고 있는 한국인 학생과 함께 참석하였다. 현 군은 포트랜드에 있는 우리 입양 부모들 중 한 가족과 살고 있어서 그 예배에 그를 참석하도록 한 것이다.

현 군도 기독교인이었기에 우리는 같이 찬송가를 불렀다. 한국어로 찬송가를 불렀지만 그곳에 참석한 사람들은 가사를 이해할 수 없었다 그러나 곡조는 매우 잘 알고 있는 듯 했다. 이 장례 예배는 내 평생에 참석했던 그 어느 것보다 슬펐고 아픈 기억으로 내 마음속에 오래 남아 있다.

많은 자원봉사자들이 그 해 초 미국에서 왔다. 미스 김은 번역과 미국 대사관 및 한국 정부의 여러 관련 부서에 보낼 여러 가지 서류들을 타자치는 일들을 하였다. 그러나 미국 오레곤의 본부와 영어로 통신할 수는 없었다. 루아 브레이 부인은 주부였고 우리 센터에서 어린이들을 돌보는 일을 감독하고 있었다. 진 올맨 양은 외국에 보내는 편지를 책임지고 있었고 우리의 시설에 새로이 들어오는 아이들의 보고서를 준비하였다. 진 양은 홀트해외양자회에서 일하기 전까지 스튜어디스였으며 매우 매력적인 젊은 여성이었다. 브레이 부인은 미망인으로 자녀들이 모두 다 자라서 출가하였다. 그녀는 언제나 친절했고 그녀의 주위에 있는 모든 이들에게 더할 나위없는 따뜻함을 나누어 주었다. 우리 시설의 모든 어린이들에게 가장 훌륭한 어머니 역할을 잘 감당하였다.

제17장 녹번동에 새로 지은 아동보호시설

나는 새로운 아동보호센터를 위한 자리를 찾아 다녔다. 효창 공원 센터는 새로 들어오는 어린이들과 미국에서 자원 봉사하러 온 사람들로 넘쳤다. 홀트 씨는 새로운 고아 입양법이 통과됨에 따라 새로운 시설 건립을 계획하고 있었다. 이 고아 입양법이 통과되기 전에는 홀트해외양자회의 사역이 임시적이었으나 앞으로는 장기적인 목표 아래 지어져야 했다.

이제 우리는 좀 더 많은 공간을 가진 새로운 빌딩이 필요하였다. 새로운 시설은 인구밀집지역이 아닌 곳에 세우기를 원했지만 도심에서 너무 멀면 교통이 불편했다. 그러나 우리의 필요에 맞는 서울 근처의 땅은 비쌌다. 얼마 후 서울과 판문점을 잇는 통일로 길가에서 1마일 정도 떨어진 녹번동에 우리가 필요로 하는 적당한 크기의 땅을 발견하였다. 밭과 논으로 둘러싸인 2.5에이커로 약간 언덕진 곳이다.

나는 그 곳이 우리의 용도에 알맞은 곳인지 어떤지를 알아보기 위하여 찾아갔다. 그곳은 훗날에 확장하기 충분해야 했고, 우리가 쓸 물도 충분히 공급되어야 하며, 인구 밀집지역에서 좀 떨어져 있어야 했고, 전기 공급이 용이하며 큰 도로에서 접근이 쉬어야 한다. 그리고 가격이 맞아야 했다.

다행이 모든 조건이 맞았다. 홀트 씨도 그곳을 보고 기뻐했다. 우리는 가격을 협상하고 녹번동에 우리의 새로운 어린이 보호시설을 짓기 위해 2.5 에이커의 땅을 구입했다. 이제 홀트해외양자회는 영구적인 아동 보호시설을 갖게 된 것이다.

홀트 씨는 새 빌딩을 즉시 짓고자 했다. 많아진 어린아이들과 외국인 직원들을 위해서라도 공간이 절실히 필요했다. 우리가 해야 할 첫 과제는 서울시로부터 건축허가를 받는 일이었다. 홀트 씨 부부와 말리는 어린이 숙소, 갓난아이들 방, 자원 봉사자들을 위한 숙소, 식당, 놀이 방, 식품 저장소 등을 본관 건물에 포함되도록 건축 도면을 설계했다. 세탁실, 창고 등 두 개의 작은 빌딩도 마련되었다. 병원 건물에는 진료실, X선실, 의료 치료실과 약국 등이 포함되었다. 나는 건축도안과 청사진을 시청에 제출하면서 허가를 빨리 해달라고 부탁하였다.

그런데 허가서는 건축 위치가 화약 창고와 너무 가까이 있다는 이유 때문에 부결되었다. 나는 그때까지 화약창고에 대해 아무것도 모르고 있었다. 직원은 나에게 우리가 신청한 건축물의 위치가 그려진 지도를 보여 주고 우리가 지을 예정인 건축물에 바짝 붙어 있는 작은 건물을 보여 주었다. 그곳은 한국 화약 회사가 소유하고 있으며 화약이나 다른 폭발 물들을 저장하는 창고라고 했다. 현재 빌딩 코드로는 어떤 시설도 창고 곁에 지을 수 없다고 했다. 더구나 수백 명의 어린이들을 수용하는 보호 시설의 건물은 더더욱 지을 수 없다는 것이다.

나는 그 직원에게 새로 지을 건물은 고아들을 돌보기 위해 지을 건물이기에 허가해 줄 것을 간곡히 호소하였다. 그는 잘 알고 있지만 어떻게 할 수가 없다는 것이다. 나는 비로소 그 땅에 여러 가지 형태의 빌딩을 짓기에 알맞음에도 불구하고 왜, 여러 해 동안 방치된 채 있었는지 알 수 있었다. 땅을 구매하기 전에 먼저 여러 가지를 조사하지 않았다. 우리는 완전히 속아서 산 것이다. 싼 가격이 그 땅을 사도록 우리를 유혹했던 것은 다 이유가 있었다. 땅을 도로 물릴 수도 없다. 오직 허가를 받기 위한 다른 방법을 찾아야 했다. 우리가 지불한 가격으로 이만한 땅을 다른 곳에서 결코 찾을 수가 없었다.

　며칠 후 나는 시청 직원과 다시 만나 우리의 특별한 사정을 설명했다. 그 직원이 처음으로 가능한 해결책에 대해 살며시 알려주었다. 그는 흙이나 바위 또는 콘크리이트로 된 담을 적어도 15피트 높이와 너비는 8피트 정도의 고정 방어물을 세움으로써 그 문제를 해결 할 수 있을 것이라고 했다. 나는 즉시 사무실로 돌아와 홀트 씨에게 시청에서의 제안을 설명하였다.

　홀트 씨는 방어벽을 쌓는 것은 가능하고 그것은 비교적 쉬운 일이라 했다. 우리는 기본 계획과 청사진을 수정했다. 어린이들의 주거지를 화약 창고에서 가능한 한 멀리 배치했다. 세탁실, 수리실, 발전실, 창고 등과 같이 비교적 작은 건물들은 방어벽에 가까이 놓이게 했다. 어린이들이 거주하는 본관 건물은 본래의 계획보다 약 20피트 더 떨어지도록 옮겼다. 이렇게 변경하여 우리의 신청서는 승인이 났고 우리는 시청으로부터 건축 허가서를 받았다. 우리는 방화벽을 쌓기 위해 흙을 옮기고 기초를 다질 대형 불도저가 필요했다.

　나는 새로운 건축현장의 지반을 고르기 위해 우리 가까이에 있는 공병대 사령관을 만나 도움을 청했다. 우리의 예정된 공사가 한국전으로 생긴 수많은 전쟁고아들에게 집을 지어주는 것이라고 설명하였다. 이 전체 공사가 미국 오레곤주에서 온 해리 홀트씨의 개인 자금으로 진행되는 것이라 했다. 사령관은 뉴스 미디어를 통해 홀트 씨에 대해 들었고 그 역시 홀트 씨가 놀라운 일을 하고 있다고 우리를 격려했다. 그는 나에게 우리가 건축할 공사의 위치가 어디냐고 물어 지도와 청사진을 그에게 보여준 다음 현장으로 갔다.

　그는 우리의 공사 위치를 확인하고 몇 분 동안 그 주위를 걸어 다녔다. 마침내 그는 "네, 좋습니다. 도와드리죠. 그런데 공사에 필요한 디젤유를 부담해 주십시오. 우리는 디젤유를 철저하게 배급 받고 있어서 민간인들이 하는 공사에 사용할 수가 없습니다."라고 말했다.

공병대는 기꺼이 우리의 건물 신축공사를 도와주었다. 불도저를 운전하는 사람이 화약 창고에 인접한 지역 끝으로 남은 흙들을 조심스럽게 옮겨 놓았다. 그날 오후까지 15피트 높이의 장벽이 완성되었다. 불도저는 둘째 날까지 일을 끝내 주었고 땅의 지형도 완전히 평지로 타뀌었다. 우리는 이 장로에게 기초공사를 하도록 부탁했다. 그는 시멘트 작업, 배관 작업, 전기 공사, 목공 일, 가구 제작 그리고 일용 잡부 등 여러 가지 작업들을 책임질 토건업자들을 선정했다.

어린이 시설을 운영하는 데는 많은 양의 물이 필요했다. 주딘이 거의 없는 이 지역에서는 도시 상하수도 시설을 이용할 수가 없었다. 우리 스스로 샘물을 파고 정화조 시설을 갖추어야 했다. 논 밭 가까이 작은 샘에서 물이 계속 쏟아졌다. 홀트 씨는 가까이 있는 우리 땅에 우물을 파면 우리에게 필요한 물을 충분히 공급받을 수 있다고 생각했다. 구덩이를 파서 완성했을 때 우물에는 신선한 물로 가득 넘쳤다. 콘크리트로 마무리를 하고 뚜껑을 덮고 물 펌프와 진공 가압 물탱크를 설치해 물탱크의 물을 거의 다 쓰면 자동적으로 물이 채워지도록 했다. 좋은 물을 찾았다는 것은 매우 다행스러운 일이었다.

그 지역에서 전기는 사용할 수 있었지만 우리는 먼저 변압기가 달려 있는 가장 가까운 전주대로부터 선을 끌어내어야만 했다. 나는 한국 전력 사무소로 가서 새 건물에 전기를 설치해 달라고 요청하였다. 한전에는 그때 전주가 없어 우리의 요청을 들어줄 수가 없었다.

한국에는 전주로 쓸만한 나무가 없고 화학적으로 처리된 전주는 해외에서 수입해야 했다. 서울의 전기는 여전히 제한적으로 송전되고 있어 정해진 시간에만 전기를 사용할 수 있었다.

홀트 씨와 나는 한전 본사를 방문하여 부사장을 만났다. 한전에서 전기를 공급해 주지 않으면 살아 갈 수가 없다고 말했다. 부사장인 성 씨는 우리의 간청에 동의하여 만약 우리가 전주를 제공하면 전기 시설을 해 주겠노라고 했다. 부사장은 전주는 우리가 제공하더라도 일단 설치가 되면 회사 것이 된다고 했다.

나는 곧 사람들을 접촉하여서 전주를 찾아보았다. 우리는 적어도 6개 정도의 전주가 필요했다. 그러나 전쟁 후 한국에서는 그것이 얼마나 어려운 일인지 모른다. 새 시설을 위해 우리가 찾아내야 할 것들은 도대체 얼마나 더 있는 것일까? 정말로 끝이 안보였다. 문제 하나를 해결하면 또 다른 문제가 생겨나곤 했다.

마침내 여섯 개의 전주를 팔겠다는 사람을 찾았다. 불행하게도 이 전주들은 생나무 백주라는 화학적 처리가 안 된 전주들이었다. 백주들은 화학적 처리가 안 되었기 때문에 얼마 안 되어 썩어버린다고 했다. 이 얼마나 어렵게 구한 물건들인가? 앞이 캄캄했다.

우리는 다시 성 부사장을 찾아가서 우리의 어려운 문제를 호소했다. 그러자 그가 "그럼 그 백주에 아스팔트 타르를 칠하시죠."라고 말했다. 그러나 그것은 임시변통일 뿐 우리는 계속해서 화학적으로 처리된 전주를 찾는 동시에 새 시설에 전기를 끌어들일 수 있었다.

> "구하라. 너희에게 주실 것이요, 찾으라. 그리하면 찾아낼 것
> 이요. 문을 두드리라, 그리하면 너희에게 열릴 것이니" (마7:7)

새 시설은 5월 중순에 완성되었으나 우리는 8월 중순이 되어서야 들어 갈 수 있었다. 외국인 직원들 브레이 부인과 진 올만이 방을 함께 사용하였고 셋째 딸 바바라와 둘째 딸 말리가 다른 방을 함께 사용했다.

어린이들도 넓은 방을 쓸 수 있게 되고 비가 오는 날에도 실내에서 얼마든지 활동을 할 수 있게 되었다. 우리는 전염병에 감염된 어린이들을 격리 수용해야 할 공간과 X선실과 약국 등을 겸비한 새로운 병원 건물을 지었다.

병원을 갖추기 전에는 병이 난 어린이들을 서울 위생병원이나 세브란스 병원 또는 적십자 병원으로 데리고 가야 했다. 거리가 멀고 까다로운 입원 절차를 밟아야 하기 때문에 큰 고통과 어려움이 있었다. 그리고 가장 큰 문제는 한밤중에 아픈 어린이들을 데리고 병원에 가야 하는 어려움이다. 새 시설이 이 모든 문제를 해결해 주었다.

먼저 보건사회부에 보육병원이라는 이름으로 등록과 허가를 받았다. 그 후 간호사, X선 기사, 한국인 의사들을 채용하였다. 그 후 이들의 헌신적인 노력으로 이 보육 병원은 수많은 귀중한 어린이들의 생경을 구했다. 홀트 씨는 의사 사택은 어린이들의 위급한 상황을 지체 없이 돌보기 위해서 가까이 있어야 한다고 생각했다. 이 건물은 침실 3개와 식당, 부엌과 거실, 욕실 등이 딸려 있었다.

6월에 돌아오는 비행기에 캐나다 출신의 은퇴 의사인 매클런 씨, 자원 간호사 로이스쿠퍼 양 등 새로운 많은 자원봉사자들이 같이 타고 왔다. 그리고 한국에서는 구할 수 없는 보급품과 건축 자재 등 소형 가전제품과 부엌 용품도 함께 가져왔다.

7월에도 많은 자원 봉사자들이 왔는데 캐나다 출신의 간호사 캐더린 죤슨 양과 새 의사인 랄프 텐 해브 씨와 그의 부인과 2명의 아이들이 미국에서 왔다. 우리는 포트랜드에서 현대식 X선 기계를 7,000달러를 주고 샀고 진료실 기계와 새로운 인큐베이터도 함께 샀다.

홀트 씨는 비싼 기구라 할지라도 어린이들에게 도움이 된다면 지체 없이 샀다. 새로 지은 병원 건물 끝자락에 내 사무실을 지었다. 이 사무실은 병원 건물의 약 1/4쯤 차지했는데 사무실을 찾아오는 사람들이 쉽게 들어올 수 있도록 큰 길 옆에 출입구가 있어 편리했다.

우리의 새 사무실은 지난 2년 동안 효창공원에서 사용했던 것과는 전혀 비교할 수 없었다. 두 사람이 겨우 움직일 수 있는 작은 상자 같은 공간에 비교해 보면 거의 궁전 같았다. 형신이와 진 올맨은 내 사무실 옆의 넓은 공간에서 함께 일했다. 우리는 새로 지은 센터에서 더욱 늘어난 일의 양을 처리하기 위해 더 많은 직원들을 채용해야 했다. 우리는 정식 회계사와 입양 서류를 준비하는 직원들이 필요했다.

이제 직원 숫자는 5명으로 늘었다. 이왕곤 씨는 시설 어린이들에게 필요한 식료품과 장비, 보급품과 같이 매일 매일 사용할 물품들을 구입하는 것과 회계 일을 맡았다. 형신은 미 대사관에 제출할 모든 한글 서류를 영어로 타자했다. 진 올먼은 첫 번째 아동 보고서를 작성하였다. 우리 셋은 어린이들이 처음 들어올 때 어린이 사진을 찍는 책임을 나눠서 했다.

새 시설은 전기 없이는 기능을 제대로 발휘 할 수 없는데 한전에서 공급해 주는 전기는 늘 부족했다. 전기가 끊어지면 세탁기와 X선 기계, 냉장고, 인큐베이터 등을 사용할 수 없어 다른 방법을 찾기로 했다. 홀트 씨는 디젤 모터를 사용하는 발전기를 구입하고자 했다. 얼마 후 International Harvest사의 디젤 모터로 돌리는 30kw 발전기를 살 수 있었다. 나는 발전기에 대해서 아무것도 몰랐으나 홀트 씨는 모든 기계에 대해서 잘 알고 있었다.

산더미같이 쌓이는 빨래를 세탁해야 하는 두 아주머니에게는 정말로 희소식이었다. 전기가 없었던 시절 그들은 이 모든 빨래를 손으로 해야 했다. 우애자 씨는 매일 우유병을 수백 개씩 닦고 소독하고 갓난아이들을 위해 우유를 준비해야 했는데 그녀 역시 즐거울 수밖에 없었다. 병원 의료실의 직원들과 간호사들도 더 이상 전기 부족으로 지장을 받는 일이 없었다. 이 작은 발전기 한대가 센터에 있는 모든 사람들을 그토록 기쁘게 해 주었다. 전기 공사가 완성된 후에 우리는 드디어 이사할 수 있었다. 가족용 소형 세탁기는 이제 수백 개의 기저귀와 헤아릴 수 없는 빨래들을 처리할 수 없었다. 우리는 커다란 건물에 합당한 상업용 세탁기와 건조기를 미국에서 들여왔다.

우리는 가능한 한 전기를 아끼기 위해 줄에다 옷들을 넣어 말렸는데 비가 갑자기 내리면 빨랫줄에 널린 옷들을 걷어 각 방 아기들의 침대 테두리와 벽에 박힌 못과 창문 틀, 의자 등에 걸쳐 널었다. 장마가 계속 될 때면 비 오는 날 "기저귀 작전"이 벌어지곤 했다. 반쯤 마른 기저귀에서는 악취가 풍겼다. 어린이들의 건강은 24시간 의사들이 대기하고 있어 더욱 나아지게 되었다.

홀트해외양자회의 이미지는 사회 전반에 걸쳐 뚜렷하게 향상되었다. 이승주 씨는 보모장으로써 헌신적으로 일했다. 텐 헤브 의사가 오기 전 한국의사 임숙경 씨가 수고하여 주었다. 그녀는 병든 어린이들을 밤늦게

녹번동에 새로 지은 어린이 시설. 기저귀를 빨랫줄에 걸어 말리고 있다

까지 돌보았다. 우리 시설에는 수두, 홍역, 백일해 등 어린이 질병이 가끔 전염되었다. 한 어린이가 병에 걸리면 방안 전체의 어린이가, 그 다음엔 시설 전체가 그 병을 앓게 하였다.

200명이 넘는 어린이들과 70여 명의 직원들이 효과적인 통신 체제 없이 일한다는 것은 상상하기도 어려운 일이다. 새 시설이 도시 외곽에 세워졌기 때문에 우리는 공중전화기를 이용하기 위해 먼 거리를 걸어야만 했다. 우리는 효창공원 시설에서 사용했던 전화선을 변경하기 위해 전화국을 방문하였다. 그러나 그들은 우리 지역에 설치된 전화선이 없어 전화기를 설치해 줄 수 없다는 것이다. 가장 가까운 전화선은 사무실에서 얼마 안 떨어진 곳에 있는 메추라기 농장에 있었다.

나는 우리 사무실에 전화기를 설치해 달라고 전화국에 여러 번 호소하였다. 수 백 명의 어린이들을 돌보는 곳일 뿐만 아니라 진료실과 병원을 겸하여 운영하고 있기에 전화기가 절실하게 필요하다고 했다. 그들은 이미 쓸 수 있는 모든 회선을 다 사용했기 때문에 전화선을 새로 설치할 수가 도저히 없다는 것이다. 이러한 상황은 전쟁이 끝난 뒤 서울에서 흔히 볼 수 있었던 일이다.

전화는 전기 다음으로 우리에게 가장 절실한 품목이었다. 하여튼 우리는 새 시설에 전화선을 끌어와야 했다. 우리의 사정을 호소하기 위해 체신부를 방문했다. 말리와 나는 함께 가서 장관을 직접 만나 호소하려고 했지만 허사였다. 끈질긴 노력 끝에 드디어 우리는 이응준 장관을 만날 수 있었다. 그는 우리들을 만나서 반가워했고 매우 친절한 노신사였다. 나는 그에게 우리가 처하고 있는 특별한 상황과 우리 새 시설에 전화기가 없어 직면하고 있는 고통들에 대해 이야기했다. 그리고 몇 블록 떨어져 있는 메추라기 농장에는 전화기가 설치되어 있는데 우리는 수백 명의 전쟁고아들을 돌보고 있음에도 전화기 없이 생활해야 한다고 했다.

이 장관에게 내가 호소하는 동안 말리는 옆에 앉아 계속해서 눈물을 흘리고 있었다. 장관의 시선은 나보다 눈물 흘리는 말리에게 집중되었다. 그는 말리 두 뺨에 흐르는 눈물을 닦을 때마다 쳐다보았다. 그는 벌써 오레곤에 사는 백만장자가 한국의 고아들을 돕고 있다는 것을 알고 있었다. 그는 곧 비서를 불러 우리 센터에 새 전화선을 설치하라고 지시를 내렸다.

나는 장관님, 감사합니다. 라고 몇 번이고 말했고 말리도 같이 감사하다고 했다. 이 장관은 우리에게 긴급할 때 사용하려고 비축한 전화선 중 하나를 설치하는 것이라고 했다. 집으로 돌아오는 길에 말리와 나는 하나님께 다시 한 번 감사 기도를 드렸다.

여러 차례 나는 말리가 쉽게 우는 것을 보았다. 나는 언제나 내가 잘못한 일이 있어 그녀가 그토록 우는 것인지 아니면 내가 그녀의 감정을 상하게 한 것 때문에 그런 것인지 걱정하곤 했다. 그날 나는 그녀가 매번 특별한 이유도 없이 운다는 것을 알았다. 나는 말리에게 이 장관 앞에서 흘린 눈물은 전에 흘렸던 어떤 눈물보다도 더 귀한 것이었다고 했다. 그 눈물은 많은 사람들에 삶의 질을 향상 시킨 귀한 눈물이었다.

1958년 10월 4일에는 90명이 넘는 어린이들이 세미야 공항에 임시 기착하고 알류산 열도를 통과하는 북방 할로를 통해 떠났다. 기후가 좋았고 비행도 아주 부드러웠지만 몇몇 어린아이들이 감기가 걸렸다. 우리는 약한 어린이들 몇 명을 데리고 갔는데 그들이 센터에 있을 때보다 입양 부모들이 돌보아 주면 오히려 더 빨리 회복되리라 생각했었다. 만약 우리가 그 어린이들이 센터에서 건강이 더 나아질 때까지 둔다면 오히려 나을 가능성이 더 희박하기 때문이었다. 우리는 또한 텐 해이브 의사가 어린이들을 돌보기 위해 비행기에 탑승했기 때문에 안심했다.

감기에 걸린 몇몇 아이들이 갑자기 폐렴으로 발전되었다. 그들은 아주 높은 열로 앓고 있었고 의사인 텐 해이브 씨가 곁에서 돌보며 치료를 계속했다. 그는 정신없이 이 아이 저 아이 사이를 오가며 치료했지만 상황은 나아지질 않았다. 나는 비행 중 내가 해야 할 다른 일들을 제쳐놓고 심각한 상태에 놓인 아이들을 위해 산소 호흡기 통의 공기 펌프질을 계속하였다.

텐 해이브 씨가 미국 행 전세 비행기를 처음 탔음에도 많은 병든 아이들로 인해 절망하고 있음을 알 수 있었다. 그는 어린 환자들을 위해 모든 것을 다했지만 나아지지 않았다. 병든 아이들이 갑작스레 늘어나도 그가 절망하지 않고 이 어려움을 극복할 수 있도록 하나님께서 믿음과 용기를 그에게 주실 것을 기도했다. 나는 어떻게든지 그를 돕고 싶었고 텐 해이브 씨에 깊은 동정심을 갖게 되었다. 그리고 그가 맡은 새 업무가 어떤 것이든 하나님께서 도우실 것이라 믿었다. 그가 이 어려운 경험 때문에 그의 일에 흥미를 잃지는 않을까 걱정했다. 의료진 없이 전세 비행기를 여러 차례 타고 다녔지만 이번과 같은 경우는 없었다. 물론 우리는 전에 약하고 병이 든 어린이들을 데려오지는 않았다. 보통 아이들이 건강해질 때까지 센터에 남겨두었다.

이번에는 비행기에 의사와 함께 비행하기 때문에 아이들을 데려온 것이다. 여권과 비자를 가진 아이들은 모두 비행기에 태웠고 건강에 관련된 어떤 상황도 처리 할 수 있다고 생각했으나 상황은 그게 아니었다. 홀트 씨는 나에게 "김 선생, 하나님께서 텐 해이브 씨에게 지금 그가 하고 있는 이 일이 얼마나 어려운 것인지를 보여주고 계십니다. 비행기에 탈 아이들을 조심스럽게 선정하십시오."라고 했다. 텐 해이브 씨가 떠나기 전에 신체검사를 하였기 때문에 나는 그가 이번 비행에는 그에게 이 같은 일이 일어나지 않을 것이라고 확신하였다.

우리는 플라잉 타이거 항공사로부터 12월 29일 슈퍼 컨스텔렝션 비행기를 전세냈다. 그 비행기는 기내 압력 시스템이 없는 KNA(한국항공사)의 DC-4 비행기보다 훨씬 큰 비행기였다. 출국 준비가 끝난 120명의 어린이들 가운데 107명은 비행기 탑승에 전혀 지장 없이 건강한 아이들이었다. 우리는 어떤 경우에라도 약한 어린아이들을 데리고 가지 않고 다음에 데려가기 위해 시설에 남겨두었다. 이번 비행은 지난번과 비교해 볼 때 아주 부드러웠고 전혀 문제가 없었다.

1958년 한 해 동안 우리는 많은 위기 상황을 극복하고 수많은 어려움을 견디어 냈다. 우리는 그 해 600명이 넘는 어린이들을 새 가정에 입양시켰다. 참으로 축복받은 한 해였다.

제18장 펄벅 여사와 차카리언 박사의 방문

1959년 3월 112명의 어린이들이 떠날 수 있었다. 여자 어린이로 알고 입양수속을 마쳤는데 실제로는 남자로 드러나 나는 놀랐다. 호놀룰루 공항에 가던 중 기저귀를 갈아 주면서 알게 되었다. 말리가 "이 아이는 여자가 아니고 남자예요." 나는 지난 3년 전부터 이제껏 1400여 명의 어린이들의 입양 수속을 했으나 단 한 번도 실수한 적이 없었다. 어떻게 이런 실수를 저지를 수 있단 말인가?

말리는 눈물을 그치고 "어떻게 하면 좋죠?"하며 물었다. 이제껏 이처럼 난감한 일을 경험한 적이 없었다. 이민국 관리에게 무어라고 말해야 할까? 갓난아이의 성(性)을 잘못 기입하였다고 솔직히 말하기로 했다.

이민국 직원이 입국 서류를 확인하였다. 깊은 한숨을 들이쉰 뒤 나는 체면을 접고 그에게 내가 저지른 실수에 대해 이야기했다. 우리는 비행 도중에 이 잘못을 알았고 다시는 이런 실수를 하지 않겠다고 했다. 놀랍게도 그는 "오, 실수를 했다고요?"라고 말하더니 얼굴에 엷은 미소를 지었다. 그리곤 곧바로 여성이라는 글자를 지우고 열 가지나 되는 서류 위에 남성이라고 모두 고쳐 적었다. 펜 한 줄로 "girl"에서 "boy"로 바꾼 것이다.

나는 한국 정부의 관리들이라면 이 일을 어떻게 처리했을까 생각했다. 어떻게 해서 이런 실수가 발생되었는지 설명해야 하고 그 실수에 대해 정정서를 제출했어야 할 것이다. 이런 관료주의적인 면모는 정부 각기

각층에 뿌리 깊게 자리 잡고 있어서 아마 며칠 이상을 소요했어야 할 것이다.

이민국 관리들이 서류를 수정하는데 다른 불필요한 서류들을 덧붙이거나 며칠씩 붙잡아두거나 하지 않고 즉각 그 자리에서 서류를 변경할 수 있는 권한을 가지고 있었다. 나는 감사하기도 했지만 이런 효과적인 절차가 부럽기만 했다. 말리와 나는 진실을 말하면 얻게 되는 이익에 대해 귀한 교훈을 얻었다. 이것은 입양 수속 서류를 작성함에 있어 처음이자 마지막 실수였다.

홀트 사역이 계속 알려지면서 녹번동에 있는 우리의 새로운 어린이 보호 시설에 많은 인사들이 찾아왔다. 펄 벅 씨가 일본인 미키 자와다 씨와 함께 홀트 씨를 만나러 왔다. 이 세 사람은 미군 병사로 인해 태어나게 된 혼혈 고아들을 돕는 일에 같은 관심을 갖고 있었다.

펄 벅 씨는 제2차세계대전 후 미군 병사로 인해 태어난 혼혈 어린이들에 대해 여러 차례 글을 쓴 바가 있었다. 미키 자와다 씨는 일본 동경의 남쪽으로 몇 마일 떨어져 있는 "엘리자베스 선더스의 집"을 운영하고 있었는데 그곳에 있는 혼혈 고아들을 해외로 입양하였다. 두 나라는 공통적으로 혼혈 어린이들에 대한 차별이 심한 나라다.

펄 벅 씨와 같은 세계적으로 유명한 작가를 만나 볼 수 있었다는 것은 내게 커다란 영광이었다. 나는 그녀의 여러 작품들을 읽었고 그녀의 소설 '대지(The Good Earth)'를 바탕으로 한 영화를 본 적이 있었다. 그녀와 자와다 씨는 시설을 방문하고 입양을 기다리는 어린이들과 함께 여러 가지 이야기를 나누었다. 그때 약 200여 명의 어린이들이 시설에 있었는데 펄 벅 씨는 홀트 씨의 노력에 대해 깊은 감동을 받은 것 같았다. 그녀가 미국에 돌아가서 리더스 다이제스트라는 책에 "내가 만났던 사람들 중 가장 잊혀지지 않는 사람"이라는 제목으로 기고하였다.

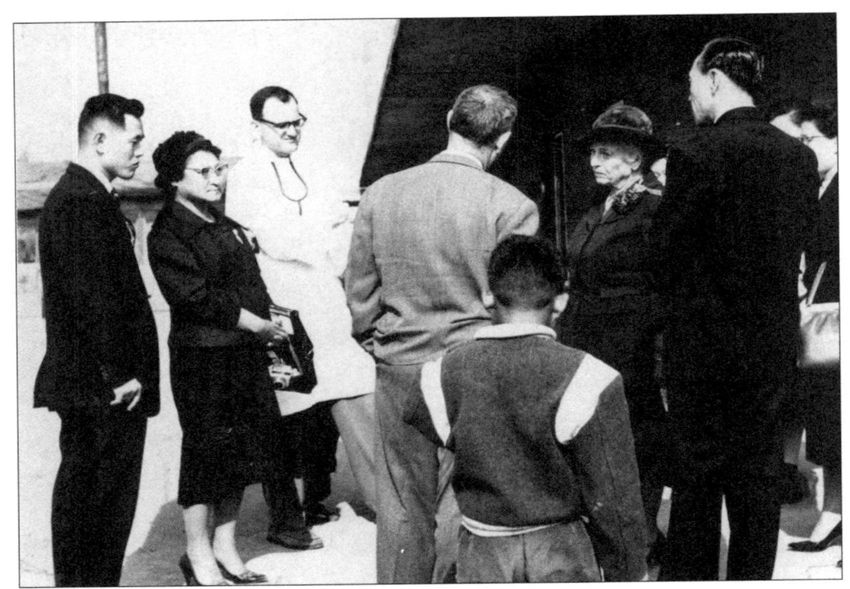

펄 벅 여사의 녹번동 센타 방문

    찰스 차카리안 박사는 이른 여름에 새 시설을 방문하여 홀트 씨를 만났다. 찰스 차카리안 박사는 시카고 맥커믹 신학교 대학원의 사회사업과 교수였으며 뉴욕에 있는 세계기독교사회봉사회의 자문 위원으로도 일하고 있었다. 그는 홀트해외양자회의 사회사업에 관하여 깊은 관심을 가지고 있었으며 홀트해외양자회가 전문적인 사회복지기관으로 발전하기를 바랐다.

    홀트 씨는 매우 보수적이여서 정부의 지원이나 다른 복지 기관으로부터의 도움을 철저히 거절하였다. 홀트 씨의 개인 자금은 이제 거의 바닥이 난 상태였다. 이 사실을 안 차카리언 박사가 새로 지은 시설로 홀트 씨를 찾아와서 기독교세계봉사회가 도울 수 있다고 했다.

    마침내 세계기독교봉사회로부터 식량 지원을 받기로 했는데 그것은 홀트 씨가 다른 기관으로부터 도움 받은 첫 번째 예다. 몇 주 후에 녹번동 새 시설에 옥수수 가루를 가득 실은 트럭들이 도착하였다. 500포대가 되는 많은 양의 옥수수 가루는 우리 어린이들을 얼마 동안 먹여 살릴 수 있었다. 그러나 이 식량들을 받았다는 기쁨은 그리 오래가지 않았다. 홀트 씨는 세계기독교사회봉사회에서 전달한 이 식량은 미국 내에 있는 교회들로부터 기증된 것이라고 생각했다. 그러나 이것은 미국 농무성이 보낸 잉여 농산물이라는 것을 알았다. 그는 차카리언 박사의 제의를 받아들인 것이 큰 실수라고 후회했다.

그렇다면 우리 창고에 이제 막 배달된 500포대의 옥수수 가루는 어떻게 처리해야 하는가? 500포대의 옥수수 가루를 다시 선적하여 보내는 일도 터무니없는 일이었다. 며칠 동안 이리저리 연구하고 기도한 끝에 그는 이 문제를 해결할 방법을 찾았다. 그는 아내에게 뉴욕에 있는 세계교회 봉사회를 접촉해서 500포대의 옥수수 가루의 값을 알아내라고 했다. 그는 현금으로 되갚아 주려고 한 것이다. 홀트 씨 부인은 세계기독교사회봉사회와 곧 접촉하여 500포대 값을 지불함으로 이 문제를 해결했다. 나는 그때 매우 값있는 중요한 것을 배웠다. 홀트 씨는 절실하게 도움이 필요한 200여 명의 어린이들을 돌보아야 하는 급박한 상황임에도 불구하고 확고한 원칙을 갖고 살았다. 그의 용기와 믿음이 나로 하여금 날이 갈수록 그를 존경하게 하였다.

월드 비전 국제본부를 창설하고 회장으로 있는 밥 피어스 씨가 늦은 여름 홀트 씨를 방문하였다. 우리 모두는 홀트 씨와 피어스 박사가 틀림없이 아주 친한 친구일 것이라고 생각했었다. 왜냐하면 홀트 씨 부부가 8명의 한국 고아들을 입양하게 된 것과 홀트 해외양자회를 처음으로 시작하게 된 동기도 월드 비전과 피어스 박사 때문이었기 때문이다.

나는 훗날에 보건사회부의 직원으로부터 피어스 박사가 보건사회부를 방문했을 때 일어난 일을 전해 듣고는 깜짝 놀랐다. 피어스 박사가 그 당시의 보건사회부 손 장관에게 한국에서 월드 비전이 철수해야 하겠다 말했는데 이는 피어스 박사가 제대로 일하지 못하고 있다고 홀트 씨가 비난했기 때문이라는 것이다. 손 장관은 두 사람 사이에 무슨 일이 일어났는지 모르고 또한 상대방을 서로 비난하고 싶지 않았으나 두 사람 사이에서 불안할 수밖에 없었다. 그는 피어스 박사에게 "한국을 떠나시면 안 됩니다. 당신과 월드 비전은 우리를 위하여 훌륭하게 봉사를 하고 있습니다."라고 말했다.

나는 홀트 씨에게 보건사회부 직원이 나에게 한 말을 그대로 전해주었다. 그리고 홀트 씨가 무슨 일로 그를 비난했기에 한국에서 피어스 박사와 월드 비전이 철수까지 하겠다고 위협했는지 물었다. 홀트 씨는 웃으면서 말했다. "그가 그랬소?" 나는 궁금하여 그와 피어스 박사 사이에 어떤 일이 일어났었는지 물었다. 그는 말을 하지 않으려 했으나 조금 있다가 월드 비전은 한국에서 어린이 구호 사업을 하기 위하여 기금을 모으고 있었다. 기부자들은 월드 비전이 전쟁고아들을 돕고 있기 때문에 후원금을 내고 있는 것이다. 그러나 월드 비전이 한국의 고아들을 돕는다고 해서 모은 돈을 선교를 위한 사업 등 다른 것에도 사용해 왔다는 것이다.

홀트 씨는 어떤 목적을 위해 후원금을 모금한 뒤 다른 용도로 그 기금을 사용한다면 이는 후원자를 속이는 일이라고 했다. 만약 월드 비전이 선교를 위한 목적으로 기금을 모으고자 한다면 그 목적에 맞는 기금을 모금했어야 했다. 그리고 한국의 고아들을 돕기 위해 모은 돈은 오직 이 어린이들을 위해서만 사용되어야만 해야 한다고 했다.

피어스 박사가 손 장관을 방문한 숨겨진 이유를 알 수 있었다. 그는 기금이 잘못 사용되었다는 비난으로부터 자신을 보호하기 위하여 그 곳에 간 것이다. 월드 비전은 한국의 고아들의 비참함을 미국 국민들에게 수 없이 보여 주면서 호소하였던 것이다. 미국 국민들은 그것을 따뜻하게 받아들였다.

그 여름의 비행을 마치고 돌아와서 홀트 씨에게 나의 어린 시절부터 꿈인 미국 유학을 포기했다고 말했다. 홀트 씨가 나에게 왜 미국 유학을 가고자 하는지 물었을 때 나는 참으로 당황했다. 그는 나를 정면으로 바라보며 "당신같이 유능한 사람이 왜 대학 교육이 더 필요합니까?"라고 되물었다. 그는 내게 대학 교육이 아무런 유익을 가져다주지 않는다고 생각했다. 그는 이미 나를 내가 필요로 하는 모든 것을 다 갖춘 사람으로 생각한 것이다. 그의 눈에 나는 더 이상의 교육이 필요 없는 완전한 사람으로 보인 것이다.

내가 홀트해외양자회의 매일 매일의 과제를 충실히 수행해 나간 것은 사실이었다. 더 많은 경험도 쌓고 교육도 받고 싶었다. 홀트 씨가 "예수께서 그의 제자들에게 가서 주의 말씀을 전파하라고 했을 때 제자들에게 가서 먼저 신학교 교육을 받으라고 명하시지 않았다"고 했다. 나는 그 말을 듣고 정말 깜짝 놀랐다.

나는 잠시 동안 말을 잇지 못하다가 간신히 입을 열었다. 그러곤 "나는 그들과 같은 믿음을 갖고 있지도 않습니다. 우리는 서로 다른 시대에 살아가고 있으니까요. 나의 아버지와 할아버지는 훌륭한 인격과 능력을 형성하기 위해서는 훌륭한 교육을 받을 필요가 있다고 가르쳐주셨습니다. 그것이 우리 가족의 가훈입니다."라고 말해주었다.

그는 신학교가 어떤 사람들에게는 공동묘지가 되었다고 농담조로 말했다. 굳센 믿음을 가진 훌륭한 기독교인들에게 신학교육은 쓸데없는 것일 수도 있고 어떤 이는 신학 교육을 받은 후 무신론자가 되기도 했다. 그는 내가 미국에서 대학 교육을 받고 나면 내가 혹시 변하여 열정적으로 해야 할 일들을 잊어버릴까 걱정한 것이었다.

나는 가끔 그가 그날 나에게 한 말들을 되새겨 본다. 처음에는 그것이 내가 받아들이기에 어려웠던 점도 있었지만 시간이 갈수록 그를 이해 할 수가 있었고 고마웠다. 그는 강한 기독교 신앙이 어떻게 불가능한 일들을 이겨낼 수 있었는지에 대해 그의 믿음과 경험을 나에게 말해준 것이다. 만약 우리가 하나님의 명령에 복종한다면 우리에게 능치 못할 일이 없다는 것을 말해준 것이다.

제19장 정부 관리들과 기자들의 입양가정 방문

8월에 우리는 97명의 어린이를 태우고 미국으로 갈 비행기를 준비하였다. 이 비행기에는 2명의 한국 관리들 공보실 사진기사, 신문기자, 보사부 직원이 탑승했다. 우리는 한국에서 입양된 어린이들과 양부모들을 찾아다니며 그들이 미국에서 어떻게 새로운 생활에 적응하고 있는지를 알아보기 위해서였다. 많은 한국인들은 여전히 입양 어린이들이 집안에서 종노릇하거나 서커스 단원이 되었다는 등의 의심을 하고 있었다. 그러한 소문들은 미국으로 처음 어린이들이 입양을 위해 출발하였을 때부터 전국적으로 꾸준히 떠돌아 다녔다.

우리는 이 일을 여러 차례 계획했지만 비행기 값을 절약하기 위해 전세 비행기를 이용하기로 했다. 많은 한국의 관리들과 신문 기자들이 공동참관 팀에 합류하고자 했다. 그러나 제한된 예산 때문에 우리는 다만 공무원 두 사람과 신문기자 등 세 사람과 함께 2주 동안 여행하기로 했다.

초기부터 홀트해외양자회와 밀접하게 함께 일해 온 보건사회부의 김학겸 씨와 문화공보부의 사진 기자인 김경석 씨 최동현 씨 세 분이었다. 최 씨는 한국 주재 International News Services의 통신원으로 일하고 있었다. 그는 우리들과 수없이 접촉했기 때문에 우리에 대해 잘 알고 있었고 지난 여러 해 동안 신문에 많이 기고도 했다. 그는 영어에 능통했고 홀트해외양자회와 국제 입양에 대하여 좌우로 기울지 않고 균형 잡힌 견해를 갖고 있었다. 그는 우리들이 미국을 방문하는 주제를 잘 알고 미국을 여러 곳 다녀 본 적이 있었기에 우리 팀에 합류한 것이 아주 다행이었다.

김학겸 씨는 입양된 어린이들이 어떻게 새 가정과 사회에 적응해 나가는지를 관찰하고 평가하는 것이고 사진사인 김 씨는 우리의 활동에 대해 사진 기록을 남기는 것이다. 그리고 최 씨는 시간이 허락하는 대로 뉴스 기사를 보내주는 것이었으나 주요한 기사는 우리의 임무가 끝난 후에 쓰기로 했다. 나는 이 사람들을 안내하고 통역했다.

김 씨는 출발하는 순간의 모습부터 비행하는 중 그들이 에스코트하는 어린이들의 모습들을 사진에 담았다. 그는 한국에서 출발한 어린이들이 미국에 도착하여 입양 부모들의 품에 안기는 모습에 이르기까지의 모든 기록들을 사진으로 남겼다. 이 세 사람들은 그들의 눈앞에 펼쳐진 인생 드라마의 산 증인이 되었다. 포틀랜드 국제공항에 도착한 후 우리는 홀트 씨의 가족들이 사는 곳으로 가서 미국 본부의 활동을 보고 그곳에서 우리의 여정이 시작되었다. 홀트 씨의 큰 딸 완다는 자동차로 우리들을 안내해 주었다. 열흘 동안 우리는 미국 서부의 주요 고속도로를 따라 여러 도시들을 방문하였다. 처음 우리는 포트랜드에 있는 쫀스턴 씨와 클라크 씨 가족들을 방문하였다.

우리는 새크라멘토에서 살고 있는 몇몇 가족과 어린이들을 만나 사진도 찍었다. 그리고 로스앤젤레스로 가서 홀트 입양 가족들을 만났는데 대부분이 흑인 가정으로 한국 흑인 혼혈아동들을 입양한 가정이었다. 우리는 가는 곳곳마다 입양 가족들로부터 따뜻한 환영을 받았다. 참관 팀은 어린이와 부모들에게 많은 것을 물었다.

어떤 어린이들은 그들의 부모 뒤에 숨기도 했고 그들이 태어난 나라에서 온 아저씨들보다 새로운 부모들과 더 강한 동질성을 갖고 있었다. 우리들이 자신들을 한국으로 도로 데려가지나 않을까 하는 염려를 하고 있는 어린이도 있었다.

입양아들의 적응을 알아보기 위하여 미국 가정을 방문했던 한국정부관리들과 신문기자. 좌로부터 김형복, 김학겸 보사부 장관비서관, 최동현 INS 기자, 김경석 공보실 사진기자

새로운 가정과의 동질성을 갖게 된 것은 입양어린이들에게 더없이 좋은 징표라고 설명해 주었다. 그것은 이 어린이들이 행복하고 새 가정에 잘 적응하고 있다는 증거이기 때문이다. 세 사람들과 함께 미국의 입양 가정들을 방문한다는 것은 새로운 경험을 하면서 또한 즐거운 일이었다. 한국에서 입양된 어린이들은 새 가족들과 함께 잘 적응하면서 지내고 있었다.

로스앤젤레스에서부터 우리는 그랜드 캐년의 경관도 보고 그 지역의 여러 가정들을 만나기 위해 아리조나 사막을 통과하였다. 그랜드 캐년의 장엄한 광경은 불평 없이 우리들을 위해 열심히 차를 운전하고 있는 완다를 포함한 우리 모두에게 장관이었다. 네 명의 남자들이 탄 차를 수천 마일씩이나 운전한다는 것은 결코 쉬운 일이 아니었다.

이번 여행은 정말 성공적이었다. 참관 팀은 한국의 입양 어린이들이 새로 입양된 가정과 미국이라는 사회에서 훌륭하게 적응해 나가고 있는 것을 목격하였다. 우리가 여행을 하는 도중 내내 김 씨는 수백 장의 사진을 찍었다. 그리고 최 씨는 우리들이 방문한 가정의 어린이들과 가족들의 모습을 낱낱이 기록했다. 최 씨는 참관 팀이 미국의 여러 가정들을 방문한 것에 대한 여러 개의 기사를 한국에 보냈다.

문화공보부의 김경석 씨가 필름을 현상하여 사진으로 인화해 이 사진들을 전시하기 위하여 준비하였다. 한순정 씨는 미국 대사관 공보과에서 일하고 있는 미술가였다. 한순정 씨는 기꺼이 이 일에 자원하여 자신의 재능과 시간을 쪼개 봉사하여 전시될 사진을 붙이는 일에 함께 일했다.

우리는 사진을 찍은 지역에 따라서 순서대로 정리하여 시청 앞 게시판에 붙였다. 많은 사진들 속에는 한국 어린이들이 미국에 있는 새 부모들과 행복하게 나란히 서 있는 모습들이 담겨 있었다. 사진이 전시되고 있는 동안 많은 사람들이 전시된 사진들을 보았고 어린이들의 얼굴에 남겨진 행복한 모습들을 보고 모두 만족해했다.

홀트 씨와 보건사회부 손 장관은 몇 주 후 전시장을 함께 둘러보았다.

미국 가정을 방문했을 때 찍은 어린이들과 그들의 가정을 찍은 사진들이 서울시청 앞에 전시되어 둘러 보는 홀트 씨와 손창환 보사부 장관

그리고 전시된지 3주쯤 후에 입양된 어린이가 새 가정 식구들과 찍은 사진 두 장이 없어졌다. 우리는 아마도 그 사진의 생모나 친척들이 떼어 갔으리라 생각했다. 전시회 결과는 우리가 예상했던 것 그 이상이었다. 우리는 한국 국민들과 특히 친 부모들이나 친척들이 홀트해외양자회에 부탁했던 이 아이들이 미국 가정에서 어떻게 지내고 있는지를 확인하는 계기가 되었다.

우리에게 맡겨진 어린이들의 대부분은 서울 지역과 부산 이사벨 고아원에서 왔다. 이세벨 고아원은 부산 지역에서 버려진 어린이들을 돌보고 있었는데 자넷황과 그의 남편 황성택 씨가 함께 운영하고 있었다. 그들은 한국에 복음을 전파하고자 선교사로서 일을 시작하여 교회를 세웠다. 고아원 사업은 선교회 근처에 버려진 몇몇 어린아이들을 돌보건서 우연히 시작되었다. 그러나 버려진 아이들의 숫자가 늘어나면서 시설 또한 점점 확장되었다. 부산에서 버려진 아이들의 대부분은 이 고아원으로 들어왔다. 황 씨 부인은 어린이의 숫자가 늘어남에 따라 아이들을 미국 가정에 입양시키는 홀트해외양자회를 알고부터 매우 감사하게 생각했다. 병 때문에 고아원에서 죽어가는 많은 고아들에게 입양은 최선의 길이라고 생각했다.

말리, 바바라와 나는 이 어린이들을 데려오고자 야간열차를 타고 수없이 부산을 오갔다. 열 명 또는 열두 명의 어린이들을 데리고 저녁 일곱 시에 부산을 떠나면 다음날 아침 새벽에 서울역에 도착하였다. 우리는 두 개의 침대 좌석을 구입하여 이 어린아이들을 눕혔다. 그러건 우리는 침대 곁에 서서 기차가 갑자기 서거나 출발할 때 아이들이 떨어지지 않도록 돌보기 위하여 침대에 바짝 붙어 서서 잠도 못자고 밤새 왔다. 여러 해 동안 그들은 홀트해외양자회의 가장 든든한 후원자였다.

우리의 "레드 탑" 왜건도 과로했다. 이 차는 새로운 어린아이들을 지방으로부터 태워오는 유일한 교통수단이었다. 우리는 물건을 실어 나르기 위해 뒤쪽 공간을 이용했다. 50년대의 한국 도로 사정은 아주 열악하여 자동차의 마모가 아주 심각하였다. 홀트 씨는 한국에서 사용하는 저 품질의 휘발유가 자동차의 마모를 가속시킨다고 생각했다.

우리는 또 한대의 차가 절실히 필요했다. 홀트 씨는 독일에서 차를 사기로 결심했다. 그는 독일제 차가 훨씬 잘 만들어졌고 또 열악한 도로와 저 품질의 휘발유에도 잘 견딜 수 있을 것이라고 믿었다. 두 달 후 독일로부터 새 자동차가 부산에 도착되었다.

새로운 차가 도착되었다는 통지를 받고 기뻤지만 한편으로는 걱정도 되었다. 먼저 우리는 정부로부터 수입허가를 받아야 했다. 우리는 한국 자원봉사 기관 협회의 회원이기 때문에 외국에서 수입하는 물품을 면세로 들여올 수 있었다. 보건사회부의 추천서를 받고 재무부 관세국에 면세 신청을 하였는데 허가되기까지 여러 날이 걸렸다. 그들은 우리 자동차의 사용 목적에 해당되는 수입 법규가 없다고 했다.

홀트 씨는 이 차량이 시설에 있는 어린이들을 위해 절실히 필요한데 그 차량이 없으면 시설과 병원을 운영할 수 없다고 했다. 그들 중 한 사람이 우리에게 이 차량이 주로 어떤 목적으로 사용되는 지를 물었다. 홀트 씨는 그것이 어린이들을 나르고 우리 시설 보육 병원에 입원되는 환자 어린이들을 위해 주로 사용할 것이라고 말했다. 그는 다시 "이 차량이 병원에서 구급차로 사용될 수 있나요?"라고 물었다. 홀트 씨는 즉각 대답했다. "네, 그렇습니다. 실제로 우리는 병난 어린이들을 병원으로 옮기기 위해 이 차량을 구급차로 구입 했습니다."

그는 우리에게 자동차의 용도를 병원응급차로 고쳐 쓰고 수입허가를 내주었다. 텐 헤이브 씨와 나는 부산으로 가 다음날 아침 일찍 세관에 서류를 접수시켰다. 오후 늦게 세관의 허가를 받았다.

다음날 아침 일찍 부산을 떠났다. 큰 길에는 마차나 리어카 보행자들이 많이 다니고 있어 운전하기에 아주 위험하였다. 우리는 밀양보다는 경주를 통해 오기로 했는데 그 길이 더 짧아 보였기 때문이다. 텐 헤이브 씨가 교통이 복잡한 부산지역을 벗어나 경주에 도착할 때까지 운전했다. 그 후 나는 패인 길을 피하고자 지그재그로 운전을 하였는데 물이 가득 찬 웅덩이에 앞 쪽 바퀴가 쳐서 좌석에 앉은 우리 두 사람을 심하게 흔들고는 큰 충격을 주었다. 나는 핸들을 꼭 잡고 있었지만 텐 헤이브 박사는 그만 튕겨져 천정에 머리를 부딪쳐 "아이쿠 허리야, 아이쿠 허리야"라고 신음했다. 나는 곧 차를 멈추고 그에게 어떠냐고 물었지만 그는 아픔 때문에 아무 말도 못했다. 나는 계속해서 사과하는 것 외에는 아무 것도 할 수 없었다. 분명히 그는 크게 다쳤는데 내가 어떻게 해야 할까? 그는 계속 신음을 했고 허리가 전과 같지 않다고 말했다. 나는 미안해서 견딜 수가 없었다. 이 30대의 젊은 의사가 우리 병원에 없어서는 안 될 소중한 의사였다. 몇 분 후, 텐 헤이브 박사는 나에게 아주 조심스럽게 운전할 것을 부탁했다. 나는 도로 상태가 좋지 않은 곳에서는 극도로 천천히 운전하기 시작했다. 독일에서 수입한 새 차를 운전한다는 기쁨은 어느새 사라졌다.

우리는 이따금씩 그의 상태가 어떤지를 확인하는 것 외에는 거의 서로 말을 하지 않았다. 그는 신음과 탄식으로 "아이쿠 허리야, 아이쿠 허리야"를 계속했다. 늦게 도착하는 바람에 시설의 모든 사람들이 걱정했다. 특히 텐 헤이브 씨의 부인과 두 어린 아들들이 걱정하면서 아버지의 도착을 기다렸다. 모든 사람들은 텐 헤이브 박사를 보고 몹시 당황했다. 그는 거의 움직일 수가 없어 집까지 부축을 받으며 갔다.

텐 헤이브 박사의 아내는 그를 병원에 입원시키자고 했으나 그는 며칠 쉬면 고통이 멈추어질 것이라고 했다. 텐 헤이브 씨는 그가 도움 없이 혼자서 걸을 때까지 약 한 달가량 병원 침대에 누워있었다. 몇 주 후 우리는 폭스바겐을 구급차로 그 용도에 맞게 다시 설비했다. 차 양면에 녹십자기를 그렸고 산소통도 설치했다. 우리는 재무부 직원들에게 우리가 약속을 지켰다는 것을 알리기 위해 그것을 보여주었다. 텐 헤이브 씨는 완전히 회복되고 다시 일하기 시작했다. 우리는 다음 여러 해 동안 그가 한국의 가족계획 진료실을 시작하여 홀트를 떠나기 전까지 아주 가깝게 일을 했다.

새해는 새로운 어린이 보호 센터를 개원함에 따라 증가한 운영비용을 포함해서 많은 걱정을 가져다주었다. 3월이 되면 홀트 해외양자회가 문을 연지 벌써 5년이 된다.

독일에서 새로 수입한 자동차 "폭스바겐 마이크로 버스"를 보육병원 구급차로 변조해 사용했다

제20장 연장 고아들의 장래를 위하여

홀트 씨는 연장 고아들의 장래에 대해 늘 고민해 왔다. 12살이 안된 어린이들은 미국 가정으로 입양되고 있었고 또 18세 이상이 되면 고아원을 떠나야 했기에 자연히 그의 관심은 13세 이상 18세 미만의 어린이들에게 집중되었다.

소년들이 고아원을 떠나면 그들은 가끔 폭력단의 일원이 되거나 살아가기 위해 소매치기가 되는 경우가 많았다. 소녀들은 가정집의 식모로 또는 술집에서 일하게 되어 성적으로 타락할 수도 있었다. 이 사회에서 성공한 고아들은 그리 많지 않았다. 정부는 이러한 현실을 알그 국제 입양을 지원하였다. 그러나 어떤 사람들은 민족적 긍지와 국가 체면이라는 미명 하에 국제 입양을 반대하였지만 다른 대안을 제시하지는 못했다.

홀트 씨는 "십대를 위한 프로젝트"라는 것을 생각했는데 이것은 16세와 18세 사이의 예비 성인인 원아들에게 직업과 교육을 제공하는데 그 목적이 있었다. 우리 어린이 시설엔 어린이들을 돌보기 위해 많은 간호 보조 인력이 필요했다. 이 예비 성인들을 채용하여 시설에 있는 다른 고용인들과 마찬가지로 대우했다. 우리는 거처와 월급을 지급하였고 일이 끝난 후 학교에도 갈 수 있도록 배려했다.

소년들은 기술자인 이 씨와 목수인 이 장로를 도와 시설 내에 있는 여러 가지 일들을 배우며 도왔다. 어떤 원아들은 이 씨를 도와 특별한 일을 하도록 채용되기도 했다. 우리는 상도동에 있는 남북 고아원과 영락 보

고아원에서 데려온 연장 고아들과 보모들

린원 등 고아원들을 방문하여 25명의 예비 성인들을 모집했는데 여자가 20명 남자가 5명이었다.

25명의 예비 성인들을 위하여 집을 지어야 하는 비용과 학교 수업료와 기타 경비가 필요했다. 보호 시설의 사감이었던 이 씨는 학교에 가고 싶어 하는 사람들을 위해 업무 시간표를 짰고 매일 8 시간씩 일했고 하루 쉬었다. 이 양은 업무 시간 중에만 그들을 지도했고 업무가 끝난 후 비게 되는 시간은 기숙사 사감이 이를 맡았다.

그때까지 미혼이었던 나는 소녀들에게 특별히 필요한 것이 무엇인지를 잘 알지 못했다. 더구나 나는 입양에 관한 일에 매달려 하루의 대부분을 사무실 밖에서 지냈다. 기술자 이 씨가 5명의 소년들을 감독하며 돌보기로 했다.

사감선생으로 곽 씨라고 하는 독신녀를 채용했다. 그는 20명의 소녀들을 돌보는 책임을 능숙하게 잘 해냈다. 곽 씨는 어머니의 역할을 잘 감당해 주었고 나는 아버지의 역할을 담당했다. 나는 그들이 기숙사에서나 일할 때 문제가 생기면 이들을 훈육하였다. 그들이 알아 듣도록 타이르거나 또는 경고하거나 부드럽게 설득하곤 했다. 그러나 모든 문제들이 해결되지는 않았다.

어느 날 아침 평상적인 아침 회의 때 아침마다 제공되는 오트밀 식사에 대해 불평을 하였다. 그들은 매일 아침 죽을 먹고는 배가 금방 고파져서 일을 할 수가 없다고 했다. 그들은 하루 세끼를 김치와 국과 밥을 큰 그릇으로 하나 가득 먹는데 익숙해 있었다. 나는 그들에게 오트밀과 빵은 미국에서 일반적으로 먹는 아침 식사라는 것을 설명해 주었다. 내가 무어라 설명해도 오트밀은 그들에게 "죽" 일 뿐이었다. 이러한 갈등은 한국과 미국의 문화, 음식 습관이 다른 데서 온 갈등이었다.

홀트 씨와 이 문제를 의논하였지만 그는 왜 그들이 오트밀을 싫어하는지를 이해하지 못했다. 그는 "오트밀은 건강식이다. 그것은 우리 모두를 위해서 좋은 것이다"라고 계속 말했다. 나는 그에게 죽에 대한 문화적 배경을 설명해 주었는데 죽은 쌀이나 보리도 먹지 못하는 가난한 사람들이나 먹는 부끄러운 음식임을 설명해 주었다. 십대들은 매일 식사로 한 그릇의 쌀밥을 먹는 일에 익숙하기 때문에 미국에서는 그것이 별로 상관없겠지만 한국 사람들은 오트밀로 아침 식사를 하면 쉽게 배고픔을 느낀다고 했다. 결국 홀트 씨는 이 문제를 이해하고 메뉴를 바꾸기로 했다.

모든 사람들은 소녀들이 이 프로젝트에 참가하게 되어서 감사하여 다른 사람들보다 더 열심히 일할 것이라고 믿었다. 그러나 현실은 전혀 달랐다. 그들은 전형적으로 재미를 추구하는 십대들이었다. 그들은 새로운 직업을 갖고 또한 학업의 기회를 얻게 되었으며 돈을 저축할 수 있는 기회가 주어진 것에 대해 감사가 전혀 없었다.

정규직 직원들이 그들처럼 일했다면 아마 벌써 해고되었을 것이지만 우리는 그들이 가족이라는 생각에 그럴 수가 없었다. 우리에게는 그들을 이해하고 도와주는 것 외에는 아무것도 할 수 없었다. 나는 타이르기도 하고 때로는 전에 있던 고아원으로 다시 보내겠다고 경고도 하였지만 별 효과가 없었다.

고아원에서 자란 아이들은 이 세상이 그들에게 무언가를 제공해야 할 의무가 있다고 생각한다. 이러한 어려움에도 불구하고 우리는 계속해서 우리의 이해를 넓혀갔고 그 프로그램이 성공할 수 있도록 여러 가지 방법을 모색했다.

어느 날 밤 홀트 씨는 예비 성인들이 기도하면서 엉엉 우는 것을 보고 깜짝 놀랐다. 사감이었던 곽 씨 부인은 홀트 씨가 너무나 걱정하는 바람에 그를 안심시킬 수가 없어 나에게 달려와 상황을 설명해 달라고 요청했다. 나는 홀트 씨에게 이 젊은이들이 감성적이라 기도할 때 때로는 울기도 한다고 설명했다. 그는 그와 같은 장면을 보지 못했고 한국의 젊은 소녀들이 이처럼 우는 것을 전혀 이해하지 못했다. 그는 그 눈물이 어떤 정서적 장애로 생긴 일이기 때문에 도움이 필요한 게 아니냐고 했다.

이제 우리가 "십대 프로젝트"와 우리의 국제 입양 사역을 함께 병행하는데 어려움이 있음을 알게 되었다. 우리는 사전 지식이나 충분한 계획 없이 서둘러 이 사업을 시작했던 것이다. 한두 해 안에 고아원을 떠나야만 하는 이 아이들에게 이 사업은 좋은 프로그램이다. 새 보호 시설에서 일할 보육사가 좀 더 필요했다. 우리는 정규 직원들보다는 이 젊은이들이 자신들도 똑 같은 고아들이었기에 더 잘 해 줄 것이라고 기대했다. 그러나 우리의 기대는 잘못된 것이었다.

이 프로그램을 나이가 든 고아들의 복지를 위해 시작했고 이 같은 어려움이 있을 것이라고는 생각하지도 못했다. 이 소녀들을 해고하지 못하기 때문에 시설에서 일하고 있는 다른 정규직 직원들의 사기를 저하시키

틴에이저 프로그램에 참여한 연장 고아들의 고등학교 졸업기념

게 되었다. 수간호사인 이 씨는 나에게 이 소녀들을 다룰 수가 없다고 계속 불평했다.

우리는 소녀들에게 합당한 카운셀링을 실시함으로 이 어려움을 차츰 극복해 나갔다. 나의 가장 큰 기쁨은 이 소녀들이 오후에 교복을 입고 학교에 가는 것을 보는 것이다. 이들의 미래에 희망이 바로 여기에 있기에 많은 어려움에도 불구하고 계속해서 일할 힘을 공급받는 것이다. 결국 이 십대 프로젝트는 커다란 성공을 거두었다. 이 소녀들 중 몇몇은 정부에서 운영하는 훈련센터의 특별과정을 이수한 후 좋은 일자리를 얻었다. 그들 중 대부분은 고등학교를 졸업하였고 대학에 진학하기도 했다.

제21장 4.19 혁명과 형무소 방문

1960년의 봄은 3월에 있을 대통령선거로 정치적인 행사가 줄을 이었다. 이승만 박사가 다시 대통령 후보로 나섰지만 반대도 엄청났다. 야당의 슬로건은 "못살겠다. 갈아보자" 였다. 대부분의 한국인들은 그가 한국의 독립을 위해 오랫동안 투쟁을 벌여온 것에 대해 감사하게 생각했다. 그는 새로 제정된 1948년 민주 헌법에 따라 시작된 대한민국 새 정부의 대통령이 되었다.

그러나 국회의원들은 두 번의 임기를 끝낸 그에게 3선의 길을 터주기 위해 불법으로 개헌을 하였다. 이 박사는 자신을 전쟁 후 혼란에 빠진 이 나라를 구해내는 데 가장 적임자라고 생각했다. 경제 상황은 점점 쇠퇴해져 가고 이로 인해 실업률은 높고 생활은 점점 더 어렵게 되었다. 매년 사람들은 식량부족으로 고통을 받았다. 새 곡식이 나기 전 봄이 끝나갈 무렵이면 일 년 중 가장 힘든 시절인 "보리 고개"를 겪어야만 했다.

서울에 있는 대학교와 고등학교의 많은 학생들이 데모에 가담함에 따라 사회혼란은 점점 더 심화 되었다. 이것은 결국 이 승만 정권의 몰락을 가져왔고 그는 강제로 퇴진하게 되었다. 대부분의 공무가 마비되었고 홀트 사업에도 어려움을 가져왔다. 정부 청사 앞에 데모대가 포진하고 있어 입양 수속을 진행시킬 수가 없었다.

1959년 4월 19일 이 승만 정권이 물러갔지만 그 후에는 더 많은 데모가 일어났다. 일반 대중들은 변화에 대해 어느 정도 양면적인 입장을 취했다. 어떤 이들은 옛날의 비효율적인 독재 정치를 축출함으로 위안을 받았으나 반면에 어떤 이들은 새 정부의 효능성에 대해 회의적이었다.

보건사회부 장관의 비서였던 김 씨로부터 손창환 박사가 이승만 정권이 몰락하자 곧 구속되었다고 전해 들었다. 그는 이승만 정부의 다른 각료들과 마찬가지로 부정 선거에 연루된 것이다. 나는 여러 날 동안 옥에 갇혀 있는 손 박사를 찾아가는 것이 우리의 도리라고 믿었다. 나 혼자 가면 그를 만나볼 수 없을 것 같아 홀트 씨와 동행하기로 하고, 손 장관 부인도 함께 방문하기로 했다. 그 분은 나의 제의에 깜짝 놀라면서 "저도 물론 만나보고 싶습니다만 허락해 줄까요? 그리고 면회할 수 있을 것 같나요?"하며 물었다. 그의 가족은 그를 면회하려고 여러 차례 노력했지만 헛수고였다.

나는 홀트 씨가 개인적으로 면회를 신청하면 교정 당국이 이를 거절하지 않을 것이라고 말했다. 이 모험이 성공할 것이라는 확실한 보증은 없었으나 교정 당국이 홀트 씨의 요청을 허락할 것이라고 깊게 믿고 있었다.

우리는 구치소에 들어가 책임자를 만나게 해달라고 요청했다. 전 정권의 통치하에서 선거 부정으로 투옥된 사람에게 면회를 허락해 달라는 것은 어쩌면 무모한 일이었다. 관리 중 한 사람이 책임자는 출타 중이라고 했다. 나는 그에게 손 장관이 홀트해외양자회를 많이 도와주었기 때문에 홀트 씨가 손 장관을 예방하고 싶다고 말했다. 나는 관리에게 홀트 씨를 소개했다. "홀트 씨는 한국의 고아들을 위해 많은 일을 했습니다. 그런데 손 장관이 많이 도와주었죠. 홀트 씨는 손 장관이 구치소에 갇혀 있다는 소식을 듣자 어려운 처지에 놓인 그를 만나겠다고 달려 온 의리 있는 사람입니다." 이 말을 들은 그 관리는 홀트 씨가 그것도 외국 사람인 그가 다른 한국인들은 오히려 관계를 끊으려고 하는데 구치소로 면회 왔다는 점에 깊은 감명을 받은 듯 했다. 또한 그는 뉴스 미디어를 통해 홀트 씨를 알고 있었고 구치소에서 그를 만나 볼 수 있어서 기쁘다고 했다.

그는 우리에게 기다리라고 했다. 나는 성공을 의심하지 않았다. 하나님께서 우리의 기도를 들어 주심에 감사했지만 그 관리가 돌아올 때까지 계속하여 기도했다. 그는 나에게 함께 있는 한국 여인이 누구냐고 물었다. 내가 그녀가 손 장관의 부인이라고 하자 그는 깜짝 놀라며 사전 승인 없이 손 장관을 만나는 것은 교정 규칙 위반이라고 했다. 홀트 씨는 나에게 무슨 일이 생겼는지를 물었다. 나는 그에게 손 장관 부인 때문에 문제가 생겼다고 했다. 홀트 씨는 그 관리에게 손 장관 부인이 그녀의 남편을 만나는 것은 아주 짧은 시간이며 따라서 문제가 없을 것이라고 했다.

그 관리는 내켜하지 않으면서 다른 방으로 안내했다. 교도관이 그곳에서 우리를 기다리게 하고 손 박사가 잠시 후에 나왔다. 그는 아내와 홀트 씨 그리고 내가 면회 온 것을 보고 매우 놀랐다. 나는 그에게 가서 그의 예기치 못한 수감에 대해 유감스럽다고 말했다. 그가 아내를 만나 볼 수 있도록 함께 방문하였다고 말했다. 눈물이 그의 뺨을 적셨고 그는 계속해서 "고맙습니다, 내 아내를 데리고 와 주셔서 정말 고맙습니다."라고 말했다. 그녀 역시 울기 시작했다.

홀트 씨는 간단한 위로의 말을 전하고 손 장관 부부가 서로 만나도록 더 많은 시간을 할애해 드렸다. 그들은 구석에서 조용히 이야기를 나누었다. 홀트 씨와 나는 다른 코너에서 기다렸다. 귀중한 시간이 금방 지나갔지만 그 두 사람은 교도관이 와서 손 박사를 데리고 나갈 때까지 거의 한 시간 동안 이야기를 나누었다. 그것이 그를 본 마지막이었다. 우리는 허무하다는 느낌을 받았다. 이 세상에는 확실한 것이 없다.

특히 인간의 운명은 더욱 그러했다. 불과 몇 주 전만 해도 그는 장관으로 전국의 수많은 고아들을 위해 정책을 추진해 나갔던 분이었고 수개월 전에는 홀트 씨 옷깃에 공익포장 메달을 달아주던 그였다. 그러나 이제 그는 부정 선거혐의로 영어의 몸이 되었다. 손 박사는 강력하기 선거 개입을 부정했고 나도 그가 죄가 없을 것이라고 확신했다. 그에기 죄가 있다면 4.19 혁명 당시 이승만 내각의 각료로 있었다는 것 뿐이다

우리는 구치소의 관리에게 위험을 무릅쓰고 손 박사를 만나게 해 준 것에 대해 깊은 감사를 표했다. 면회를 마치고 차로 돌아가는 길에 우리는 하나님께 감사드리고 손 박사의 빠른 석방과 수감 생활 중에 건강하게 지켜 주실 것을 기도했다. 손 박사의 부인은 우리에게 계속 감사하다고 하면서 남편을 볼 수 있었던 것은 정말 기적 같은 일이었다고 했다. 그녀는 손 박사가 감옥에서 풀려 나올 때까지 만나 볼 수 없을 것이라고 생각했다. 사실 그녀가 남편 바로 곁에서 자유롭게 이야기를 나눌 수 있었던 것은 참으로 놀라운 일이었다.

우리는 소요가 계속되는 동안 서울 구치소에서 정치범을 면회한 외국인은 홀트 씨가 처음이요 마지막이었다는 것을 나중에 알았다.

제22장 연례 야유회

　　홀트 씨 가족은 오레곤에서 홀트해외양자회를 통해 입양한 가정들을 초대하여 서로 간에 친숙해지고 또 서로 만날 수 있는 기회를 마련하고자 연례 야유회를 개최해왔다. 그 첫 번째 모임 때에 우리 전세 비행기가 미국에 다시 가게 되어 참석할 수 있었다.

　　야유회는 미국에 있는 입양 어린이들과 입양 부모들에게 아주 특별한 행사였다. 이 야유회는 미국 내 서로 다른 곳에 있는 여러 입양아들이 함께 만날 수 있는 좋은 기회가 되었다. 입양 어린이들은 그들의 새로운 집과 지역사회에 적응해 가면서 얻은 경험들을 함께 나눌 수 있었다.

　　미국 각처에서 입양 가족들이 모여들었다. 어떤 가족들은 차로 며칠 동안 걸려 찾아왔다. 먼 곳에 사는 어린이들에게 이 야유회는 한국에서 입양된 다른 어린이들을 만날 수 있는 유일한 기회였다. 나는 미국으로 호송하며 왔던 어린이들을 만날 수 있어서 정말 기뻤다.

　　한국의 보호 시설에서 함께 살아왔던 일들이며 전세 비행기에서 함께 여행했던 일들이 아직도 눈에 생생했다. 그러나 입양된 지 일 년이나 여러 달이 지난 어린이들을 일일이 알아 볼 수 없을 정도로 많이 변해 있었다. 그 아이들은 나와 함께 보호 시설에서 매일매일 가깝게 지내왔기에 내 마음에 깊이 자리 잡고 있었다. 어린이들은 달려 나와 기쁨으로 내 품에 안겼다. 그들을 다시 볼 수 있었다는 것은 가장 값진 일이었고 고아들을 위해 헌신하겠다는 나의 신념을 새롭게 해주었다. 어린이들은 노래를

연례 야유회에 모인 양부모들과 어린이들, 홀트씨 집 정원에서

부르거나 악기를 연주하거나 동시를 읊조리며 그들의 재능을 마음껏 뽐냈다. 이 어린이들은 잔디밭에 모여 있는 수백 명의 사람들 앞에서 자신의 재능을 보여주는 일을 자랑스럽게 생각했다.

입양 가족들은 아침 열 시부터 모여들기 시작했고 정오에 점심식사를 했으며 그 행사는 오후 5시까지 계속되었다. 아무도 피곤해 하거나 행사가 끝날 때까지 자리를 뜰 생각을 하지 않았다. 어떤 가족들은 캠프장에서 같이 밤을 지냈고 며칠을 더 묵는 가정도 있었다. 이 연례행사는 그 후 50여 년이 지난 오늘날까지도 매해 계속되고 있다. 90년대부터는 오레곤에서 살고 있는 교포단체나 한국 교회들이 밥, 김치, 잡채, 불고기 등을 점심으로 제공하면서 자원봉사를 하고 있다.

제23장 죠지뮬러 목사의 경험

　　홀트 씨가 믿음으로 살아온 긴 여로 중에 제일 좋아하는 이야기는 영국의 목사요 고아원을 운영하던 죠지 뮬러에 관한 이야기다. 그는 뮬러 목사의 용기와 힘, 인내 그리고 무엇보다도 하나님을 믿는 믿음을 높이 평가하였다.

　　홀트 씨의 개인 재산은 급격히 고갈되었다. 그는 그의 날카로운 기업적 통찰력을 발휘하여 홀트해외양자회를 만들어 스스로 운영할 수 있도록 했다. 그는 그것이 하나님의 계획이어서 다른 후원을 필요로 하지 않는다고 생각했다. 죠지 뮬러 목사는 그의 자서전에서 "하나님 한 분만이 우리의 후원자이시다. 만약 그가 우리를 돕고 계신다면 우리는 번영할 것이고 우리가 그분의 편에 서지 않는다면 우리는 성공할 수 없을 것이다."라고 밝히고 있었다. 그는 마치 뮬러 목사가 그러했듯이 오직 전적으로 하나님만 의지했다.

　　병원과 진료실을 운영하기 위해서는 막대한 자금이 필요했다. 나는 매일매일 죽어가는 어린 생명들을 살리기 위해 우리가 절실히 필요로 하는 인큐베이터와 산소 호흡기를 병원에 설치해야 하는 것을 어떻게 믿음으로 해결할 수 있을까 하는 생각이 들었다. 인큐베이터와 산소 호흡기는 미국에서 구입하여 전세 비행기가 돌아오는 편에 싣고 온 아주 비싼 의료장비였다. 수백 명의 어린아이들을 먹이고 입히고 재운다는 일은 그 당시로는 커다란 과제일 수밖에 없었다. 어쩌면 홀트 씨는 죠지 뮬러 목사보다 더 어렵고 힘든 일을 해냈다.

　시설로 들어오는 어린이들의 대부분이 건강 상태가 아주 열악한 갓난 아이들로 응급 치료와 입원이 필수적이었다. 이 아이들은 먹지 못했기 때문에 투약이나 병원 치료를 하지 않으면 생명을 보장할 수 없을 만큼 극도로 쇠약했다.

　수백 명의 고아들을 오직 믿음과 하나님만을 의지하며 보살폈던 죠지 뮬러가 걸어 갔던 믿음의 길은 나의 믿음에 큰 도전이 되었다. 기도에 대한 그의 응답은 나에게 힘과 믿음을 공급해 주셨다.

　홀트 씨와 죠지 뮬러의 신앙에는 서로 다른 시대와 환경 속에 살았지만 공통점이 있었다. 그들은 모두 하나님의 신실한 종으로 고아원에 있는 고아들을 보호하기 위해 흔들리지 않고 썩지 않는 유산을 남겼다.

　훌륭한 사업가이기도한 홀트 씨는 한국에서 홀트해외양자회가 재정적으로 자생하도록 지원하는 여러 가지 사업 활동에 대해 생각하였다. 심장병으로 고통 받았던 그는 때때로 침대에 누워 휴식을 취하여야 했는데 수많은 새 아이디어들이 이때 떠올랐고 중요한 결정들이 이때 형성되었다. 그는 언제나 이 지구 위에 있는 모든 것이 주님의 것이니 우리들에게 부족할 것이 없고 흡족히 공급해 주실 것이라고 내게 확신시켰다.

제24장 삼륜차의 모험

홀트 씨는 한국 경제에 도움이 될 수 있는 어떤 제품을 생산하는 기업과 그것을 할 수 있는 가능성에 대해 깊이 생각했다. 그것은 2기통 엔진을 갖춘 삼륜차를 생산하는 것이었다. 그는 즉시 그의 꿈을 실현하기로 했다. 소형차는 한국 사람들의 운송 도구로 비싸지 않은 가격으로 공급할 수 있기 때문이었다. 게다가 한국에서는 휘발유가 전혀 생산되지 않아 연료를 효율적으로 쓴다는 것은 절대적이었다. 그가 생각했던 차는 생산하기가 쉽고 값이 싸고 운전하기와 유지하는데 수월하였다.

그것은 아주 훌륭한 생각이었고 이 나라에 큰 이득을 가져올 것으로 보였다. 그는 오레곤에 있는 그의 목재 공장에서 업계 최초로 증기 엔진 톱을 개발했었다. 삼륜차는 아주 뛰어난 생각이었지만 변변한 설비 시설이나 충분한 도구가 없는 상황에서는 실행에 옮기기가 매우 어려웠다. 그와 같은 차를 생산한다는 것은 전후 한국의 사정을 비추어 볼 때 내 생각을 뛰어 넘는 커다란 사업임에 틀림없었다.

홀트 씨는 그가 제안한 기업이 전국에 있는 고아원의 나이 많은 아이들에게 훌륭한 일자리를 제공해 줄 수 있을 것이라고 했다. 우리 시설에서 실시한 '10대 프로젝트'를 되돌아보았다. 깊은 생각과 계획 없이 시작해서 얼마나 많은 어려움을 겪었던가? 내가 예측할 수 있는 것은 새로운 사업이 내게서 많은 시간을 뺏고 내가 해야 할 다른 일들을 게을리 할 수밖에 없다는 것이다. 나는 그것이 두려웠다.

어떻게 하면 홀트 씨가 납득할만한 방법으로 나의 솔직한 생각을 전해줄 수 있을까? 일단 반대하면 홀트 씨는 본능적으로 강하게 밀고 나가 그것이 가능한 것이라는 것을 보여주려고 하는 성격이다. 전형적인 자수성가 형(型)인 그는 "아니오"라는 대답을 용납하지 않는다.

홀트 씨는 내가 그의 새 아이디어에 대해 열정적으로 달려들어 지원하거나 또는 그의 의견에 동의하지 않는다는 것을 직감적으로 알았다. 그는 언제나 나의 판단을 존중하였고 마지막 결정을 할 때면 꼭 나에게 의견을 물었다. 과거에 성공했던 모든 일들은 서로 동의하고 협조한 결과로 얻은 것들이었다.

삼륜차 사업을 위해 소년들을 지도하고자 미국 캘리포니아에서 빌리 브레이 씨가 자원하여 왔다. 그는 몇 년 전 시설에서 어린이들을 돌보던 루아 브레이 부인의 아들이었다. 우리는 잭 리 씨에게 브레이 씨와 아이들이 함께 일하도록 했다.

우리는 자동차의 겉 부분에 쓰일 섬유 유리와 아교 등을 미국에 주문하였다. 이 사업은 상당한 열정을 가지고 출발하였지만 곧 어려움에 부딪치게 되었다. 잭과 빌은 경험이 부족할 뿐만 아니라 창의력도 없었다. 그들은 결국 차의 겉 부분의 주물을 완성했지만 적합하지 못했다. 그 후 그것을 반복해 시도했지만 결과는 절망적이었다. 자동차 사업은 그 후 몇 달 동안 이어졌으나 결국 실패로 끝나게 되었다. 만약 홀트 씨가 다른 사업을 하지 않고 오직 이 사업에만 치중했더라면 틀림없이 성공할 수 있었을 텐데 그의 좋은 아이디어가 결실을 맺지 못하여 안타까웠다.

몇 년 후, 펜실바니아 주립대학에서 기계 공학 박사학위를 받은 내 친구 이해 박사가 삼륜차 사업에 관하여 물어왔다. 나는 그에게 우리가 겪은 여러 가지 어려웠던 일들을 이야기해 주었다. 그는 아주 냉담하면서 그것은 참 좋은 아이디어였는데 실패하여 참으로 아쉽다고 했다. 그 차는 간편한 운송수단의 뛰어난 형태였을 뿐만 아니라 운전하기 쉽고 유지하기도 쉬웠다. 단지 시기가 문제였다.

그 사업이 끝나 다시 내 본연의 임무에 몰입할 수 있었으나 세 명의 십대 소년들의 꿈이 무참히 무너진 것은 안타까운 일이었다. 이 사업은 홀트해외양자회를 지원하기 위해 수익 사업으로 시도한 마지막 일이었다. 잭 리 씨는 홀트에 계속 남아 수리공으로 일했고 빌은 홀트를 떠났다. 두 명의 자원 봉사 간호사는 계약이 만료되어 미국과 캐나다로 각각 돌아갔다. 뉴저지 출신의 20대 중반의 프란 데마레스크 라는 젊은 간호사가 새로 부임해 왔다. 우리 시설에는 늘 병든 갓난아기들이 수없이 많기에 훌륭한 간호사가 온 것은 매우 기쁜 일이었다.

프란은 매우 친절한 마음씨를 가지고 있었고 또한 동정심이 깊은 사람이라 대부분의 한국 직원들이 그녀를 무척 좋아했다. 우리 모두는 그녀가 오랫동안 머물러 주기를 원했지만 그녀의 운명은 다른 길을 선택했다. 그녀는 여름방학 동안 한국에 자원봉사하기 위해 시설에 온 위스컨신 출신 젊은 예비 의학도 몬로 울라드 씨를 만났다. 그녀는 겨우 일 년을 근무했고 미국에 돌아가 곧 몬로 울라드 씨와 결혼하였다.

울라드 씨 부모가 한국에서 두 명의 여자아이를 입양했기 때문에 우리를 잘 알고 있었다. 몬로는 그때 전문적인 기술은 없고 폭스바겐을 운전하거나 보호 시설의 잡일을 거들었다. 70년도 후반에 이들 부부는 유진으로 이사와서 몬로는 사회 복지사로 우리 사무실에서 여러 해 동안 일했다. 그들은 또한 어린이 두 명을 입양하여 자랑스러운 홀트 입양가정이 되었다.

제25장 나의 반려자

　나는 대학을 마쳤고 어머니는 이제 결혼하기를 원했다. 지금까지는 결혼을 피할 좋은 구실이 있었지만 이제는 나의 책임과 의무를 다할 때가 온 것이다. 아버지께서 시무하시던 교회의 석선진 장로의 소개로 아내를 만났다. 그녀는 이화여자대학교를 졸업하고 중학교에서 영어 교사로 일하고 있었다.

　나는 우리의 관계가 깊어지기 전에 앞으로 내가 해야 할 일들을 말해주고 특히 맏아들이어서 결혼하면 가족과 함께 살아야 한다고 했다. 남기는 잠시 생각하더니 결혼에 있어서 가장 중요한 것은 두 사람 사이의 사랑과 신뢰의 관계를 쌓아가는 것이라고 했다.

　그녀는 하나님이 내게 주신 선물임을 곧 깨달았다. 하나님께 이 땅에 사는 마지막 날까지 그녀를 사랑하는 남편으로 남겠다고 약속했다. 몇 달 후 우리는 남기가 다니던 교회의 강신명 목사님 주례로 약혼식을 올렸다.

　10월 말에 나는 포트랜드에서 한국에 돌아오기 전 며칠 동안 홀트 씨의 집에 있으면서 그녀가 준 쇼핑 품목 중의 하나인 웨딩 드레스를 샀다. 미국에서는 보통 신랑이 결혼식 날까지 신부의 웨딩드

나의 반려자

레스를 보지 않지만 한국에서는 그렇지 않다고 했다.

크레스웰 사무실의 버라 맥컬럼이 나를 도와 드레스를 샀는데 그것이 남기에게 완벽하게 맞아 무척 기뻐하였다.

1960년 11월 19일, 아름다운 가을 날 그녀가 다니던 새문안교회에서 행복한 결혼식을 올렸다. 많은 하객들이 참석하여 기쁨을 함께 나눴다.

우리는 부산 해운대와 경주로 신혼여행을 떠났다. 산에는 여전히 가을 정취가 넘쳐났고 떨어진 낙엽들은 땅 위에 모자이크 그림을 만들어냈다. 내가 보았던 것 중 가장 아름다운 한 폭의 수채화였다.

제26장 두 번째 신혼여행

　우리는 며칠 후 집으로 돌아와서 1월 중순 경에 잡혀 있는 다음 번 전세 비행기를 준비하였다. 이번 전세 날짜는 우리가 미국으로 신혼여행을 다시 가는데 가장 적당한 시기였다. 우리가 약혼한 이후 미국으로 남기와 함께 여행가는 것을 꿈꾸어왔다. 내가 이 계획을 말해주자 그녀는 매우 기뻐했다. 당시 한국에서 미국으로 신혼여행을 간다는 것은 매우 어려운 일이었다. 설령 교통편이 마련됐다 해도 여권이나 비자를 얻는 것은 극히 어려운 일이었다.

　그런데 마음에 한 가지 걸리는 게 있었다. 그녀가 비행기 안에서 어린이들을 돌보며 호송인으로 가야 한다는 것이다. 겨울이라 우리는 훨씬 긴 남쪽 항로를 택해야 했다. 그녀에게 어려움을 미리 경고했지만 나의 경고를 귀담아 듣지 않았다. 그녀는 오직 환상적인 미국 여행을 가는 기쁨에 푹 빠져 있었다. 또한 이것은 내가 지난 몇 년 동안 헌신해 온 일을 그녀에게 소개시킬 수 있는 좋은 기회였다. 나의 친구들은 때때로 미국으로 여행가는 일을 많이 부러워했다. 그러나 아무도 그 화려함 뒤에 있는 어려움을 상상조차 못하고 실제 상황을 아는 사람은 전혀 없었다.

　백여 명의 어린이들이 비행기에 탈 예정이었고 어린이 열 명당 한 명의 호송인이 돌보는 책임을 맡기로 했다. 우리는 책임 맡은 갓난아기들을 돌보아야 했기 때문에 전혀 같이 즐길 기회가 없었다. 남기는 한국을 떠난 지 24시간이 지나 하와이 호노룰루 공항에 도착하자 매우 지쳐 있었다. 그러나 처음으로 따뜻한 열대의 바람이 그녀의 두 뺨을 스치고 지나갔고 열대 과일의 냄새와 많은 환상적인 이국의 정취와 꽃들은 마치 우리 둘이 낙원에 온 것 같이 느껴지게 했다. 그녀는 상기되어 피로와 갓난 애기들이 토해낸 것과 배설물로 인해 생긴 냄새 속에 젖어있던 일들을 깨끗이 잊어버린 듯했다.

짧은 시간동안 우리가 즐긴 휴식은 값있는 것이었지만 우리는 곧 다시 어린이들을 태우고 마지막 목적지인 포트랜드로 향해 여덟 시간을 더 비행해야 했다. 우리가 포트랜드에 도착하자 남기는 갓난아이들과 어린이들이 새로운 입양 부모들을 만나는 장면을 목격하였다. 입양 어린이들을 맞이하고자 달려 나오는 부모들로부터 넘쳐나는 사랑이 남기의 마음에 감동을 주어 그녀는 그만 울고 말았다. 그녀는 내 곁에 서서 연신 눈물을 흘렸고 그녀는 감정을 억제하려고 내 손을 꼬옥 잡았다.

두 명의 어린이가 우리와 같이 펜실바니아의 핏츠버그까지 가야 했다. 가는 길에 약 한 시간동안 시카고에 잠시 내린 다음 다시 한 시간을 더 날아가 마침내 핏츠버그에 도착하였다. 오랜 시간이 걸렸지만 전세 비행기보다는 상용 비행기로 갔기 때문에 편했다.

우리가 핏츠버그에 도착했을 때에는 늦은 밤이었지만 입양 부모는 한국에서 온 그들의 입양 어린이들을 애타게 기다리고 있었다. 두 어린이들은 오랜 여행으로 피곤해 입양 부모를 만났을 때에는 거의 무표정이었다. 이 어린이들을 입양한 가족이 우리를 초대하여 그 집에서 밤을 지내게 되었다. 우리는 샤워를 한 뒤 곧장 잠이 들어 다음날 오후에야 일어났다. 우리는 급히 늦은 아침을 먹고 입양 부모와 지난 40여 시간동안 같이 온 어린 소녀에게 작별 인사를 하였다. 남기는 어린이들에게 정이 들어 그녀의 눈에는 눈물이 흥건했다.

뉴욕은 미국의 장대함을 축소해 놓은 큰 도시이다. 다음날 우리는 타임스퀘어, 그리고 맨하튼 아파트에서 살고 있는 남기의 친척인 정원훈 씨 가족을 찾아갔다. 정원훈 씨는 한국은행 뉴욕 지사의 지사장이었다. 우리는 즐겁게 방문한 후 그들이 준비한 식사를 즐겼다. 호텔로 돌아오는 길에 우리는 타임스퀘어 주변을 다시 둘러보았다. 우리 둘은 하늘로 치솟은 마천루들을 쳐다보느라 목이 뻣뻣해졌다.

다음날 아침 우리는 엠파이어스테이트 빌딩을 방문하여 그곳에서 도시의 장관을 구경하였다. 오후에는 전 세계의 모든 사람들에게 자유와 새 희망의 나라 미국을 상징하는 자유의 여신상에 갔다. 그 기초 석에 쓰여진 글귀는 우리에게 큰 감동을 주었다. "자유를 갈망하는 이민자들을 환영한다."는 내용이다. 이 말은 전쟁으로 상처받은 한국의 고아들을 포함하여 전 세계 각처에서 몰려오는 이방인들을 환영하는 미국인들의 모습을 요약하여 설명하고 있었다.

다음날 우리는 유엔 본부 빌딩을 방문하여 한국 미션의 이경훈 씨를 만났다. 우리가 빌딩 안으로 들어섰을 때 첫 번째 인공위성으로 지구 궤도를 돌아 전 세계에 충격을 주었던 러시아의 작은 위성 스푸트닉 호의 복제품을 보았다.

이경훈 씨는 우리들을 유엔 빌딩 안으로 안내하였다. 그리곤 그 유명한 총회의장과 특히 한국전쟁에 개입하기 위해 유엔군의 파견을 결정한 안전 보장 이사 회의실에서 사진을 찍어 주었다. 한 바퀴 다 둘러 본 후 유엔 본부 내 식당에서 우리는 이경훈 씨와 여유롭게 점심을 즐겼다.

다음 날 우리는 그레이하운드 버스를 타고 수도 워싱턴 D.C.로 갔다. 미국 백악관과 의회 건물을 보기 위해서 갔는데 정월임에도 불구하고 입장하려는 사람들로 이미 긴 줄을 이루고 있었다. 그들은 추위나 눈도 아랑곳 하지 않는 듯 했다. 미합중국의 대통령 집무실과 집을 보기 위하여 차례를 기다렸다. 백악관 투어가 끝난 뒤 우리는 백악관 앞에서 사진을 찍었다.

나이아가라 폭포는 우리 신혼여행의 마지막 목적지였다. 우리는 워싱턴 D.C.에서 오랫동안 버스를 타고 가는 바람에 밤이 늦어서야 나이아가라 호텔에 도착했다. 호텔은 제 철이 아니라 거의 비어 있었다. 나이아가라 폭포의 장관을 구경하기 위해 다음날 아침 호텔 로비로 내려왔을 때 마침 그날이 존 F. 케네디 대통령의 취임식이 있던 날이었다. 손님들과 호텔 종사자 몇몇이 텔레비전을 통해 취임식 장면을 보고 있었다. 우리도 같이 차량의 행진과 취임식을 보았다.

식이 끝난 뒤 우리는 걸어서 폭포까지 갔다. 폭포의 겨울 모습은 아주 멋진 장관이어서 참으로 매력적이었다. 폭포로부터 생긴 안개가 나무와 바위에 얇고 하얀 코팅을 입혀 놓았다. 우리 둘은 이 놀라운 장관을 바라보았다. 그것은 마치 흰옷을 입혀놓은 나무들과 사람들만 사는 백설왕국에 온 것과 같은 느낌이었다. 나는 많은 사진을 찍었으나 카메라에서 노란 필터를 빼는 것을 잊고 그냥 찍어서 사진은 모두 실패작이 됐다. 그러나 우리 둘 가슴속엔 지금도 생생하게 남아있다.

동부로의 기나긴 신혼여행 후 우리는 크레스웰 본부로 돌아와 홀트 씨 가족의 별장이 있는 플로렌스 헤세타 비치에서 머물렀다. 남기는 해안가의 고속도로 변에 서 있는 높은 나무들을 보고 놀랐다. 그녀는 그 모습을 보고 눈을 떼지 못하고 연달아 "정말 멋있는 장면이에요"라고 외쳐댔다. 또한 해변에 밀려나온 큰 나무들과 통나무들을 보고 놀랐다. 별장에서 보낸 며칠은 남기에게 좋은 휴식이 되었다. 그녀는 밖에 나가 밥 먹을 때나 별장에서 요리해 먹을 때나 언제나 게를 많이 먹었다. 다른 신선한 생선도 많았으나 그녀의 선택은 언제나 그곳의 유명한 게였다.

오레곤을 출발하여 호놀룰루에 있는 친구 수더만 가족을 만났다. 나이아가라 폭포와 같이 하와이도 신혼 여행하기에는 환상적인 곳이었다. 우리에게 그곳은 지상 낙원으로 보였다. 눈이 휘몰아치는 미국 동부 지역과 바람 불고 비가 많이 내리는 서부 지역과 달리 따뜻한 열대 바람이 비행기에서 내리자마자 인사하듯 불어왔다. 우리는 열대 꽃향기가 그득한 신선한 공기를 한껏 들이 쉬었다. 수더만 씨 가족은 우리를 반겨 주었고 어린 아이들은 우리들 목에 화환을 걸어주었다. 그리곤 모두들 "알로하, 햇빛이 넘치는 하와이에 오신 것을 환영합니다." 라고 말했다. 모두가 우리 둘의 결혼을 축하해 주었다.

우리는 그들의 왜건으로 호놀룰루에서 좀 떨어진 라니카이로 갔다. 두 시간 동안 휴식을 취한 다음 우리는 해변가 몇 블록을 걸어 다녔다. 정월 중순에 처음으로 함께 파도타기도 즐겼고 태평양 바다에서 수영도 즐겼다. 우리가 수더만 씨 집으로 돌아와서 저녁 옷을 갈아입기 전 그 집의 수영장에서 잠시 물에 몸을 담갔다.

우리는 진주만과 펀치 볼 국립묘지에 갔고 그 후 와이키키 해변으로 수영하러 갔다. 우리와 같은 많은 신혼부부들이 해변의 고요함을 즐기고 있었다. 호놀룰루에서 보낸 날들은 마치 천국에서의 생활 같았다. 너무 빨리 지나가고 이제는 다시 집으로 돌아가야 할 시간이 되었다. 동경에서 비행기를 갈아타기 위해 머무는 동안 우리는 그곳에서 하루를 더 보냈다. 우리는 일본 사람들의 평화로운 삶이 부러웠다. 그들은 대단히 풍요로워 보였다. 우리는 한국에서 구할 수 없는 것들을 몇 가지 샀다.

미국으로의 신혼여행은 우리의 결혼 생활 중에 가장 기억에 남는 시간들이었다. 우리 둘에게 이렇게 훌륭한 경험을 할 수 있게 해주신 하나님께 진심으로 감사드렸다. 나는 지난 몇 주 동안 우리 시설에 들어온 어린 아이들을 위한 입양 수속을 계속했다.

제27장 5.16 군사혁명

홀트 씨와 나는 매일 어린이들에게 줄 신선한 야채들을 사러 도매시장엘 갔다. 늦은 봄 시장에는 농장에서 갓 나온 신선한 농작물들이 즐비하였고 가을 시장에는 신선한 과일과 채소들이 많아 이것들을 구입하여 아이들에게 공급했다. 때때로 우리는 밥과 생선을 먹을 수 있는 큰 어린이들을 위해 생선 도매 시장에 가서 직접 구입해 왔다. 그곳에서는 모든 아이들이 먹을 수 있는 큰 방어를 살 수 있었다. 매일 나는 아침 일찍 식료품 시장에서 장을 보고 돌아와 그날의 일과를 시작하였다.

5월 16일 동틀 무렵에 군사 쿠데타가 일어났다. 곧이어 전 정권은 몰락하고 고위 공무원들은 부정과 무능으로 감옥에 갇히게 되었다. 국가 최고회의가 행한 첫 번째 일은 은행의 모든 자산을 동결하고 은행 거래를 정지시켜 우리는 우리 계좌에 돈을 넣을 수도 없었고 빼올 수도 없었다.

가지고 있던 현금 잔액은 급격하게 줄어들었지만 며칠 후 포고령이 내려 정상적인 은행 거리는 재개되었다. 얼마나 감사한 일인가! 우리는 마침내 배고픈 어린이들에게 다시 음식을 줄 수가 있었다. 그날 이후 나는 사무실에 커다란 금고 하나를 설치하여 만일의 경우가 생길 때를 대비하여 현금을 보관해 두었다.

군사 정부는 여권 신청에 대한 새로운 수속 방법을 세워 해외를 여행하고자 하는 사람들은 누구나 중앙정보부로부터 신원조회를 받도록 했다. 전에는 경찰서의 신원조회면 충분했었다. 좋은 소식은 미국에 입양

되는 어린이들은 중앙정보부의 신원조회가 면제된다는 것이었다. 그러나 나는 해외로 이 어린아이들을 호송해 나갈 때마다 여전히 중앙정보부로부터 신원조회를 받아야만 했다. 우리는 7월경에 출발 예정인 어린이들을 위해 전세 비행기를 예약하고 여행을 위한 신원 조회를 받아야 했다. 그 수속은 매우 어렵고 힘들었다.

새 정권은 모든 사람들이 그들을 두려워하도록 하는 것처럼 보였다. 그들은 깡패와 소매치기, 창녀들을 거리에서 체포하였고 심지어 입고 다니는 옷의 모양까지 통제하였다. 사람들은 부패를 일소하려는 노력에 지원의 박수를 보냈다. 새로운 정책은 정부의 관료주의적인 면을 어느 정도 감소시켰으나 많은 것이 변하지 않았다.

시설에 있는 어린이들을 위한 입양 수속은 재개되었지만 진행 속도는 전에 비해 훨씬 느려졌다. 나는 군사혁명 이후 처음 몇 달 동안은 절망적이었다. 얼마 후 군정은 해체되었고 생활은 거의 옛날의 정상적인 모습을 되찾아갔다.

제28장 일본 땅에 불시착한 전세기

우리는 서울을 떠나 미국으로 향하고 있었지만 도쿄 북방 200마일 지점에 있는 미사와 미 공군 기지에 비상 착륙했다. 백여 명의 갓난아이들과 어린이들은 갑자기 비행기가 하강하는 바람에 귀가 아파 울고 난리였다. 나는 갑작스럽게 일본에 비행기가 착륙하게 되어 걱정이 되었다. 여 승무원이 내게 와서 비행기를 수리하는 동안 아이들을 내리게 하라고 했다. 나는 거절했다. 오히려 이 어린 아이들은 비행기 안에 있는 것이 더 안전하다고 했다. 이 아이들은 상황이 바뀔 때마다 울었는데 특히 낯선 사람이 다가오면 더욱더 그러했다.

여 승무원이 다시 돌아와서 항공기를 수리하는 동안 많은 미국인들이 와서 이 어린 아이들을 비행기에서 내리고 또 돌보아 주겠다고 이미 밖에 와 있다는 것이다. "아니, 미국인이라뇨? 여기는 일본이 아닌가요?"라고 물었다. "네, 그렇습니다. 우리는 미 공군기지에 비상 착륙한 것입니다. 기장이 착륙 전에 미리 무선기로 기내에 있는 어린 아이들을 도와달라고 요청하였습니다. 그래서 많은 미군 병사들과 그들의 아내들이 도와주기 위해 나와 있습니다. 엔진을 수리하려면 아마 몇 시간이 걸립니다. 다른 사람들이 이 아이들을 돌보는 동안 에스코트하는 분들은 쉴 수 있습니다."라고 대답했다. 만약 그들이 이 아이들을 데리고 각기 다른 방향으로 가버린다면 그들을 어떻게 찾으란 말인가?

기장이 내게 와서 기지 내에 있는 병사들과 그 아내들이 안전하게 이 아이들을 돌볼 것이라고 확신시켜 주었다. 기내는 비행기의 모든 작동이 꺼짐에 따라 추워지기 시작했다. 기내가 차가워지면 아이들이 폐렴에 걸리겠다는 염려가 번개처럼 지나갔다. 나는 곧 아이들을 내리는 것에 동의하였다.

비행기 문이 열리자 흥분한 병사들과 아내들이 기내로 들어 왔다. 여자들은 곧장 어린 애기들에게로 달려가서 그들을 안고 트랩을 내려와 공항 대합실로 향했다. 남자들은 큰 아이들에게로 가서 손을 잡고 트랩을 내려왔다. 어떤 어린아이들은 낯선 사람을 보자 울기 시작했다. 에스코트들이 아이들을 달래려고 무진 애를 썼지만 마침내 기내는 아수라장이 되어 울음바다가 됐다.

대합실에서 몇몇 아이들은 그들을 안고 있는 여자들 품에서 이미 잠들어 있었다. 그들은 아주 편안해 보였고 얼마 안 있으면 이 아이들은 미국에 있는 그들의 입양 부모의 품에서 평화로운 날을 보내게 될 것이라는 생각을 해 보았다. 나이가 든 어린이 몇몇은 이 난리 통에도 편히 잠들었지만 대부분의 아이들은 눈을 크게 뜨고 위로해 주는 병사들의 다독거림을 즐겁게 받아들였다. 밀려든 피곤이 닥쳐와 나는 매우 지쳐 있었다. 그러나 이국에서 비상 상황에 처한 어린아이들에 대한 염려 대문에 이 모든 것은 잊혀졌다.

엔진 수리는 몇 시간만에 끝났다. 나는 비행기의 수리가 끝나 이제 이륙할 준비를 해달라는 기장의 보고를 받고서 비로소 안심이 되었다. 탑승은 질서 있게 빨리 빨리 진행되었지만 몇몇 갓난아이들은 잠에서 깨어나 울기 시작했다. 나는 사람 숫자를 세었다. 일본 땅에 한 아이라도 남기고 출발하면 안 되었기 때문이다. 포트 랜드에는 예정한 시각보다 훨씬 늦게 도착하였다.

녹번동의 어린이 보호시설은 근처에 새로 지어진 빌딩들과 집들에 의해 둘러싸이게 되었다. 한국 화약 회사의 화약 창고는 이사 갔고 그 지역은 갑작스레 인구 밀집지역이 되었다. 홀드 씨는 우리에게 혼잡한 지역에서 좀 멀리 떨어진 새로운 지역을 찾아보자고 제의하였다. 세워진 지 몇 년도 안 되어 시설물이 쓸모없게 될 만큼 우린 빠르게 성장한 것이다. 이제 좀 더 영구적인 시설을 지어야 했다.

우리는 땅이 싸고 도심에서 좀 떨어진 곳을 생각하였다. 남북한 사이의 또 다른 전쟁이 일어날 경우 안전하게 대피할 수 있도록 먼저 우리는 서울 남쪽의 땅을 찾아보았다. 만약 우리가 한강 남쪽에 자리 잡는다면 피난해 가기가 쉬울 것 같았다. 불행하게도 한국의 모든 사람들은 똑같은 생각들을 했기에 남쪽의 땅 값은 북쪽에 비해 비쌌다. 그에 반해 땅은 휴전선이 가까운 북쪽에서 더 많이 나오고 값도 쌌다.

제29장 간척지 개간

우리가 발견한 적당한 크기의 땅은 가격이 터무니없이 비쌌다. 다시 인천 부근을 둘러보았지만 교통이 매우 복잡하고 이미 대부분 가격이 오른 상태였다. 우리는 알맞은 땅을 찾는데 소득 없이 몇 개월을 보냈다.

홀트 씨는 고아원에 있는 연장아들에게 도움을 줄 수 있는 농장을 효과 있게 개발하고 싶어 했다. 만약 그가 이 어린이들을 훌륭한 농부로 키운다면 그들은 미래에 독립적으로 농장을 운영하여 그들 자신의 삶터를 일궈 갈 수 있을 것이다. 그와 같은 계획을 실천하자면 넓은 땅이 필요할 것인데 서울 가까이에서 그러한 곳을 발견하기란 거의 불가능 했다. 이런 생각이 우리들을 서해 안쪽으로 땅을 찾도록 인도했다.

한반도의 서해안은 간만의 차가 크기로 세계에서도 유명하다. 간만의 차로 생기는 갯벌의 거리가 10여 마일에 달하기도 한다. 나는 여러 번 인천 가까이에 있는 갯벌을 보았는데 지금은 간척 사업을 통해 농장으로 바꾸는 생각을 갖고 이 갯벌을 바라보고 있다. 실망스럽게도 우리는 이 약속의 땅이 이미 다른 이들에 의해 소유되어 있음을 알았다. 어떤 소유자들은 이 땅에 대한 권리금을 붙여 우리에게 팔겠다고 했으나 그 가격은 아주 터무니 없었다.

우리는 안산 지역을 따라 남쪽으로 멀리 내려갔지만 그곳 역시 대부분 북한에서 피난 내려온 사람들이 간척 사업권을 가지고 있었다. 정부가 이들에게 제방을 만들고 농장을 만들어 삶의 터전을 일궈가도록 이미 구

회을 정리해 주었기 때문이다. 우리는 좀 더 남쪽으로 내려가 평택 가까이 갔지만 사정은 똑같았다.

홀트 씨는 제방을 만들 장비들을 사는 것은 좋지만 권리금을 지불하고 싶지는 않다고 했다. 필요한 중장비를 사는 것도 상당한 자금이 필요했다. 그는 거의 날마다 이 계획에 대하여 생각했다. 그는 적당한 땅을 찾기 위해 다른 곳을 찾아다닐 때에도 이 계획에 관하여 이야기를 했는데 시설에 있는 원생 모두가 전적으로 전문직 농부로 농사를 짓기 위해서는 수많은 에이커의 땅이 필요하다고 했다. 일단 간척한 땅에서 농산물의 생산이 시작되고 원생들이 많이 모여지면 그는 원생들에게 두 에이커나 세 에이커의 땅을 나누어 주면 재정적으로 독립적인 삶을 살아갈 수 있을 것이라고 생각했다.

그 스스로가 농부였기에 그는 시골 농장에서 삶을 살아가는 것이 가장 건강한 방법이라고 했다. 도시 생활이 젊은이들에게는 매력적이겠지만 범죄와 폭력이 난무하는 곳이다. 쌀을 생산할 수 있는 땅이 있다면 소년들은 풍족한 삶을 살 수 있을 것이다.

그가 간척 사업에 대해 몰두하면 할수록 그는 참신한 생각들이 떠올랐다. 질 좋은 교육이나 활용할 수 있는 기술을 가르치지 않는 고아원에서 자라난 어린이들은 경쟁사회에서 살아남기가 어려웠다. 갯벌의 기름진 땅은 토양에 포함된 소금기를 제거하여 쌀을 생산하기 시작하면 훌륭한 논이 되는 것이다. 좋은 곳이 있는지 우리는 여러 달 동안 서해안을 오르락내리락하며 살폈다.

우리는 긴급한 일을 처리하자마자 아침 일찍 집을 나서서 저녁 늦게 녹초가 되어서야 돌아왔다. 정신적 피곤이 육체적인 노동보다도 더 견뎌내기 어려웠다. 신체적인 고단함은 자고 일어나면 사라지지만 정신적인 피곤은 며칠이고 오랫동안 계속되는 것이다.

비록 우리는 피곤했지만 결코 좋은 땅을 찾을 수 있다는 희망을 잃지 않았다. 홀트 씨는 이 일을 위해 하나님께서 인도하여 주시고 지혜를 주실 것도 열심히 기도했다. 그는 하나님께서 간척 사업을 시작할 수 있는 유용한 갯벌을 내려 주실 것이라고 믿고 있었다.

우리는 영산강 입구에 있는 목포 가까이의 서남해안 끝자락까지 내려갔다. 그 지역은 광활하고 확 트인 곳이었다. 그곳에는 놀랍게도 소유자들이 없었고 개간 노무자들이 머무는 막사도 없었다. 갯벌은 서해 수평선 끝까지 펼쳐져 있었다. 우리는 이 광경에 매혹되었다.

홀트 씨가 침묵을 깨고 "얼마나 장엄하고 멋 있는 곳인가!"라고 말했다. 이제까지 분주하게 돌아다녔던 우리의 여행길이 갑자기 결실을 맺는 듯이 보였다. 강북 쪽에서부터 제방을 쌓기 시작하여 거의 해안가 가까이에 뻗어 나온 낮은 언덕으로 연결하기에 좋은 지형을 갖추고 있었다.

홀트 씨는 나에게 갯벌 안으로 함께 걸어가자고 제의했다. 그는 그 토양이 어떠한지 또는 바위나 다른 장애물은 없는지를 알아보기 위해 갯벌을 걸어보고 싶어 했다. 우리는 신발을 벗고 바지를 걷어 올리고 들어갔다. 갯벌 안에 들어가자마자 무릎까지 올라왔다. 홀트 씨는 바지를 벗고 바다 쪽으로 더 들어가자고 했다. 갯벌은 점점 더 깊어져서 배로 밀고 나가야 했다. 우리는 갯벌 멀리까지 손으로 밀고 나아갔다. 진흙은 깊고 부드럽고 바위도 없고 자연 장애물도 없었다.

이렇게 비옥하고 생산적인 농장을 사서 고아원에 있는 우리의 어린이들에게 작은 단위로 나눌 수 있도록 한다는 것은 생각만 해도 즐거운 일이었다. 이 정도의 땅이라면 고아원에 있는 모든 원생들에게 충분히 나누어 줄 수 있었다.

홀트 씨는 어깨를 쭉 펴고 몇 걸음 씩 걸어갈 때마다 가쁘게 숨을 몰아쉬었다. 우리는 흥분 속에서 홀트 씨의 심장 상태를 그만 잊고 있었다.

우리는 흙이 묻은 얼굴을 서로 바라보면서 다시 한 번 웃음꽃을 피웠다. 집으로 돌아오는 길은 여덟 시간 이상 걸렸지만 계속해서 개간 사업에 대해 이야기를 계속했다.

간척 사업을 진행하기 위해서는 중장비들을 수입할 필요가 있었다. 가장 중요한 것은 이 사업을 시작하기 위해서 우선 정부로부터 승인을 받는 일이었다. 나는 그것이 어렵지는 않을 것으로 생각했다. 정부는 고아원에 있는 나이든 원생들을 위해 이 직업 훈련계획에 대해 분명히 환영할 것이다. 한밤중이 되어서야 시설에 도착했고 지친 여행길이었으나 매 순간마다 의미가 있었다.

녹번동 새시설에서 일하던 직원들

제30장 못다피운 꽃 완다

　우리가 도착하자마자 미국에서 홀트 씨의 장녀 완다 씨의 사망 소식을 전하는 전보로 우리 모두는 망연자실하였다. 그녀의 갑작스런 죽음은 우리 홀트해외양자회 모두에게 커다란 충격이 되었다. 완다는 입양 가족들을 방문하기 위해 왔던 한국 정부의 관계자들을 위해 기꺼이 봉사했다. 그녀는 언제나 미소 지으며 기쁨으로 우리들을 위해 수천 마일을 다녔다. 완다는 1956년 여름동안 그녀의 자매인 바바라와 함께 효창 공원 아동 보호 시설에서 어린아이들을 돌보기 위해 여러 달 동안 머물렀다. 그러던 중 그녀는 간염에 감염되어 급작스레 미국으로 돌아갔다. 그녀는

홀트씨 맞딸 완다양

회복이 된 후에도 조종사가 되어 선교사들을 태우고 이 지역에서 저 지역으로 날아다니며 비행선교를 했다.

홀트 씨 부부는 그녀가 죽었다는 소식을 듣고 큰 충격에 빠졌다. 그들은 하루 종일 방안에 들어앉아 사랑하는 딸을 잃어버린 슬픔 때문에 밖에 나오지 않았다. 나는 몇 마디 위로의 말을 건넸으나 어떤 것도 그들의 고통을 씻어줄 수는 없었다. 그들은 서로 위로하고 또 함께 기도하며 슬픔의 날들을 보냈다.

사무적인 일들은 거의 정지 상태였다. 시설에서는 이따금씩 들리는 어린이들의 울음소리 외에는 조용하였다. 나이 든 아이들도 홀트 할아버지와 할머니가 겪고 있는 슬픔이 무엇인지를 알고 있기 때문에 모두 함께 슬픔을 참고 있었다. 며칠이 지나 모든 일들이 원 상태로 돌아왔다.

제31장 어린이들을 괴롭힌 새로운 질병

11개월의 기간 동안 정부의 계속적인 변화는 한국에서 혼돈과 경제적인 불안정을 가져왔다. 점점 더 많은 실업자들이 직업을 얻기 위해 서울과 대도시로 몰려들었다. 버려지는 아이들의 숫자도 늘어났는데 특히 서울에서 더욱 그러하였다.

전국에 약 800여 개의 고아원이 있었는데 그 중 절반이 서울과 인접한 도시들에 있었다. 약 80,000명의 어린이들이 이들 시설에 수용되어 있었다. 어떤 날은 시청으로부터 20여 명의 어린아동들이 우리시설에 왔는데 갓난아기들도 있었다. 이때가 한국에서 가장 어려운 시기였을 것으로 생각된다.

때때로 어머니들은 자녀들을 부양하기 위해 나이 어린 아이를 포기해야 하는 절박한 결정을 내려야만 했다. 우리 시설은 미국으로 전세 비행기를 보내기가 무섭게 다시 어린이들로 채워졌다.

우리에게 온 수많은 어린이들은 올 때부터 심각한 질병을 앓고 있거나 허약한 상태에 있었다. 남포성 폐렴(Pneumocystis carini pneumonia)이란 새로운 질병이 우리 보육원에서 발생했다. 이 병은 보통 어린이 시설에서만 생기는 병으로 이 병에 대해 아무도 들어본 적이 없는 새로운 병이다. 우유가 아이들의 폐 속에 들어가 증식되어 종국에는 아이들이 숨 쉬지 못하게 되어 4일에서 6일 사이에 죽게 된다.

4-6개월 된 어린아이들에게는 이 병이 아주 무섭고 치명적이었다. 4

개월 이전의 갓난아이들은 어머니로부터 면역력을 받고 태어나기 때문에 살 수 있었고 6개월이 지나면 어린이들은 성장하여 스스로 제 2 면역력을 얻어 이 병과 싸울 수가 있어서 살 수 있었다. 당시 이 병에 대한 치료제가 개발되지 않았다. 여러 달 동안 우리는 미국 뉴욕 스테이튼 아일랜드에 있는 질병관리센터로 죽은 어린이의 폐 샘플을 보냈지만 아무런 성과가 없었다. 우리는 보육 병원에 있는 어린아이들의 생명들을 계속해서 위협하는 새로운 질병에 대해 무방비 상태였다.

홀트 씨는 우리가 절망할 수밖에 없는 상황이었지만 무서운 질병을 예방하기 위하여 우리가 할 수 있는 모든 일을 했다. 그는 질병의 확산을 막기 위해 미국에서 공기 정화기를 구입하여 병원에 설치하였지만 어린이들은 여전히 죽어 나갔다.

우리 병원 직원들은 24시간 하루 종일 일했다. 2명의 의사인 텐 헤이브 씨와 닥터임 이 두 사람은 이 병의 위협을 치료하고 병의 발생을 막기 위해 최선을 다했다. 병원의 간호사들 역시 힘에 겹도록 갓난아이들에게 투약하고 이들을 돌보는 일에 열중 하였다. 그러나 이렇게 헌신적인 돌봄도 질병을 막을 수는 없었다.

몇 달이 흘러 계절이 무더운 여름에서 시원한 가을로 바뀌어지면서 이 병은 점차 줄어들었다. 그러나 겨울에도 이 병은 완전히 박멸되지는 않았다. 이 병은 수많은 생명들을 앗아가면서 오랫동안 우리 어린이들을 괴롭혔다.

제32장 그 누가 이 어린이들을 위하여 답하리!

이른 아침에 나는 사무실로 들어가기 전 시설을 한 바퀴 돌아본다. 밖으로 나서자 차가운 바람이 내 코와 뺨을 스치고 지나갔다. 내게 친숙해진 바람에 휩쓸려 지나가는 마른 낙엽 소리라 생각했다. 그러나 그 소리는 목공소에서 들려오는 대패질을 하는 소리다. 나는 조용히 목공실 문을 열고 안으로 들어갔지만 이 장로는 내가 온 것을 모르고 작업을 계속하고 있었다. 그 나무 판은 어린아이의 관을 만들기 위해 쓰인다. 나는 그가 무엇을 하고 있는지 묻지 않아도 알고 있기에 목공소를 나왔다.

어두운 하늘에서는 당장이라도 눈이 내릴 것 같은 전형적인 찌푸린 겨울 날씨였다. 어떤 어린이들은 이제 막 잠에서 깨어났고 어떤 어린이는 옷을 입고 있었다. 보모들 중 한 사람이 어린이들이 씻는 것을 돕고 있었다. 각 방들은 보모들의 외치는 소리, 어린이들의 울음소리로 시끄러웠다. 아마 열 명의 보모가 더 있다 해도 아침에 동시에 일어나는 아이들의 요구를 한꺼번에 다 들어주기는 힘들 것이다.

간호사들은 기저귀를 갈아주고 배고픈 아이들을 먹이느라 아침에는 바쁘다. 어떤 갓난아이들은 기저귀를 갈아주면 절로 웃음을 짓는다. 아침은 이러한 미소와 아이들의 행복한 옹아리 소리로 시작되었다. 보모들이 아이들에게 밥을 먹일 때 손을 붙잡고 먹일 것을 요구하지만 12명의 아이들을 한꺼번에 돌보기 때문에 그럴 여유가 없다.

집에 있는 아기들은 어머니의 팔에 안기어 젖을 먹는다. 만약 이 아이들이 조금이라도 쉬거나 놀고 싶으면 아이의 입에서 젖꼭지를 조용히 떼게 한다. 아이의 등을 가볍게 두드려 준다. 이것은 소화가 잘 되어 건강하게 자라게 해준다.

그러나 병원이나 고아원에 있는 어린이들의 입에는 버팀목이 사용되어 병이 물리게 된다. 젖병에서 나오는 우유가 때로는 어린이 귓속으로 흘러들어가 중이염이 생긴다. 많은 아기들이 중이염 때문에 고생했다. 우리는 어린아이들에게 만족할만한 최적의 돌봄을 줄 수 있는 충분한 직원을 고용할 수 없다.

단 하나의 해결책은 입양 수속을 빨리 끝내 이 어린이들이 시설에 머무는 시간을 짧게 하는 것이 최상의 방법이었다. 약 60여 명의 병이 든 갓난아기들이 병원에 있었다. 그들 대부분이 아주 심각한 상태여서 어떤 아기들은 코에 산소튜브를 끼고 있었다. 어떤 아기들은 말 그대로 피골이 상접하고 얼굴은 창백했고 눈은 깊이 들어가 있었다. 어떻게 이 아이들이 이 지경에 이르렀는가? 병원에 있는 대부분의 병든 아이들은 최근에 도착하여 생사를 위해 싸우고 있는 아이들이었다.

지난 밤 당직을 선 간호사는 나에게 의사와 간호사들이 열심히 보살핀 보람도 없이 아침 일찍 한 아이가 또 죽었다고 말했다. 그 아이는 어떤 치료나 투약에도 전혀 반응을 보이지 않았다. 몇몇 다른 아이들도 고열로 지난 밤 고생하였다. 한 아이만 희생된 것도 어쩌면 다행이라고 했다. 그러나 나는 한 아이만 잃어서 다행이다라고는 생각하고 싶지 않았다.

성경은 우리에게 한 귀중한 생명은 천하와도 바꿀 수 없을 만큼 귀하다고 가르치고 있다. 시설에서의 우리 노력은 언제나 생명을 지키고 구하는 데 있다. 그녀는 모든 직원들이 이 어린이를 위해 할 수 있는 모든 노력을 기울였다고 다시 말했고 그녀의 눈에서도 눈물이 고였다. 그녀의 얼굴은 밤새 여러 시간 노력한 탓에 핏기가 없고 피곤에 지쳐 있었다.

그들은 떠나간 아이를 보내고 이제 또 다른 병든 아이들을 위해 긴 시간을 보내야 한다. 내가 할 수 있는 말은 "여러분 모두가 지난 밤 매우 수고하셨습니다."였다. 망치 소리가 병원의 고요함을 깼다. 그 소리는 마치 무서운 병으로 쓰러진 그 아이에게 이별을 고하는 듯 했다. 버림과 질병으로 인한 고통으로 행복하지 못했던 삶이 이제 관 위에 마지막 못을 박음으로 마침표를 찍고 평안 속에 묻히는 듯 보였다.

그 곳에는 이제 더 이상 배고픔이나 질병이나 고열 그리고 아픔이 없을 것이다. 밀려오는 애달픈 마음이 내 가슴에 커다란 슬픔의 파도를 몰고 왔다. 나는 많은 사람들이 이 아이의 이야기를 들어 주었으면 좋겠다. 왜 이 아이는 죽을 수밖에 없는가? 이것은 도대체 누구의 잘못이란 말인가? 이러한 불행에서 이 아이를 구해내기 위해 우리는 도대체 무엇을 했단 말인가? 나는 병원 문을 걸어 나오면서 내 스스로에게 해답이 없는 이 질문, 대답할 수 없는 질문을 했다. 눈이 금방이라도 내릴 듯한 어두운 저 하늘도 이 귀한 어린 아기의 죽음을 슬퍼하고 있는 것일까?

나는 사무실로 돌아와 오늘 하루의 계획을 살펴보았다. 나는 어제 들어온 어린이들의 호적을 작성하기 위해 서류를 준비해야 했다. 미국의 출생증명서와 같은 이 호적등본은 입양 수속을 진행하는 기본 서류이다. 우리들의 업무가 아무리 바쁘다 해도 이 서류는 지체 없이 구청에 반드시 제출되어야 한다.

새벽에 죽은 아이를 묻어야 하기 때문에 우리의 하루 일과 중 가장 먼저 해야 할 일이 바뀌었다. 우리도 이젠 병원을 소유하고 있기 때문에 특별한 상황이 아니면 병이 난 아이들을 데리고 굳이 다른 큰 병원으로 달려갈 필요가 없었다. 우리의 보육 병원에서 아이들이 죽게 되면 정부에 의해 요구되는 서류를 작성하고 매장할 수 있었다. 이제는 새벽 두세 시쯤 앰브런스 차를 몰고 시내의 병원으로 질주하지 않아도 되었다. 심하게 병을 앓던 아이들이 큰 병원으로 치료 받으러 가서 그들이 죽게 되면 그 충격은 우리들에게 그리 크게 다가오지 않았다. 우리 직원들 대부분이 그 아이가 죽는 것을 목격하지 않았기 때문이다.

그러나 우리 병원에서 아이가 죽으면 모든 직원들이 이 사실을 알고 장례 준비를 다 함께 하게 되었다. 먼저 의사로부터 사망진단서와 구청으로부터는 사망확인서와 공동묘지에 묻을 매장 허가서를 받아야 했다. 이 장로는 나무로 관을 만들고 병원 직원들은 어린 아이의 시신이 관에 안치됨을 둘러보게 된다. 우리는 공동묘지에서 성경을 읽고 기도드리는 간단한 예배를 드리게 된다. 이러한 모든 과정들은 전에 시내 큰 병원에서 아이들이 죽을 때에는 전혀 이뤄지지 않았다.

서울에는 칠백만 명의 시민들이 이용할 수 있는 커다란 공동묘지들이 있다. 우리는 매번 구청에서 매장 허가를 얻어야만 했다. 걸리는 시간도 많았고 만족할만한 장소를 얻기는 극히 어려웠다. 우리 어린이들의 작은 무덤은 공동묘지 이곳저곳에 흩어져 있어 어른들의 묘지에 가려 찾기가 여간 어려운 것이 아니었다.

한국의 가족들은 전통적으로 묘지 앞에 커다란 비석을 세워둔다. 이것은 다음 세대들이 성묘하기 위해 세운다. 봄에 새로운 풀들이 자라기 전 '한식' 날을 준비하기 위해 묘로 향한다. 산소 위에 풀들이 푸릇푸릇 덮을 만큼 적당히 자랄 수 있게 해준다. 이러한 일들은 신성한 것으로 생각되었다. 음력 8월 15일 '추석' 명절에는 온 가족이 함께 모여 새로 난 채소와 과일, 술 그리고 햇곡식으로 만든 음식 등을 조상의 묘 앞에 가져와 제사를 드린다. 이러한 의식을 행하기 전에 미리 잔디 풀을 깎고 잡초를 뽑아낸다.

서양의 추수감사절과 같이 한국에서 이 두 날은 아주 중요하게 여긴다. 기독교 가정은 모여서 간단한 예배를 드린다. 우리는 어린이들의 묘지를 꾸미거나 장례식을 거창하게 치르는 일에 돈을 쓸 수는 없었다. 묘지 안의 한 곳을 안전하게 확보하여 우리 어린이들만 쓸 수 있도록 하였다.

어린이들의 사망률은 폐렴 때문에 추운 겨울 동안에는 높아진다. 나는 홀트 씨에게 그날 아침 장례 예배를 준비해야겠다고 말했다. 홀트 씨와 이 장로 그리고 나는 죽은 어린이를 넣은 관을 앰브런스에 싣고 우리 공동묘지로 향했다. 아침 일찍이었기에 그곳에는 우리만 있었다.

우리가 요구한 묘역은 커다란 비석들이 줄지어 서 있는 어른들의 묘지가 있는 공동묘지 중심부에서 좀 떨어진 한 귀퉁이에 있었다. 우리가 받은 묘역에 연결되는 도로가 없어 묘지 입구에 차를 세우고 몇 백 피트 걸어서 작은 관을 옮겼다. 그곳은 작지만 아름다운 곳이었기에 나는 우리 어린이들을 위해 이 좋은 땅을 내 준 정부에 감사했다.

우리는 묘역 끝에서 작업을 시작해서 왼쪽에서부터 오른쪽으로 선에 맞춰 매장 작업을 해왔다. 홀트 씨와 내가 불과 몇 달 전부터 이곳에서 첫 줄부터 묻기 시작하였는데 벌써 반이 찼다. 너무나 많은 어린이들이 이미 죽은 것이다. 땅이 꽁꽁 얼어서 어린아이 관 하나 묻을 작은 구덩이를 파는데도 삼십 분 이상 걸렸다. 홀트 씨가 마태복음 중에서 한 구절을 읽었고 이 장로가 죽은 아이를 위해 기도했다.

기도 후 홀트 씨는 나를 똑바로 쳐다보며 물었다. "김 형제! 우리가 하나님 앞에 섰을 때 그 누가 이 어린이들을 위하여 답할 것입니까?" "Who will answer for these children when we stand before God?" 나는 곧 깊은 생각에 잠겼다. 침묵이 흘렀다. 잠시 후 이 장로와 나

고아들을 생각하며 생각에 잠긴 해리 홀트 씨

는 작은 관위로 파낸 흙을 덮었다. 시설로 돌아와서도 우리는 하루 종일 아무 말도 하지 않았다. 홀트 씨가 한 질문은 여러 날이 지나도 내 머리 속에 남아 있었다. 하나님 앞에 섰을 때 나는 과연 무엇이라고 대답해야 하나?

나는 홀트 씨와 이 장로가 지난 장례 예배 때 내게 한 말을 기억한다. "이 아이들은 불행과 고통 그리고 병든 가운데 우리 곁을 떠났지만 이제 그들은 하늘나라 천사들 가운데 있습니다." 나는 거기서 작은 위로를 받았고 연민과 슬픔이 내 마음을 덮었다. 하나님께서는 다른 사람들보다 훨씬 더 빨리 이 어린이들을 불러 당신의 곁에 두고 싶어 하신다는 '훌륭한 이유'를 갖고 계심에 틀림없다. 나는 옹알이 하고 미소 지으며 웃는 또 우유를 달라고 하거나 기저귀를 갈아달라고 또는 안아달라고 우는 한 아이 모습을 그려보았다.

"우리가 하나님 앞에 섰을 때 그 누가 어린이들을 위하여 답 할 수 있을까?" 이 질문을 기억하는 것은 내게 맡겨진 일을 다시 열심히 하도록 힘을 주었다. 홀트 씨가 내게 준 그 질문은 이후 어린이들을 위해 계속 열심히 일할 수 있는 큰 원동력이 되었고 지금도 내 귀에 생생하게 들리고 있다.

제33장 어린이들의 새 보금자리

미국 이민법이 바뀜에 따라 입양하는 숫자가 줄어들어 그만큼 나는 땅을 찾아보는 일에 더 많은 시간을 갖게 되었다. 입양 숫자가 줄어들었다는 것은 결과적으로 시설에 머무는 어린이들의 숫자가 늘어남을 뜻한다.

나는 정부가 우리에게 어린이들을 위해 건물 지을 땅을 제공해 주어야 한다고 믿었다. 나는 군청에서 토지 등기부등본과 지도를 넘겨가며 몇 날이고 보냈다. 서울을 둘러싸고 있는 동서남북의 군청들을 찾아 우리 목적에 부합한 땅을 찾았지만 아무런 성과도 없었다.

홀트 씨는 가끔 "하나님께서 우리에게 알맞은 땅을 주실 것입니다. 우리는 그를 믿고 기도하며 기다려야 합니다."라고 말했다. 우리가 돌보아야 할 연장아들과 신체 장애아들이 점점 늘어나기 시작했다. 그들은 어린아이들에 비해 입양되는 것이 쉽지 않았다. 서울 남쪽을 원했던 것은 전쟁이 다시 일어나면 쉽고 안전하게 피할 수 있다고 생각했기 때문이다. 그리고 입양 수속업무를 처리하기 위해서는 정부 사무실과 미국 대사관에 가까이 있어야 한다는 점이 두 번째 이유였다.

마침내 홀트 씨와 나는 서울 북쪽의 땅도 찾아보기로 했다. 휴전선 가까이에 있는 땅을 찾는 사람은 적었다. 나는 전쟁 때 겪은 나쁜 경험 때문에 주저했지만 실제로 한국 안에서는 전쟁의 위험으로부터 안전한 곳은 없었다. 여러 해 동안 전쟁을 치르면서 확실한 것도 영원한 것도 없다는 것을 깨달았다.

미국에서 가져온 불도자로 언덕을 평평하게 하고 있다

홀트 씨가 지은 새로운 보금자리

　　땅을 찾아 볼 때 가졌던 나의 태도를 바꾸기로 했다. 서울 북쪽의 문산 지역은 경기도 고양군의 행정 지역 내에 있었다. 고양군청의 지적도를 살피다 몇몇 지역을 찾아 돌아보았는데 일산 읍에서 북쪽으로 약 일 마일 정도 떨어져 있는 '덕이리' 라는 마을을 찾았다. 나는 그 곳을 본 순간 그 땅이 마음에 쏙 들었다. 40여 에이커가 조금 안 되는 국유지이고 삼만 명의 주민이 살고 있는 적막한 마을이었다. 우리가 보려던 땅의 앞쪽과 옆쪽은 몇몇 농가와 논으로 둘러싸여 있었다. 중앙에는 큰 언덕이 있었는데 그곳에 우리 어린이들을 위한 집들을 지을 수가 있는 알맞은 곳이었다. 자연경관은 참 아름다웠다.

　　그 땅 가운데에 있는 언덕은 소나무와 아카시아 그리고 잣나무 등 여러 가지 관목들로 우거져 있었다. 언덕 꼭대기에서 먼 거리에 있는 높은 산과 지평선을 볼 수 있었다. 노랗고 빨갛게 물든 단풍잎 사이로 내리쬐는 가을 햇빛을 볼 수 있었다. 여러 새들이 나무 위에서 울고 있었고 언덕은 가을의 정취에 흠뻑 젖어 있었다. 서울에서도 겨우 30분밖에 안 걸리는 이 천혜의 땅을 어찌 여태껏 찾지 못했을까?

　　그 땅에 관한 정확한 크기와 소유주, 공식주소, 관리인의 이름 그리고 그것이 정부의 소유인지 아닌지 등을 알기 위해 고양군청에 다시 갔다. 나는 군청 직원에게 일산읍 덕이리에 있는 어떤 땅을 둘러보았고 그 땅에 대해 여러 가지를 물어보고 싶다고 말했다. 그리고 나는 홀트해외양자회에서 일하고 있으며 우리는 홀트해외양자회가 돌보고 있는 고아들을 위해 새로운 건물을 지을 땅을 찾고 있다고 했다. 우리가 하고 있는 일의 본질과 재정적인 한계 때문에 국유지가 필요하다고 했다.

그는 조용히 듣고 우리의 사역에 어느 정도 관심을 보였다. 그도 또한 전쟁 고아들에게 새로운 삶의 터전을 찾아주기 위해 한국에 온 오레곤 출신의 한 농부에 대해 들어본 적이 있다고 했다.

오후 다섯 시에 다른 공무원들은 자리에서 일어나기 시작했지만 그는 계속해서 여러 가지 질문을 했는데 특히 미국 가정에 입양된 어린이들이 또 어떻게 적응해 나가는지에 대해 물었다. 정말 잘 지내고 있는지 노예처럼 혹사당하지는 않는지 나는 그에게 잘 설명해 주었다. 그는 정부가 소유하고 있는 대부분의 땅들 중 마을 가까이에 있는 것들은 불법으로 나무를 벌채하는 것을 막고 재난에서 보호하기 위하여 관리인들이 있다고 했다. 이들은 보통 땅 관리인으로 등록이 되어 있었다.

그 땅은 오랫동안 정부 소유로 되어 있고 지난 정부 때 공무원으로 일했던 유 씨라는 분이 십칠 년 동안 그 땅을 돌보고 있었다. 그는 몇 해 전 퇴직할 때까지 고양군 송포면에서 면장으로 일했다고 한다. "무슨 일을 하든지 우선 그 사람의 동의를 얻는 게 좋겠습니다."라고 했다. 그는 관리인으로 등록이 되어 있었고 정부가 그 땅을 팔기로 했을 때 최우선적으로 구입할 권리가 있었다.

그의 권리는 우리가 간척 사업을 위해 간척지를 사들이려고 했을 때 직면했던 선점자의 권리와 거의 동일한 것이었다. 우리는 그 땅을 사서 사용허가서를 받기 전에 그의 권리를 사야 하는 것이다. 내 마음 속에 벌써 일의 진척에 어려움을 알리는 빨간 신호등이 켜진 것이다. 우리가 그 땅을 사서 정착할 때까지 수많은 돈과 노력이 필요할 것이 두려웠다. 그러나 확실한 것을 알기 전에 미리 낙심할 필요는 없었다.

그에게 유 씨가 어디 사는지를 물었는데 그는 다행히도 그 땅 바로 곁에 살고 있었다. 읍에 살고 있는 모든 사람들이 잘 알고 있었다. 만약 우리가 그 땅에 대해 물어 볼 것이 있다고 하면 그는 나와서 우리를 만나줄 것이다. 그 공무원에게 유 씨를 비롯한 다른 사람들에게 내가 땅에 대해 알아보고 갔다고 이야기하지 말아달라고 신신당부했다. 상담을 시작하기 전 먼저 홀트 씨에게 그 땅을 보여줄 필요가 있었다. 왜 이 땅을 찾는데 그토록 많은 시간을 허비해야 했을까? 하고 스스로 물었다. 하나님께서는 나에게 귀중한 시간을 허비하지 않고도 바로 첫날 나에게 보여주실 수 있었을 텐데!

하나님은 알맞은 땅을 찾는 데 수많은 날을 보내게 하신 특별한 이유가 있었다고 생각했다. 두 가지 이유를 생각해 보았다. 첫째 우리가 공산군으로부터의 침공에 대한 두려움을 제거해 주시려고 한 것이다. 우리가 어디에 있든지 하나님과 같이 하시면 두려울 것이 없다. 하나님께서는 내 믿음의 연약함을 깨워준 것이다.

둘째 이유는 이 땅을 찾게 된데 대해 더 많은 감사를 요구하게 하신 것이다. 우리에게 열 배나 더 좋은 땅을 주셨어도 땅을 찾는 데 시간을 허비하지 않았더라면 감사하는 마음이 그리 크지 않았을 것이다.

나는 홀트 씨 방으로 가서 "드디어 찾아냈습니다!!!"라고 말했다. 그러자 "드디어 해냈군요! 주님을 찬양합니다."라며 함께 기뻐했다. 나는 거의 두 시간 동안 열심히 그 땅의 크기와 아름다운 환경 등에 대해 설명했다. 그 땅 한가운데에 소나무와 잣나무, 아카시아가 우거진 아름다운 숲이 있고 먼 산의 아름다운 풍광과 일산에 위치하고 있음을 설명해주었다.

땅에 대해 스스로 지명하여 관리인 노릇을 하는 사람들이 있다고 했다. 그는 곧 나에게 해안가의 갯벌 선점자의 권리와 같은 것인지 물었다. 스스로 지명한 관리인들은 정부와 구속력 있는 계약서를 갖고 있지 않았다. 유 씨와 내게 많은 도움을 준 군청 사무소의 공무원에 대해서도 이야기를 하였다.

홀트 씨는 내가 설명을 해 준 뒤에도 의심이 완전히 없어지지 않았다. 갯벌 선점자들의 권리에 대해 그가 경험한 것이 그의 기억에 생생하게 남아 있기 때문이다. 관리인 문제가 수면위로 떠오르자 즐거웠건 분위기가 갑자기 바뀌었다. 다음날 일산으로 가는 내내 우리는 만약 일이 잘못된다면 보건사회부에 곧장 청원서를 제출하여 도움을 요청할 것에 대해 의논하였다. 한국의 고아들을 위해 이 훌륭한 땅을 사용할 수 있도록 도와달라고 하면 그들도 흔쾌히 도와주리라고 생각했다. 그러나 유 씨가 미리 필요한 조치를 해 줄 수 있을 것을 확신했다.

홀트 씨는 그 땅을 보자 첫눈에 흡족해 했다. 우리는 산에 오르는 오솔길 가까이에 차를 세우고 올라갔다. 그 언덕은 처음에 본 것처럼 높지는 않았지만 홀트 씨의 심장 상태가 좋지 않아 천천히 올라갔다. 그곳엔 이 땅을 둘러싸고 있는 드넓은 논과 멀리 눈에 들어오는 산들 그리고 초가지붕의 농가들이 흩어져 있는 일산 읍이 한눈에 들어왔다.

우리는 무릎을 꿇고 이 땅을 우리에게 보여주신 하나님께 감사 기도를 드렸다. 홀트 씨는 하나님께서 우리의 사역과 어린이들을 축복하시어 우리가 어려운 문제나 장애물이 없이 이 땅을 소유할 수 있도록 도와주실 것을 기도했다. 그리고 약 30여 분 동안 경치를 즐기며 주위의 환경을 둘러보았다.

또한 지하수의 수맥이 지나가는지를 알아보고자 이곳저곳을 살펴보았다. 전기를 사용할 수 있어야 하고 막대한 양의 물을 공급받을 수 있어야 한다. 전기는 근처 가정집에서 끌어올 수 있고 여기저기서 흐르는 샘물들을 보았다.

홀트 씨는 지형의 윤곽과 토양에 대해 분석했다. 그는 결과에 만족했다. 우리의 최대 목표는 어떻게 해서 가장 빠른 시일 내에 이 땅을 확보하느냐 였다. 우리가 이 문제를 심사숙고하는 동안 동네의 몇몇 아이들이 우리가 무엇을 하는지 보려고 나타났다. 어떤 아이들은 짧은 영어로 "Hi, Okay" 등 말을 걸었고 대부분 환한 웃음을 띠고 다가왔다. 홀트 씨가 외국인인지라 조심스럽게 쳐다보기도 했고 어떤 어린아이는 "무서워"라는 소리를 연발했다. 홀트 씨의 짙은 눈썹이 많은 사람들에게는 무섭게 보였는데 특히 어린아이들에게 더욱 그러했다.

잠시 후 어른들이 무슨 일이 있는가 싶어 나왔고 그 때 길고 흰 수염을 날리며 근엄한 노인이 나타났다. 그는 우리가 누구이며 무엇하러 왔는지를 물었다. 사람들은 마을에서 존경 받고 잘 알려진 듯한 이 노인을 중심으로 해서 모여들었다. 그는 이 마을의 촌장인 것 같았다. 우리는 자신에 대해 많은 것을 밝히기 전에 작전을 세울 필요가 있었다. 우리에게 필요한 모든 것을 알았기에 유 씨를 먼저 만나 우리의 계획을 말해주어야 했다.

다음날 유 씨를 찾아 우리가 그 집 마당에 들어서자 왜 왔는지를 물었지만 그는 이미 모든 것을 다 알고 있는 듯 했다. 그는 조만 간에 우리가 그를 찾아와 지난 17년 동안 관리해온 땅에 대해 상의할 것이라는 것을 알고 있었다. 그는 나를 만나 반갑다고 했고 정말 그래 보였다. 드디어 우리는 기나긴 상담을 시작했다. 나는 그에게 어떻게 그 땅의 관리인이 되었는지를 물었다. 송포면 면장으로 일하다가 퇴직할 때까지 그 땅을 관리해 왔었고 그 후 계속해서 그는 그 땅을 관리해 왔다고 한다. 그는 장래의 계획을 위해서 소유권을 자신에게 전환하려던 참이었다고 했다.

그는 그 땅을 위해 얼마나 힘들여 일했는지를 열심히 말해주었다. 나는 거의 두 시간 동안 그가 정부의 공무원으로서 여러 해 동안 이루어 놓은 업적과 이 땅을 가꾸고자 쏟았던 어려움과 수고에 대해 듣고 있었다. 우리가 그를 찾아오기는 했지만 먼저 우리는 많은 금액을 갖고 있지 않다는 것을 알려주어야 했다. 우리들이 가지고 있는 자금은 한계가 있다는 점을 분명히했다. 그러나 그는 그가 관리인으로서 일한 것이나 권리에 대한 지불금액 등은 전혀 말하지 않았다. 유 씨는 훌륭한 사람이었고 상당히 타협적이었다. 나는 그와 타협점을 찾게 되었고 우리가 대화를 주고받으면서 어떤 일체감을 느꼈다.

얼마 후 상당한 의견 일치를 도출해 내는 것은 어려운 일이 아니었다. 내가 진정 필요한 것은 참고 견디며 그의 말을 들어주는 것이었다. 나는 그에게 여러 해 동안 관리인으로서 봉직한 것에 대한 합리적인 보상금을 생각해 보라고 이야기하고 며칠 후에 다시 찾아뵙겠다고 했다.

홀트 씨는 사무실에서 내가 돌아오기만을 목 빠지게 기다리고 있었다. 나는 그에게 유 씨와 주고받은 것들을 이야기해 주었다. 그리고 그 땅을 우리가 얻을 수 있을 것으로 확신한다고 말했다. 가장 큰 문제는 그 가격이 얼마냐는 것이다. 홀트 씨는 안심한 듯 보였고 다만 우리들이 할 수 있는 일이란 기다리는 것 뿐 이라고 했다. 그는 하나님께 다시 기도하자고 했다. 그와 함께 기도할 때면 언제나 편안한 느낌이 들었고 하루의 시련과 고통으로부터 벗어날 수 있는 큰 위로를 받았다. 그것은 곧 지속적인 용기와 힘의 근원이 되었다.

며칠 후 유 씨를 만나기 위해 다시 찾아갔다. 지난 번에 나눈 이야기에 대하여 충분히 생각해 보았는지를 물어보았다. 그는 잠시 멈추더니 그것에 대해 많이 생각했지만 적당한 보상금액을 결정하기가 참 어렵다고 말했다. 그리고는 지난 번에 이야기했던 그가 고생한 일들을 덧붙이면서 드디어 우리가 800,000원 (그때 당시의 약 2,000 달러에 해당하는 금액)

을 지불하면 좋겠다고 말했다.

우리가 전쟁 고아들을 돕기 위해 일하는 비영리 자선단체이기 때문에 낮은 가격을 제시하는 것이지 그렇지 않았다면 훨씬 높은 가격을 제시했을 것이라고 했다. 또한 그도 한국의 고아들을 위해 봉사하고 싶다고 했다. 그 가격은 우리가 예상했던 가격보다 훨씬 낮은 가격이었다. 나는 그에게 그와 같이 어려운 결정을 해 주어 진심으로 감사하고 홀트 씨 또한 같은 마음으로 감사할거라 하고 그 다음날 다시 오겠다고 했다.

내가 떠나기 바로 전 그는 다른 사람이 들어오려고 했다면 허락하지 않았을 것이라고 말했다. 그리고 홀트 씨와 같이 훌륭한 사람을 이웃으로 맞이하게 되어 영광이며 그가 그토록 오랫동안 아끼며 관리해 온 그 땅을 선한 일에 사용할 수 있어서 무엇보다 기쁘다고 했다. 나는 홀트 씨에게 달려갔다. 그는 나를 보자 내가 좋은 소식을 전해줄 줄을 알고 있었다. "유 씨가 권리금으로 단지 팔십 만원 만 요구했습니다"라고 외쳤다. 그는 "정말입니까? 협상하는 모습을 보고 훨씬 더 많은 돈을 요구할 줄 알았는데요" 라며 기쁨을 감추지 못했다.

나도 역시 그렇게 생각했지만 그는 그가 협상하고 있는 상대방이 어떤 사람인가를 알고 난 뒤에 분명히 부드러워지고 동정적인 생각을 갖게 된 것이 분명하다. 그는 또한 우리가 제한된 자금을 갖고 비영리 자선 단체를 운영하고 있음을 알고 우리에게 많은 돈을 요구한다는 것이 옳지 않음을 알고 있었을 것이다.

그는 그의 아들의 새로운 사업을 지원하기 위해 돈이 필요했었지만 자기의 권리를 아무런 보상 없이 우리에게 양도하고 싶었던 것이다. 그가 우리에게 부른 가격은 그의 아들이 새롭게 시작하는 사업에 필요한 자금을 돕기 위한 것이었다.

그는 불행을 겪고 있는 전쟁고아들을 돕고 싶다고 재차 강조하였지만 그의 재정 상태가 그리 넉넉한 편은 아니었다. 홀트 씨는 유 씨와 가졌던 협상에서 깊은 인상을 받아 그를 만나고 싶어 했다.

다음날 나는 팔십 만 원이 적힌 수표를 그에게 건네주었다. 그는 그것을 공손히 받으면서 감사하다고 했다. 유 씨는 우리에게 우물을 팔 수 있는 몇몇 장소와 연장아들을 위해 조성할 작은 농장과 정원을 위해 알맞은 지역들을 보여주었다. 전기는 유 씨가 살고 있는 마을로부터 그 장소까지 쉽게 끌어다 쓸 수 있을 것 같았다. 홀트 씨의 가장 큰 관심은 풍부한 물의 공급이었다. 유 씨는 우리가 원한다면 그 땅 바로 앞의 논에 있는 아주 큰 샘을 사거나 빌려 써도 좋겠다고 제안했다. 홀트 씨는 논 한가운데 작은 우물에서 솟아나는 물을 보고 기뻐하였다.

유 씨와 홀트 씨는 서로 할아버지라고 부르면서 금방 친구가 되었다. 그들의 따뜻한 우정은 그들이 죽을 때까지 계속되었고 양가의 가족들에게까지 이어졌다. 유 씨와의 협상으로 우리들이 오랫동안 벌인 땅 찾기는 이제 끝났다. 우리는 서울의 바로 곁에 그와 같이 넓은 공간을 가진 땅을 찾았다는 것에 상당히 고무되었다. 우리는 직원들을 몇 개의 조를 나누어 새로 산 땅을 둘러보게 하였다.

그곳을 본 사람들은 주위가 너무나도 아름답다고 모두가 기뻐하였다. 그곳은 마치 공원이나 소풍 장소로 보였다. 덤으로 얻은 이익이 있다면 서울에서 일산 읍에 이르기까지 잘 포장된 좋은 도로가 있다는 것이다.

모든 사람들은 우리의 새로운 작업을 지원해 주었고 또한 우리의 보호 안에 있는 연장아들과 장애아동들을 위해 이곳이 훌륭한 시설이 될 것이라고 생각하고 있었다. 몇 주 만에 우리는 정부로부터 홀트해외양자회가 새 땅을 사용해도 좋다는 허가서를 받았다. 11월 말이기에 전면적으로 공사를 시작하기에는 너무 늦었지만 건축을 위한 땅을 조사하고 창고를 지을 시멘트 블록을 만들 준비를 하는 등 최소한의 준비를 했다.

　녹번동에 있는 어린이 보호시설은 어린이들이 몇 개의 방들이 서로 붙어 있는 한 개의 건물이었다. 홀트 씨는 생활환경이 어린이들로 하여금 전염병에 감염되기 쉽게 설계되었다고 했다. 이번에는 그가 몇 개의 작은 건물을 만들어 각 건물마다 전임 보모들이 함께 살 수 있도록 했다. 그는 또한 어린이들이 식구와 같은 느낌이 들도록 하는 정다운 가정집과 같은 분위기를 만들고 싶어 했다.

　홀트 씨는 오레곤에 있는 그의 가족에게 전화를 걸어 집에 있는 작은 불도저를 선편으로 보내라고 했다. 나는 시멘트, 모래, 콘크리트 블록을 만들 자갈, 보강용 철봉 자재 등의 건축 자재들을 주문하기 시작했다. 일산의 조용한 이 땅이 바쁘고 시끄러운 곳으로 바뀌었다.

　홀트 씨는 거의 매일 우리의 믿음직한 목수, 이 장로와 함께 공사를 감독하기 위해 이곳에서 지냈다. 홀트 씨가 요청했던 불도저의 선하증권이 도착하자 서류를 준비하여 세관에서 찾아 올 수 있었다. 홀트 씨는 건축물을 짓기 쉽게 땅을 평평하게 만들기 위해 불도저가 필요했다. 그는 트럭에서 불도저가 내려지자 그 위로 뛰어 올라가서 즉시 작업을 시작했다. 장난감을 다루듯이 높은 곳의 흙을 파서 낮은 지역으로 옮겨 메우기 시작했다. 우리는 날씨가 추워서 아무 것도 할 수 없을 때까지 여러 주 동안 일했다.

　미국의 입양 법이 바뀌게 되어 어린이들의 비자가 나오면 즉시 소규모 단위로 자주 출국해야 했다. 어린이들을 보내기 위해 비행기를 전세 냈던 시절은 이제 끝났다. 우리는 다섯 명 또는 열 명씩 그룹을 지어 호송하고 갔다가 며칠 후 돌아왔다. 새로운 이민 및 국적법이 개정될 때까지 우리는 이렇게 달라진 것을 참고 견디어야 했다.

　우리 어린이들이 가장 좋아하는 방문객들은 바로 어린이들을 위문하고자 자주 방문하는 미국인 병사들이었다. 일단의 병사들이 크리스마스

날에 찾아왔다. 물론 그날 가장 인기 있는 사람은 산타크로스 할아버지다. 그는 어린이들과 악수를 할 뿐만 아니라 안아주거나 하늘 높이 들어 올리기도 하며 아이들에게 과자와 사탕을 나누어 주었다.

또한 그들은 칠면조와 햄을 가져와 아이들에게 맛있는 크리스마스 저녁식사를 제공해 주었다. 미군 병사들은 더 이상 우리 어린이들에게 낯선 사람들이 아니다. 그들 중 어떤 병사들은 일 년 내내 어린아이들을 위한 선물을 사들고 꾸준히 찾아와 함께 놀아주었다. 나는 이들의 방문이 우리 어린이들로 하여금 미국인들을 만나 영어를 들을 수 있는 좋은 기회라고 생각했다.

우리 센터에서 봉사하는 미국인 자원봉사자들이 매일 어린이들과 재미있게 놀이 학습을 하고 얻게 되는 일은 어린이들에게 매우 값진 경험이 되었다. 크리스마스를 축하하면서 우리는 소란스러웠던 1961년에 안녕을 고했다. 1961년에 겪은 가장 황당한 일은 미국의 새로운 이민 국적법에 따른 입양 규정의 변화였다. 이 변화는 우리 사역에 큰 영향을 주었다. 가장 특이할 사항은 바로 일산에서 새 시설을 위해 새로운 삶의 터전을 찾아낸 것이었다.

홀트 씨가 지은 첫 번째 건물들. 일산 어린이 시설

제34장 새 이민법과 국적법

　1961년 9월 26일에 통과된 새로운 법안은 미국 부모들이 허가 받은 입양 알선 기관을 통해 입양하지 않는 경우 입양수속이 진행되는 동안이나 그 전에 반드시 입양하고자 하는 어린이를 미리 만나보아야 한다고 명시되어 있다. 만약 그렇게 하지 못하면 자기 거주지에 있는 법원을 통해 재 입양 허가를 받으면 되었다. 이 법의 새로운 해석은 입양이 계류 중인 가족들에게 커다란 도움이 되었다. 만약 입양 예정부모들이 어린이가 도착한 후에 그 지역 법원에서 재 입양하겠다는 약속을 하면 사전에 보지 않아도 입양 수속을 할 수 있었다.

　새로운 이민 국적법은 대리 입양을 막으려는 미국 내의 전문 사회복지기관에 의해 여러 해 동안 계속적이고 끈질긴 노력의 결과로 이루어진 것이다. 그들은 성공적으로 그들의 목적을 이뤄냈다. 한국으로부터 입양을 하고자 하는 사람들은 입양 수속을 하는 동안이나 그 전에 미리 개인적으로 한국을 방문하여 그 어린이를 만나보아야 했다.

　어린이를 입양하기 위하여 한국이나 다른 나라를 여행하려는 가족은 거의 없었다. 여행을 할 수 없는 가정은 정부로부터 허가를 받은 어린이 입양기관을 통하여야 한다. 오랜 기다림과 관료주의적인 혼란을 피하기 위하여 많은 부모들이 홀트를 통해 입양 신청을 했던 것이다. 이러한 상황은 전문 입양기관에 의해 사후 확인 작업을 해야 할 필요를 제거했다.

　그러므로 미국의 입양기관인들은 어린이들이 도착하기 전 법적으로 이미 끝난 입양보다는 입양 후에도 계속해서 어린이들의 적응상태를 감독 관리하는 형태를 더 선호했다. 그들은 이러한 입양절차가 어린이들의 권리를 더 잘 보호한다고 믿고 있었다.

지역사회사업기관은 부모들이 입양을 확정 짓기 위해 법원에서 동의서를 제출하기 전 적어도 6개월에서 1년 동안은 아동과 가정의 적응상태를 감독해야 한다. 아이나 부모 모두가 적응할 수 없게 되면 감득이 계속 연장 될 수 있다. 입양기관은 그 아이를 다른 부모에게 다시 입양시키는 권리도 갖고 있었다. 사회사업 전문가들은 입양된 후 사후 감독하는 일이 어린이들이나 입양가정을 위한 안전장치가 될 수 있으며 입양 핵심이라고 믿고 있었다.

그러나 한국정부는 외국 가정에 입양되는 모든 어린이들은 한국 땅을 떠나기 전 한국법에 따라 입양 수속이 이루어져야 한다고 믿었가. 그들은 이것이 어린이를 위한 최대한의 보호 장치라고 믿고 있었다. 어린이들의 궁극적 보호자는 바로 부모들 자신이지 결코 정부가 될 수 없다고 믿었다. 우리는 입양 대리인이나 미국 정부를 위해서 우리의 법적 보호권을 포기하고 싶지는 않았다.

우리는 입양 부모들을 대신하여 법적 후견인 자격을 미국에 있는 입양기관에 넘겨준다면 사소한 의심을 가지고도 어린이들을 불필요하게 이리저리 옮겨 다니게 함으로 그들의 권위를 남용할 것이 무척 두려웠다. 미국에 있는 전문적인 입양기관들은 한국법에 따라 한국에서 법적으로 입양을 최종 결정짓는 것이 미국의 입양기관의 권리를 뺏는 것이라고 생각하였다.

한국 법에 의해 한국에서 완료된 입양은 한국에서 법적 효력을 갖지만 새로운 법안을 따르면 입양수속이 진행 중이거나 그 전에 어린아이를 개인적으로 만나보지 않았을 경우 입양으로 인정하지 않는다. 그러나 부모들이 그들 자신의 주법에 따라 어린이를 재 입양할 것을 서약 하면 이민국은 어린이를 위한 입국비자를 허가했다. 새로운 해석이 캘리포니아와 미시간 미네소타와 오하이오 주 등 네 개 주를 제외한 모든 주에서 입양수속이 재개되었다.

우리는 이 네 개 주의 부모들이 한국을 방문하여 미국 법에 따라 최종 입양 전에 어린이들을 만나볼 수 있도록 여러 번의 전세 비행기를 준비하였다. 방법은 입양수속이 전보다 더 복잡해졌고 시간이 오래 걸렸다. 미국으로 떠나는 어린이의 숫자는 점점 줄어들고 센터에 남아 있는 아이들의 숫자는 점점 늘어남에 따라 우리는 커다란 재정적 어려움을 겪게 되었다.

과거에는 홀트 씨의 개인 기금이 언제나 이와 같이 긴박한 상황에서 우리들을 구해냈었지만 이제는 그것도 고갈된 상태였다. 우리는 여러 가지 프로그램과 활동들을 축소하였고 고용인들도 줄여 필수 인원만 보유했다. 남은 직원들의 책임량을 늘렸고 근무시간도 늘렸다.

한국에서의 입양업무의 미래는 불확실해진 것이다. 허가 받은 입양 전문기관들을 통해 미국에 있는 부모들로부터 가끔씩 입양 의뢰가 들어왔다. 그러나 그 숫자는 비행기 한 대를 전세 낼 만큼은 아니었다. 우리는 다섯 명에서 열 명 사이로 어린아이들을 상용 비행기 편에 보냈다.

제35장 일산복지타운의 새 시설

　원아들의 숫자가 늘어나자 홀트 씨는 가능한 빨리 새 건물을 완성하려고 박차를 가했다. 재정적인 어려움에도 불구하고 불도저를 운전하면서 건축하는 일을 감독하였다. 얼마 후 기초공사가 끝나고 일꾼들은 콘크리트 벽을 세우기 시작했다.

　새로 지은 건물들은 한 집에 20명에서 24명의 어린이가 살 수 있도록 만들어져 작지만 아담했다. 건물을 관리하고 유지보수하기에 쉽도록 기본 구상을 한 것이다. 연료비가 만만치 않았기에 신축 건물의 천정 높이는 낮추어 작은 경유 난로로도 유지 될 수 있도록 경제적이고 열 효율성을 고려했다. 건물 내부에 있는 방들은 목욕시설이 따로 있어 생활하는 공간과 분리되어 있었다. 그리고 건물마다 싱크대 시설이 딸린 작은 부엌이 있었다.

　우리는 재정적으로 계속 큰 압박을 받게 되면서 홀트 사업을 돕고 있는 분들과 입양 부모들에게 도움을 호소하였다. 그들은 건물을 계속 지을 수 있도록 기금을 보내주었다. 이에 따라 우리는 기금을 보내주신 독지가들과 그들의 가족의 이름을 따서 건물의 이름을 지었다. 홀트 씨는 이러한 재정적인 어려움에도 불구하고 여러 채의 건물을 신축하였다.

　새 건물의 페인트칠이 마르자 우리는 집안 도우미 아주머니들과 나이든 원생들 중 일부를 새 건물로 옮겼다. 어린이들이 일산으로 옮겨옴에 따라 더 많은 시간을 일산에서 보내게 되었다.

유 씨 할아버지도 진행되는 과정을 지켜보았다. 그는 마치 건설현장의 감독처럼 보였다. 나는 가끔 유 씨가 여러 해 동안 마음을 쏟아왔던 이 땅에서 여러 가지 변화되는 모습들을 지켜보는 그의 마음이 어떠한지 궁금했다. 그는 자신이 판 땅이 훌륭한 목적에 사용되는 것을 볼 때가 가장 행복하다고 몇 번이고 말해주었다.

건설 현장에는 우리 어린이들과 이웃사람들인 구경꾼들로 늘 북적거렸다. 여러 달 동안 새 건물을 지어나갔고 세탁실과 난방시설과 보일러실, 부엌과 식당, 창고, 목공실, 정문 앞에는 수위실이 세워졌다. 완다 기념관은 예배를 드리고 여름성경학교와 유치원으로 사용하고자 언덕 높은 곳에 세워졌다. 이 건물은 새 센터를 상징하는 건물이 되었다.

그해 여름까지 녹번동 센터로부터 대부분의 어린이들이 새 시설로 옮겨왔다. 아름다운 동산이 있고 평화로운 주위환경이 있는 그곳은 어린 원생들에게 천국 같은 곳이었다. 그들은 활짝 열려진 자연 속에서 즐겁게 뛰어 놀며 언덕 위의 큰 나무에 올라가기도 했다.

여름이 다가오자 숲은 깊어지고 수풀은 어린아이들을 삼킬 듯이 보였는데 아이들은 이 숲을 즐기면서 노래했다. 새들은 숲 속에서 지저귀고 들꽃들이 활짝 피어나고 아이들의 기쁨의 환호성은 한낮의 심포니를 연주하고 있는 것 같았다.

새로 지은 시설은 200명이 넘는 어린이들과 어른들 그리고 매일 많은 방문객들로 넘쳐났다. 한 때 조용했던 작은 마을이 시끄럽고 바쁘게 움직이는 어린이 시설로 거듭난 것이다. 우리에게 땅을 팔겠다면서 찾아온 농부들이 있었는데 시설로부터 몇 백 피트 정도 떨어진 곳이었다. 큰 도로가 새로 지은 시설의 서쪽에서 그 농장으로 이어졌는데 그곳에는 소나무가 우거진 국유림이 바로 옆에 인접해 있었다. 이 소나무들은 산림녹화 계획의 일환으로 심어진 것인데 잘 관리되고 있었다.

홀트 씨와 나는 새 농토가 우리의 목적에 맞는지를 알아보았다. 그 곳은 동에서 서로 약간 경사가 졌고 배수가 아주 잘되는 곳이었으나 토양은 모래가 많이 섞여 있었다. 위쪽 땅은 트럭이 지나 갈 수 있도록 길이 나 있었다. 농장은 새로 지은 시설에서 쉽게 접근할 수 있었다. 우리는 흥정하여 마침내 알맞은 값으로 사들였다. 이 농장을 구입하는 것으로 일산 시설은 마무리 된 것이다.

일산에 있는 시설을 건축하는 동안 홀트 씨는 그의 가족을 한국으로 데려와 11명이 살기에는 넉넉한 군사용 막사에서 그들과 함께 생활하였다. 그것은 마치 광야 생활을 하는 유목민의 삶과 같았으나 어린아이들은 새로운 경험을 즐겼다.

한국인 직원들은 미국에서의 현대적인 편리한 생활을 버리고 텐트에서 생활하는 것을 보고 놀랐다. 한국인들은 자녀들의 교육을 희생시키는 일은 하지 않는다. 홀트 씨처럼 스스로 미국에서의 좋은 교육환경과 제도를 떠나 한국으로 이주해 와서 산다는 것은 도저히 상상도 못할 일이었다. 홀트 씨 가족들은 한국 학교과정의 교과서를 통하여 어린이들을

일산 센터 안에 텐트를 치고 그곳에서 홀트 씨 가족들이 살았다

지도하였다. 교육에 대한 책임은 홀트 여사와 대학생이었던 이 군이 담당했다. 휴식시간 동안 그들은 센터의 다른 아이들과 함께 놀았다. 자녀들은 너무 어리고 여러 해 전에 떠났기 때문에 한국에 대한 것은 아무것도 기억할 수 없어서 언어와 관습에 대해 다시 배워야만 했다. 그들은 어린이들과 함께 놀았고 의사소통하는 데에 아무런 문제도 없었다.

홀트 씨 자녀들은 한국에 있는 동안 부모와 함께 지내는 것을 무척 좋아했었다. 그전에는 아버지가 언제나 바쁘게 오래곤과 한국에서 시간을 나누어 보내야 했다. 홀트 씨가 자녀들과 함께 많은 시간을 보낸다는 것은 특별한 것이었고 남자아이들과 함께 하는 시간은 정말 특별한 것이었다. 그때, 우리들 모두를 깜짝 놀라게 한 일이 일어났다. 홀트 씨의 막내 딸 린다와 일산 홀트의 직원인 현이 사이의 사랑이 싹튼 것이다. 현은 얼굴에 웃음이 넘치는 호감 가는 청년이었다. 그들의 사랑은 토끼를 비롯한 농장의 작은 동물들을 함께 돌보는 등 단순한 우정에서 출발하였다. 현이는 아이들에게 토끼 아버지로 더 유명해졌다. 그는 토끼장을 청소하고 풀을 구해다가 먹이는 등 각별한 애정을 쏟았다.

현이와 린다는 새 건물의 페인트칠을 하거나 허드렛일을 함께 했다. 그들의 우정이 그토록 심각한 사랑으로 발전할 것이라고는 아무도 생각하지 못했다. 현이는 농장업무를 관장하고 있는 백 씨의 아들이었는데 여름 성경학교를 주도적으로 인도했고 시설에 있는 나이 많은 다른 어린이들과 함께 일했다.

홀트 가족이 일 년간 한국에 머물다가 미국으로 돌아갈 때 다른 자녀들은 출국을 기뻐했지만 린다는 그렇지 않았다. 그들은 다시 만날 것을 약속하였고 린다는 미국에서 학업을 마치기로 했다. 홀트 씨 가족의 유랑생활은 우리에게 중요한 교훈을 주었다.

제36장 기로에서

　많은 시간을 일산의 새 센터와 녹번동을 오가며 보냈다. 이제 내 인생에 다른 무엇을 계획해야 하는 시간이 왔다고 생각했다. 1962년 말이 되었다. 우리 시설에서 보호하고 있던 아이들의 숫자가 계속해서 불어났다. 우리는 경영의 많은 어려움에 처해 있었지만 우리에게로 온 아이들을 되돌려 보낼 수는 없었다.

　새 시설의 건축 공사가 거의 마무리 되어갔다. 녹번동 시설에서는 보육병원만 계속 운영되었다. 서울시는 계속해서 버려진 아이들을 녹번동 시설로 데려왔다. 그건 이 시설이 시 구역 안에 있었기도 했지만, 그들이 마땅히 다른 곳으로 보낼 곳이 없었기 때문이기도 하였다. 건강한 아이들이면 이삼 일 후에 일산에 있는 새 시설로 보내졌다.

　1963년에는 오레곤 본부에 사회사업 석사 학위를 가지고 있는 전문 사회복지사인 닐 A. 스노우 씨가 합류하여 다른 여러 주에 있는 입양기관들과의 입양수속 일들을 맡게 되었다. 스노우씨와 그의 부인 노르마는 홀트해외양자회로부터 남자아이를 입양한 가정이다. 그는 유능한 사회복지사 일뿐만 아니라 홀트의 업무에 친숙한 사람이었다.

　스노우 씨는 다른 입양기관들을 계속해서 접촉해 나갔다. 그의 노력은 결실을 보여 다른 주에 있는 사회사업기관들과 서서히 관계를 확립해 나가기 시작했다.

　새로운 이민 법 때문에 홀트는 새로운 변화를 받아들여야만 했고 그것은 홀트해외양자회가 겪은 성장과 발전과정에서 아주 중요한 이정표를 세운 것이었다.

한국 홀트도 앞으로 미국 본부와 같이 전문 입양기관이 되어야 한다. 한국에서 전문사회사업기관은 그렇게 교육받고 경험 있는 사람들이 필요하게 될 것이라고 믿었다. 불현듯 샌디에고 주립대학에서 공부하고 싶었던 욕망이 잠에서 깨어나 다시 솟구쳤다. 바로 이 시기에 나도 사회사업학을 공부하고자 했던 분명한 비전과 이유를 찾았다. 그것은 한국에 있는 고아들과 홀트에도 도움이 되는 것이라 믿었다.

홀트가 위기에 처했을 때 이 기간을 떠나는 것이 아니었다. 시기가 아주 적절했고 홀트 씨에게 내 생각을 함께 나눌 수 있을 만큼 사정이 달라졌다. 십여 명의 아이들이 미국으로 떠날 준비가 되었다. 나는 새로 온 스노우씨를 만나 보기로 했다.

홀트 씨와 대화가 진행되는 동안 나는 미국에서 사회사업학을 공부하고 싶다고 했다. 앞으로 한국정부는 홀트해외양자회와 같은 기관이 전문 교육과 훈련 받은 사회복지사들을 요구할 것이라 했다. 한국에서 정식으로 인가받은 네 개의 입양기관 중의 하나인 한국사회복지회의 최고 경영자는 미국에서 사회사업학 석사학위를 받은 분이다. 홀트도 이제 미래를 보고 그러한 요구에 호응하도록 미리 준비해야 한다고 했다.

그는 내가 이야기하는 동안 아무 반응도 없이 조용히 듣고만 있었다. 일의 양이 많이 줄었고 내가 없는 동안 나를 대신해서 일을 맡아줄 사람을 훈련시키면 될 것이었다. 그는 "좋습니다. 김 선생이 떠나도 될 것 같습니다"라고 말했다.

그가 그와 같이 신속하게 결론을 내릴 줄 몰랐다. 만약 내가 바로 그 해에 입학하기 원한다면 서류가 준비되는 대로 곧 출발해야 한다고 했다. 홀트 씨는 내가 준비해야 할 서류가 무엇인지를 물어보기 위해 오래곤에 있는 스노우 씨에게 자신이 직접 전화했다. 그가 예상외로 쉽게 동의해 주었기에 한편으로는 놀라움과 기쁨으로 방을 나왔다. 홀트 씨는 정말로 산을 움직일 만한 행동가이며 한번 결심하면 지체하지 않았다. 그는 도전하기를 좋아했고 가능한 빠른 시간 안에 계획을 실천하는 사람이었다.

스노우 씨 도움으로 오레곤 포트랜드에 있는 포틀랜드 주립대학교 사회사업 대학원에서 수업료를 면제해주고 약간의 장학금을 받는 조건으로 입학을 허가 해주었다. 나는 그 해 9월 학기부터 학업을 시작했다.

나는 후계자를 찾기 위해 신문에 광고를 실었다. 훌륭한 행정가이고 기독교인이면 영어에 능숙하지 못하고, 영어에 능숙한 사람이면 기독교인이 아니거나 훌륭한 행정가가 아니었다.

여러 주가 지난 다음에 송 씨가 우리와 함께 일하게 되었다. 그는 미국에서 이삼 년 동안 대학원을 다녔고 영어에 능통하였다. 그러나 홀트 씨의 마음에 꼭 들지는 않았다. 그는 오래 근무하지 못하고 우리와 함께 일을 할 수 없게 되었다. 홀트 씨 마음에 든다는 것이 그리 쉽지는 않았다. 나는 송 씨가 처음에는 완전하지는 못했지만 시간이 갈수록 많은 것을 배우고 더 나아질 것이라 생각했다. 사실 송 씨와 같은 경력을 가진 사람을 얻기란 쉽지 않았다. 나는 그를 잃게 되어 무척이나 안타까웠고 다시는 그와 같은 사람을 얻지 못할 것이라 생각했다. 대부분 젊은이들은 군에 있었거나 이미 좋은 직장을 가지고 있었다. 우리가 다른 기관보다 더 많은 급여를 줄 수 있었다면 실력 있는 사람들에게 매력적인 직장이 되었겠지만 우리는 그때 재정적으로 어려운 상황에 있었다.

급여는 나와 홀트 씨 사이에 문제가 되지 않았다. 나는 홀트해외양자회가 고아들에게 인도주의적 봉사를 제공하고 있으며 홀트 씨와 함께 일할 기회가 있었다는 것에 감사했다.

몇 주 후에 어떤 젊은이가 미국에서 귀국하였는데 그는 신학을 전공하였다. 나는 그가 우리의 기대에 부응할 수 있는 아주 훌륭한 청년으로 생각하였다. 그는 기독교인이었고 영어도 능통하였다.

그에게 입양과정의 순서를 가르쳐 주었고 여러 정부기관과 미국 대사관에도 함께 갔었다. 그는 빨리 일을 배워 홀트 씨와 다른 직원들과 함께 일을 잘 꾸려나갔다.

1963년 5월 3일 둘째 아들 현배가 태어났다. 미국 생활의 어려움은 둘째 아이가 태어남에 따라 두 배가 되었다. 타국에서 갓난아이와 걸음마하는 두 아이를 돌본다는 것은 나와 아내에게 참으로 감당하기 힘든 일이었다. 이 일을 현실로 받아들여야만 한다고는 하지만 우리는 겪어야 할 어려움이 걱정되었다. 내 아내는 가족 때문에 엄청난 고통을 감내해야만 했다.

7월 23일은 어버지께서 돌아가신 날이다. 나는 아내와 두 아들을 데리고 성묘하러 갔다. 현배가 태어난 후로 처음 바깥나들이었다. 아버님께서는 나의 대학원 진학과 둘째 손주 현배가 태어난 것에 대해 무척이나 기뻐하셨으리라. 첫째 손주 성배는 17개월이 되어 주위를 걸어 다녔고 현배는 3개월이 되었다.

아버지께서 돌아가시기 전 어머니께 말씀하신 것이 생각났다. 어버지는 하나님께 자신의 자녀들에 관한 모든 것을 맡겼다고 했다. 우리 가족 모두가 그의 믿음을 유산으로 물려받았다.

9월 23일 포트랜드로 아이들을 호송했다. 이번 비행은 새로운 학기의 시작에 맞춰 학업을 시작할 수 있도록 스케줄을 내게 맞추었다. 미국으로의 마지막 호송 여행은 왕복이 아닌 편도로 전에 해보지 않았던 일이다. 7명의 아이들 중 5명은 샌프란시스코가 목적지고 다른 2명의 아이들은 포트랜드로 나와 함께 갔다. 나는 그때까지 공식적으로 홀트해외양자회를 사임하지 않았다. 홀트 씨와 나는 예정했던 대로 일이 진행되지 않으면 다시 돌아온다는 것으로 되어 있었다.

학기는 9월말에 시작되어 이제 평범한 학생으로 변했다. 추수감사절이 시작되자 얼마간의 휴가가 주어졌다. 그동안 나는 잠시 한국으로 돌아왔다. 우리는 한국에서 며칠 동안 머물면서 한국 홀트 직원들과 입양 부모들을 도와 입양수속을 도와주었다. 비행기는 추수감사절 전날 오후 늦게 로스앤젤레스를 출발하여 삼일 안으로 부모와 어린이들과 함께 다시 되돌아와야 한다.

넬슨 씨 부인은 내가 봉사하는 대가로 전세 비행기 편으로 나의 가족들이 미국에 올 수 있도록 조치했다. 나는 한국에 다시 돌아와 아내와 두 아이들 그리고 어머니와 나머지 가족 모두를 다시 볼 수가 있어서 무척이나 기뻤다. 한국에서 마지막 날 아내에게 미국 생활의 어려움에 대해 설명했다.

만약 그녀가 이러한 악조건에도 불구하고 미국에서 나와 함께 생활하고자 한다면 전세 비행기편으로 나와 함께 가도 좋다고 했다. 아내는 나와 함께 가겠다고 했고 두 아들과 같이 미국에 왔다. 성탄절이 겨칠 지나서 포트랜드 제일 장로교회 안에 있는 교회 아파트로 이사하게 되었다. 나는 교회에서 안전 관리요원으로 일하게 되며 살림에 보탬이 되었을 뿐 아니라 주거지도 해결되어 감사했다.

제37장 홀트 할아버지의 서거

4월에 크로스웰 본부로부터 해리 홀트 씨가 갑자기 돌아가셨다는 전화가 왔다. 그는 심장병으로 쓰러졌다. 언젠가 그는 길가에 앉아서 심장병 때문에 생긴 참을 수 없는 고통으로 신음하면서 한 손으로는 가슴을 부여안고 다른 한 손으로는 작은 나무 가지를 움켜잡은 채 있었던 일이

해리 홀트의 묘비

생각났다. 그는 1959년 여름 새로운 어린이 시설 부지를 물색하던 중 갑자기 심장병 증세를 보인 것이었다. 그는 지난 두 번의 경우에도 역경을 잘 넘겼는데 이번에는 운명을 달리했다.

그는 나의 가장 든든한 친구요, 지도자요, 형제였다. 실제로 그는 나를 "Brother Kim"이라고 불렀다. 나는 지금도 내 이름을 부르는 그의 생생한 목소리가 기억난다. 일할 때, 기도할 때, 어려운 일을 당할 때, 집 없는 어린이들을 돕고자 정부의 허가를 얻기 위해 관리들을 방문했던 아름다운 순간순간들이 내 마음 속과 뇌리를 스쳐갔다. 어린이 보호 시설 부지를 찾고자 함께 다녔던 날들이 생각났다. 우리는 진흙 바닥에서 헤엄치기도 하고 검은 진흙으로 덮힌 서로의 모습를 보고 웃기도 했는데… 우리는 한국을 통틀어 수천 마일을 여행했었는데….

그가 나에게 대학원에 진학해도 좋겠다고 "Yes, you may go." 란 말

은 그가 내게 했던 말 중 가장 최근의 말이었고 나에게는 가장 귀한 말이었다. 그렇다면 한국에 있는 고아들은 이제 어떻게 될 것인가? 포트랜드 주립대학에서의 나의 학업을 계속해 나갈 것인지 아니면 한국으로 되돌아가야 할 것인지, 갈등이 시작됐다. 홀트 씨 부인과 그의 동생 필립이 포트랜드 공항으로 가는 길에 나를 보러 왔다. 그들은 다음날 한국으로 갈 예정이며 내가 그들과 함께 갈 수 있는지 물어보았다.

우리는 나의 학업 계획과 홀트의 앞날에 대해 많은 것을 이야기했다. 가장 중요한 질문은 앞으로 누가 한국 홀트를 이끌어 나갈 것인가 였다. 그들은 나를 제외하고는 홀트 씨의 유업을 이어갈 사람이 없다고 했다. 나는 그들의 의견과 그러한 제안에 감사했지만 우선 그들과 함께 갈 것인지 아니면 계속해서 나의 학업을 마칠 때까지 머물러 있어야 할지를 결정해야 했다.

홀트 여사와 함께 한국에 가서 홀트를 위해 일을 계속한다는 것은 이제 학업을 중단함을 뜻하는 것이다. 내 마음 깊은 곳에서는 한국으로 돌아가서 나의 가장 친근했던 그에게 마지막 인사를 하고 싶었다. 비단 그것이 아니더라도 돌아가야 할 충분한 이유들이 많았다.

그렇지만 항상 똑 같은 질문으로 되돌아 왔다. 만약에 장례를 마치고 난 다음 포트랜드로 되돌아 올 수 없다면 어떻게 할 것인가. 곤경에 빠져 학업을 다 못 마칠 수도 있지 않을까 하는 생각이 들었다. 만약 내가 한국으로 돌아가서 홀트를 계속 이끌어 가는 것이 하나님의 뜻이었다면 왜 홀트 씨가 죽기 6개월 전에 나를 미국에 보내셨을까?

나는 홀트 여사와 필립과 함께 한국으로 같이 갈 좋은 이유를 계속 찾아보았지만 납득할 만한 이유를 찾지 못했다. 조용히 일어나 침실로 가서 잠시 기도했다. 당신께서는 이 기로에서 나에게 무엇을 원하시는 지요? 왜 당신은 6개월 전 홀트 씨를 당신 곁으로 부르시기로 이미 계획하셨음에도 나를 미국으로 오게 했나요?

　조용한 기도 가운데 내 마음 속에 "내가 6개월 전 너를 한국의 홀트에서 떠나게 한 것은 6개월 후에 홀트 장래를 위해서였다."하는 그분의 음성이 들려왔다. 만약 내가 한국에 있었다면 홀트 씨가 죽은 후 모든 사람들이 내가 홀트를 이끌어 나가야 한다고 생각했기 때문에 한국을 떠나기가 정말 어려웠을 것이다. 나는 홀트 여사와 필립이 나의 대답을 이해하고 받아들여 주기를 바랐다. 두 시간 후 그들은 나 없이 공항으로 향했다.

　대학원 1년 차 학업을 마친 후 나는 멀트노마 카운티의 사회복지과에서 여름방학동안 사회복지사로서 일할 수 있게 되었다. 거의 3개월 동안 일하면서 생활비도 벌었다. 그 해 여름은 지난 9개월 동안의 집중적인 학업과 홀트 씨의 죽음에 대한 슬픔으로 잠시 쉬어가는 기간이 되었다.

　홀트해외양자회는 그가 돌아가신 후 직원들의 데모로 어려운 시련을 겪고 있었다. 이 위대한 박애주의자요 신실한 기독교 교인이요 한국의 고아들을 헌신적으로 돌보았던 분의 자리를 대신할 수 있는 사람은 아무도 없었다. 만약 내가 한국에 돌아가 홀트에 있었다면 아마도 쉽사리 희생양이 되었을지도 모르는 일이다. 되돌아보면 내가 홀트 여사와 함께 돌아가지 않은 것은 매우 훌륭한 결정이었다.

　2년 차는 1년 차보다 훨씬 더 쉬웠다. 같은 반의 다른 친구들과 함께 오레곤 의과 대학교 지체부자유 아동 부서에서 실습했다. 장애인의 부모들은 나의 마음과 눈을 열게 해 주었고 장애인들에 대한 새로운 차원을 볼 수 있도록 해주었다. 2년간의 힘들고 어려웠던 과정들이 모두 마쳐졌다.

　아내와 아이들이 헌신적으로 나를 도와주었고 오래 참아주었음에 감사했다. 홀트 씨 부인과 몇몇 친구들 그리고 가족 식구들이 졸업식에 와주었다. 그 후 나는 1년 동안 이 기관에서 사회복지사로 계속 일했다. 다음해 나는 넬슨 씨 부인으로부터 홀트해외양자회서 일해 달라는 연락을

받았다. 나는 그녀의 제의
에 감사했지만 이미 뉴저
지 주 패터손시 커뮤니티
센터에서 일자리를 얻은
상태였다.

지난 8년 동안 입양 분
야에서만 일해 왔기 때문
에 다른 분야에서의 경험이 필요했다. 내가 한국으로 돌아갔을 때에 나
의 지식과 자질을 향상시키기 위해서는 다양한 사회사업 분야의 경험을
얻는 것이 유리할 것 같았다. 나는 아내와 이 딜레마를 의논하였는데 그
녀는 오레곤에 계속 있기를 원했다. 나는 그녀의 말을 따르기로 했다.

팔순을 훌쩍 넘기고 홀트 할아버지와 할머니 묘소를 다시 찾아 헌화하며 과거를 회상하는 필자의 모습

제38장 부회장

홀트 씨를 만나 전쟁 고아들에게 새 가정을 찾아주는 일에 동참했을 때부터 내 운명은 결정된 것 같았다. 나는 부회장 자격으로 홀트해외양자회로 다시 돌아오게 되어 미국 전역에 걸쳐있는 여러 복지기관들과 업무관계를 체결하기 시작했다. 우리는 더 이상 다른 사회복지기관들의 도움 없이 어린이들을 입양시킬 수 없기 때문이다.

먼저 어린이들을 입양하고자 하는 오레곤주에 거주하는 가정들의 적합성을 조사하고 다음으로 다른 주의 입양 관계자들과 접촉하여 입양을 주선했다. 내가 크게 놀란 것은 우리가 접촉한 거의 모든 기관들이 홀트와 일하는 것을 환영했다. 한국에서 내가 어린이들에게 많은 관심을 쏟았던 것과는 달리 입양을 기다리는 가족들의 욕구에 점점 더 많은 시간을 할애했다.

캘리포니아 주는 한국으로부터 입양된 어린이들이 가장 많은 곳이기 때문에 나의 첫 번째 접촉은 새크라멘토에 있는 주 아동복지국을 방문하는 것이 되었다. 그들은 현재 한국으로부터의 입양 업무를 담당하고 있는 사회복지사들을 만날 수 있게 주선하여 내가 어린이들의 신체적, 정서적 건강에 관하여 설명할 수 있도록 해 주었다.

나는 기회가 있을 때마다 과거 우리가 취했던 입양방법과 우리가 현재 하고자 하는 일이 그리고 우리가 추구하는 기관의 목표가 무엇인지 설명했다. 한국의 고아원에서 죽어가는 갓난아이들과 많은 고아들과 일하면서 어려웠던 경험을 그들과 함께 나누었다. 시간은 필수적인 요소였고 우리의 목표는 절망적 상황에서 가능한 많은 어린이들의 생명을 구해내는 것이었다.

주 아동 복지국은 홀트해외양자회를 통해 한국에서 입양할 어린이들과 가정을 돕겠다고 약속했다. 캘리포니아 주 사회복지국과의 좋은 관계는 전국에 걸쳐있는 다른 주 사회복지부들과 연계하는 데 큰 도움이 되었다. 나는 아이오와 네브라스카 미시간 위스컨신 미네소타 주와 같이 우리 입양어린이들이 많이 산재한 곳을 찾아다녔다. 그 후에 펜실베이니아 뉴저지 뉴욕을 방문하였다. 아이오와와 펜실베이니아에서 각각 100여 명이 넘는 입양 관계자들과 좋은 만남을 가졌다.

이 설명회가 있은 다음부터 한국으로부터 입양하는 숫자가 폭발적으로 증가하였다. 그러나 실제적으로 머리가 아프고 스트레스를 받게 하는 일은 입양 책임을 맡고 있는 부회장의 직무였다. 때때로 어린이와 입양 가정은 서로 해결할 수 없는 어려움에 처했는데 이것은 나이 든 어린이의 경우에 많았다.

언제나 이러한 어려움을 해결해 주는 일로 바빴다. 하루에도 여러 시간을 사회복지사나 입양부모들과 상담하는 데 보냈고 이 상담은 심지어 새벽 두시에도 이루어졌다. 입양에 대한 환상이 무너진 어떤 부모는 한밤중에 내게 전화를 걸어와 그들이 한국에서 입양한 아이가 지붕 꼭대기에 올라가 있어 이 일을 어떻게 하면 좋겠느냐고 물어왔다.

또 격분한 한 부모는 내게 전화를 걸어 입양한 어린이를 빨리 데리고 가든지 아니면 아이를 비행기에 태워 오레곤으로 보내겠다고 협박했다. 그 가정은 파경 직전에 있었다. 나는 미국의 많은 지역을 방문하면서 새로운 가정과 지역사회에 적응하지 못하는 아이들을 집으로 데려왔다. 행복하지 못한 부모들에게서 이러한 전화를 받을 때 마다 가슴이 무너지는 듯했다. 그러나 이러한 고통은 이 어린이들이 다른 새 가정에 가서 잘 적응하는 것을 보고 말끔히 잊었다.

홀트해외양자회가 전문 입양기관으로 성숙되어가면서 우리기관을 다음 단계로 이끌어 갈 강력한 지도자가 필요하였다. 홀트 봄 이사회에서 존 아담스 목사가 새로운 홀트해외양자회의 회장으로 지명되었다. 아담스 목사는 그때까지 홀트해외양자회 이사장으로 일해 왔었고 홀트 운영과 앞으로의 진로에 대해 잘 알고 있었다. 잭과 그의 아내 잰이 한국에서 세살난 딸 낸시를 입양하기 위해 한국에 왔을 때 그를 처음 만났다.

한국에서 미국 연합장로교회 선교사로 봉사하고 있는 그의 아버지와 함께 녹번동 어린이 시설을 방문하였다. 잭은 한국에서 태어나 어린 시절을 평양에서 보냈다. 잭은 홀트해외양자회의 대외관계와 행정적인 업무들을 맡았고 나는 사회복지 전문인으로서 홀트해외양자회를 통하여 이루어진 모든 입양을 감독하고 오레곤주 내의 입양가정들을 가정조사하는 일을 담당하였다.

잭의 부임은 모든 직원들에게 커다란 믿음을 심어주었는 데 특히 낼슨 부인과 내게 더욱 그러했다. 덕분에 나는 입양을 감독하는 일과 다른 입양기관의 사회복지사들과의 상담에 전념할 수 있었다. 우리가 협력하고자 선택한 첫 번째 기관은 언제나 주의 아동복지과였다. 그들은 우리 입양부모들에게 입양수속비용을 부과하지 않았다.

사립기관들은 대체로 입양에 따른 수속비로 많은 수수료를 요구하였다. 주 정부엔 보통 많은 입양가정들이 기다리고 있었는데 때로는 이 삼 년씩이나 걸렸지만 사립기관은 수요가 적은 탓에 신속하게 처리해 주었다. 우리는 입양을 원하는 가정에게 그 선택의 기회를 주었다. 가정들은 많은 비용을 지불하면서도 수속이 빠른 사립기관을 선택했다.

잭은 홀트해외양자회를 옛 이미지에서 탈피하여 진정한 사회사업 전문기관으로 변화시키는 데 전념했다. 잭과 나는 홀트해외양자회가 계속 성장해 나가는 과정에서 서로가 보완적인 역할을 감당해 왔다. 홀트 씨와 아담스 목사는 그들의 개성과 교육적 배경 그리고 업무 경험과 특히 관리 방법과 리더십에 있어서 서로의 방법이 상반되었다.

홀트 씨는 자수성가한 기업인으로 다부진 개성의 소유자였다. 잭은 학식이 높고 지성적 이었다. 홀트 씨는 초등학교의 학력만 가지고 있었지만 실제 일을 처리하는 데 있어서는 천재적 재능을 가지고 있었다. 홀트 씨는 직설적이고 때로는 충동적인 결정을 내렸고 때로는 결과에 대한 깊은 생각을 하지 않고 직면한 상황에 빨리 대처하였다. 그는 불같은 성격의 소유자였지만 그의 잘못에 대해서는 즉시 뉘우치고 사과하였다.

반면에 잭은 이성적으로 모든 것을 천천히 조심스럽게 검토하고 다시 평가하는 데 시간을 보냈다. 그의 조심성 때문에 때로 너무 늦게 처리되곤 했다. 홀트 씨는 정책적으로 보수적인 반면에 잭은 진보적인 성향을 가진 개방적인 사람이었다. 홀트 씨는 그의 구원의 기쁨과 변화되었음을 공개적으로 다른 사람들과 함께 나누었으나 잭은 헌신적인 기독교인이 었지만 그의 경험을 드러내놓고 표현하지 않았다.

그들이 공통적으로 가졌던 것은 하나님을 향한 신앙과 열정과 헌신이 었다. 그들의 의사결정 과정과 일을 추진하는 형태는 다르지만 똑같이 좋은 결과를 가져왔다. 나는 이 두 사람과 가까이 일하면서 가끔 두 사람을 비교해 보았다.

하나님께서 시대와 환경에 따라 적절한 사람을 보내 일하게 하는 것을 경험했다. 때때로 6.25전쟁 후 혼란했던 그 당시 한국에서 잭이 어떻게 일을 했을지 생각해보았다. 한국에서 홀트해외양자회를 처음 시작했을 때 우리가 했던 선구자적 일들을 감당하기에 알맞은 사람은 그가 아니었다는 것은 분명했다. 어린아이들을 위한 최선의 선택을 위해 위기와 비난받을 수 있는 결정들을 신속하게 처리할 수 있었던 것은 바로 홀트 씨 뿐이었다. 게다가 홀트 씨는 홀트해외양자회를 다음 단계로 이끌어 나가고자 하는 잭의 입장을 이해할 수 없을 것이라고 생각했다. 이 두 사람은 홀트해외양자회가 필요로 하는 적절한 시기에 그들의 특별한 재능을 잘 활용할 수 있게 한 사람들이었다.

1967년 여름 포트랜드 콜리세움에서 개최된 미국 연합장로교회 제179차 총회에 참석했다. 아버지가 장로교회 목사였기 때문에 미국에서의 총회에 관해 큰 호기심을 갖게 되었다. 나의 가족 5대가 한국 장로교의 신도이며 나는 이러한 가족의 유산을 자랑스럽게 여겼다.

스탠포드 대학교의 종교학 교수인 로버트 매카피 브라운 박사가 설교했다. 그의 설교의 주제는 기독교 세계사에 관한 "새 세대를 향한 복음"이었다. 그는 초기 기독인 신앙이 개인구원을 어떻게 강조하였는가와 그들의 신실한 믿음을 기념비적인 모습으로 남기기 위해 고딕 양식의 교회 건축물들이 지어졌다. 그는 기독교인들과 교회가 어떻게 발전을 거듭해 왔는지에 대해 말했다. 그는 앞으로 기독교인들은 사회의 불의와 사회적으로 참정이 제한된 약자들을 위해 더욱더 헌신해야 한다고 했다.

예수님께서 우리의 죄를 용서하시기 위하여 십자가에서 돌아가신 궁극적인 희생이 기독교인으로서 나의 믿음을 온전히 지배하였지만 예수님의 사역에 사회복음적 관점에 대해서는 잘 모르고 있었다. 이 새로운 초점이 나의 생각을 새롭게 해주었고 고무시킨 것이다. 드디어 나는 전문적인 사회사업과 나의 기독교 신앙을 접목시킬 수 있었다.

학교에서 사회사업학을 배울 때에 사회복지사는 가난한 자와 사회적 약자들을 대언하고 보호하는 사람들이 되어야 한다고 늘 들었다. 그러나 이러한 말은 대부분의 사회복지사들이 가지고 있었던 진보적인 이념과 투쟁성에 대해 부정적인 나의 태도에 대해 다시 생각하게 하였다. 그들의 이념들은 사회주의의 가면을 쓴 것처럼 보였다. 나는 가난한 자와 소수에 대한 그들의 정책들이 정부에 대해 호전적인 것으로 보였다. 좀 확대 해석한다면 그들은 전통적인 체제에 대해 반대하는 공산주의자들처럼 보였다.

브라운 박사는 그날 저녁 내가 기독교와 사회사업을 실현하는 일이 동등하다는 것을 깨닫게 해 주었다. 우리 사회복지사들은 예수님께서 이 세상에서 그의 사역을 감당하실 때 그랬던 것처럼 가난한 자들과 과부와 고아들, 사회적으로 억눌린 자들을 위해 일 해야 한다고 했다. 나는 지금까지 미국에 존재하고 있는 가난과 인종 차별을 비롯한 여러 가지 사회 불의에 대해 좀 더 강력하고 적극적으로 대처해야 한다고 생각했다.

1968년 1월 7일에 유진에 있는 새크리드 하트 병원에서 인배가 태어났다. 말할 필요도 없이 어머니는 셋째 손자 인배가 태어나자 무척 기뻐하셨다. 어머니는 멋진 세 아이의 할머니가 되신 것이다. 아마도 어머니가 기대하셨던 것 이상의 일일 것이다. 어머니는 고마워하셨고 우리들에게서 받은 선물 중 가장 최상의 것이라고 말씀하셨다. 어머니는 미국에서의 삶을 이렇듯 많은 축복과 행복 속에서 시작하셨다.

봄 학기에 아내는 오레곤 대학교에서 도서관학의 석사과정을 다니기 원했다. 인배가 겨우 두 달밖에 안된 탓에 아내가 석사과정을 밟겠다는 것은 어쩌면 무리일 수도 있었다. 그러나 그녀는 단지 2개 강좌만 듣는 과목별 수강생이고, 우리와 함께 살기 위해 오신 어머니가 아이들을 돌보아 주실 수 있기 때문에 나는 흔쾌히 그녀의 뜻을 따랐다. 아내는 무척 기뻐하며 학교를 다녔다.

2년 후 그녀가 학업을 마치고 오레곤 대학교에서 도서관학 석사학위를 받았다. 아내는 노스웨스트 크리스찬 대학의 도서관에서 오전 중에만 일할 수 있는 자리를 얻었다. 아이들이 학교에서 돌아오기 2시간 전에 집에 돌아올 수 있기 때문에 아주 이상적인 직장이었다. 아내는 그곳에서 내가 심장병을 앓기까지 7년 동안 일했다. 그러나 나 때문에 아내는 직업을 바꿔야 했다.

제39장 연장아동들과 지체장애인들을 위한 도전

미국 전역에 걸쳐 있는 입양 기관들과의 협조와 지원이 늘어남에 따라 우리는 전례에 없었던 일들을 시도할 수 있게 되었다. 입양 부모들과 함께 일 해온 지난 11년 동안 일을 하면서 얻은 경험으로 한국 일산에 있는 연장아동들과 장애 어린이들의 입양을 추진하기 시작했다.

입양 기관들은 여전히 완벽한 가정과 건강한 아이들의 입양에 중점을 두고 일해 왔다. 많은 취학 연령 아동들은 그들이 어렸을 때 입양될 수 있었던 최초의 기회를 놓쳤기 때문에 지금은 6살에서 13살의 연장어린이들이 되었다. 그들은 대부분의 입양 부모들이 갓난아기들을 선호하기 때문에 입양되지 못하고 거의 7년이란 세월 동안 보호 시설에 머물러 있었다.

신체적 장애가 때로는 정신적 장애가 있는 것으로 오인되었다. 어린이의 성장과 발달과정에 특별한 교육을 받지 않은 아동 보호 직원들이나 사회 복지사들은 쉽게 이러한 실수를 범하게 되어 결국 입양할 수 없는 아이로 탈락시켰다. 정신지체(MR)라는 단어가 남용되어 많은 어린이들에게 참혹한 결과를 가져왔다.

또 많은 실수들이 한국어에서 영어로 번역되는 과정에서 이뤄지는 경우도 있었다. 우리는 어린이의 건강상태와 정신적 정서적 발달에 관해 정확한 단어를 선택하여 쓰도록 사회 복지사들에게 재교육을 했다. 또한 외국 직원들에게는 아동보고서가 입양 부모에게 보내지기 전에 반드시 다시 검토할 것을 부탁했다.

사회 복지사들은 시설에서 성장한 어린아이들에게 있는 특별한 행동들을 잘 이해하지 못했다. 많은 어린이들이 정신지체라기보다는 오히려 "시설생활에서 온 장애 I.R(Institutional Retardation)"라고 해야 옳았다. 비정상적인 행동에 대해서도 어린이들을 가까이서 관찰하고 돌보아주거나 따뜻한 사랑이 넘치는 가정에서 살아간다면 쉽게 고쳐질 수도 있었던 것이 많았다.

포트랜드 주립대학교 사회사업학과의 급우였던 루드 나이슬리가 사회복지 상담사로 우리와 함께 일을 하였다. 그녀는 일산 센터에서 살았고 장애아들을 평가하고 보고서를 준비하는데 많은 도움을 주었다. 연장아 또는 지체장애아 입양을 원하는 대부분의 가정은 전에 홀트에서 입양을 하여 좋은 경험을 여러 해 동안 겪었던 부모들로서 두 번째 또는 세 번째 입양을 하고자 하는 부모들이었다.

우리는 이러한 가정에 우선권을 주었고 그들의 가정조사서를 가능한 한 빠른 시일 안에 완성하였다. 다른 부모들이 성공한 사례를 보고 더 많은 가정들이 나섰다. 우리의 끈질긴 노력으로 일산 센터에서 "대기 아동"이라고 불리던 어린이들의 대부분이 새 가정을 찾아 입양되었다. 14세가 넘었거나 아주 심각한 신체장애를 가지고 있는 아이들과 발달 장애를 가지고 있는 심한 장애아들을 제외하고는 입양을 기다렸던 대부분의 어린이들이 입양되었다.

이 운동은 미국에서의 위탁 가정 제도에 묶여 있는 수많은 어린이들에게 새로운 가정을 찾아주는 운동에 큰 영향을 주었다.

홀트해외양자회는 여러 해 동안 값비싼 경험을 얻게 되었고 또한 입양 예정 부모들 그룹은 미국에서 시행되고 있는 입양에 있어 전례 없는 변화를 가져오게 했다.

　한국 홀트해외양자회의 지부장 존 타이즈 목사는 북유럽 국가에 있는 가정에 한국 어린이들을 입양시키고자 처음 추진을 시도하였다. 타이즈 목사는 여러 해 동안 감리교 선교사로 일해 왔으며 한국어에도 아주 능통하였다. 미 감리교 선교사였으나 동시에 홀트해외양자회 지부장으로 일할 수 있도록 고마운 배려를 해 주었다.

　한국 전쟁 동안 북유럽의 여러 나라들은 우리들의 재난을 돕기 위해 비전투 의료팀들을 보냈다. 이 나라들의 입양 가족들은 한국의 전쟁고아들의 역경에 대해 아주 잘 알고 있었다. 패트리셔 켈티 씨는 전문적인 사회 복지 업무와 감독 업무를 제공해 주었다. 그녀는 미국 맥코믹 신학대학원에서 사회사업을 전공하고 한국 홀트해외양자회의 사회복지 상담사로 임명되었다.

　연장아동들과 신체적 장애가 있는 수많은 어린이들이 이들 스칸디나비아 국가에서 새로운 가정을 찾게 되었다. 덴마크 정부는 장애가 있는 어린이들에게 입양의 문호를 열어주었고 언청이로 고통받던 같은 어린이들이 덴마크 가정에 입양되었다. 패트 켈티와 함께 세미나를 인도하기 위해 여러 차례 이들 나라들을 방문하여 입양부모들과 사회복지사들을 위한 워크숍을 개최하였다.

　70년대 후반에 이르자 이들 북유럽의 많은 나라들은 한국으로부터의 입양을 중지하였다. 그러나 스칸디나비아 국가들 대부분은 한국 어린이들의 입양을 계속하였다. 그들의 입양에 대한 관심은 한국 어린이에게만 한정된 것이 아니고 동남아를 포함한 아시아의 다른 여러 나라와 라틴 아메리카에도 영향을 미쳤다.

제40장 홀트해외양자회에서 홀트아동복지회로

홀트해외양자회는 전례 없이 많은 어린이들이 한국에서 입양되어왔다. 이와 동시에 입양할 수 없는 어린이들도 많이 생겼다. 홀트는 원래 입양할 수 없는 어린이들은 우리의 보호대상이 아니다. 이 어린이들을 앞으로 계속 보호 양육하려면 많은 재원이 필요하게 된다. 홀트는 이 문제를 인정하고 이에 대한 대책을 세워야 했다. 입양사업은 입양비와 부족한 재원을 기부금 등으로 충당할 수 있지만 장기간의 보호와 양육을 요하는 어린이들에게는 전면적인 모금 운동이 필요했다.

이 문제를 해결하기 위하여 이사회가 열렸는데 이번 이사회에는 로즈버그 출신 국회의원 존데렌 벡 씨가 동참했다. 이사회는 새 사업들을 추가하기 위하여 사업목적을 추가하고 정관을 바꾸어 기관의 명칭을 홀트해외양자회를 홀트아동복지회로 바꾸었다. 이제 우리는 복합전문아동복지기관으로 탈바꿈하게 되었다.

사업의 확장으로 더 많은 직원들이 필요하고 이들이 근무할 수 있는 새 건물이 필요했다. 모든 것이 처음 시작된 크레즈웰을 떠난다는 것은 매우 어려운 일이었다. 우리의 어린이들이 도착하는 미국의 관문 도시인 샌프란시스코, 씨애틀, 포트랜드를 지목하였으나 크레즈월이나 그 근처에 뿌리를 두고 오래 살아온 직원들은 다 떠나기를 원치 않았다.

결국 많은 토의와 장고 끝에 새 사무실을 오레곤 유진 시에 짓기로 결정했다. 얼마 후 우리는 넓은 공간에 각자 자기 사무실이 따로 있는 새 건물에 이사하게 되어 모두 기뻐했다.

홀트가 복합아동복지 기관이 됨에 따라 홀트 사업을 처음으로 다른 나라에서도 할 수 있게 되었다. 마지볼즈 이사가 월남에서 일하는 것을 강력하게 추천하였으나 월남보다 방글라데시에 가기로 결정했다. 그 이유는 그 나라는 지금 동파키스탄과 서파키스탄과의 전쟁으로 많은 어려움에 처해 있었다.

우리는 방글라데시 침례 선교회로부터 그 나라에서 퇴각하는 서파키스탄 군인들의 부녀자 강간과 만행으로 많은 여자들이 어린이들을 낳게 되었는데 그들을 도와달라는 전보를 받았다. 우리가 돕지 않으면 많은 어린 아기들이 낳자마자 죽게 된다는 것이다. 이슬람 국가에서 결혼하지 않은 처녀가 어린이를 낳으면 불결해서 다시는 결혼의 기회가 없다고 했다. 따라서 우리는 어린이와 어머니들을 도와야 했다.

우리는 곧 라버트 챔네스를 책임자로, 루드씨들러를 사회복지사를 현지에 파견했다. 그러나 많은 임신부들은 몰래 조용히 깊은 산속에 가서 아이를 낳고 죽여 버려 우리는 겨우 12명의 어린 아기들을 입양하는데 성공하고 그 곳을 떠나야 했다. 여자들에 대한 독특한 문화와 종교적 배경에서 온 편견으로 비롯된 비극이었다.

홀트아동복지회가 복합사회복지기관이 된 후 뉴저지 주에서도 입양기관 설립허가를 받아 홀트가 직접 그 주에 사는 입양 가정에 입양시킬 수 있게 되었다. 우리는 그 주에 사는 여러 입양 가정 중 윌리암 스페분 내외와 와빌키앙카 내외의 도움으로 많은 어린이들을 입양시킬 수 있었다.

그곳 지리와 복잡한 교통 상황을 모르기 때문에 처음에는 스페분 씨 내외가 서로 나를 비행장에서 맞아 모든 스케줄에 따라 하루 종일 차를 운전하며 가정방문과 그들의 만남에 도움을 주었다. 일이 차츰 많아지자 키앙카씨가 자원하여 이 일을 맡게 되었다. 나는 이들의 도움으로 많은 어린이들을 쉽게 입양시킬 수 있었다.

나는 일이 많아지면서 새로운 전문 사회사업직원들이 많이 들어와 이들을 지도 감독할 직원이 필요하게 되었는데 세계 기독교 봉사회에서 사회사업 자문직을 맡아 하는 헬렌 밀러가 우리와 함께하게 되어 그동안 내가 맡았던 많은 일들을 맡아 주었다.

수잔이라는 갓난아기는 너무 어려서 입양되었기 때문에 그 아이의 선천성 장애를 모른 채 입양되었다. 어린이가 성장하면서 나타난 여러 문제로 이 아이는 새 입양 부모 곁을 떠나야 했다. 그것은 입양 부모들에게 큰 실망과 아픔을 안겨주었다. 이 아이는 그들의 첫 아이이기 때문에 아주 특별하였다. 그 어린이를 키우기 위해 계속 여러 가지 노력을 했음에도 불구하고 진전이 없어 그 어린이를 포기했다.

우리는 수잔을 씨애틀에 살고 있는 보드맨 씨 부부에게 잠시 맡겨 그 어린이의 성장발달 과정을 지켜보고 진전이 없으면 홀트일산원에 보내기로 했다. 일 년을 기다려도 아무 변화가 없어 그 어린이를 한국에 보내 일산에서 계속 자라도록 조치했다. 하지만 보드맨 씨 부부는 그동안 정이 들어 그 아이와 헤어질 수 없어 결국 수잔을 입양하여 지금까지도 같이 살고 있다.

홀트가 입양했던 어린이들 중에 다른 가정으로 재 입양이 된 어린이들은 매년 1.5%에서 2% 정도이다. 백 명 어린이들 중 2명 정도 새 가정에 재 입양된다. 그것은 연장아이들의 입양(학교 다닐 수 있는 연령)에 따르는 새 가정에서의 적응에 문제가 생겼기 때문이다. 우리는 상담으로 그 문제를 해결하려 하지만 때로는 쉽게 해결되지 않는 일도 있다. 홀트는 지금까지 매년 2%의 재 입양하는 낮은 비율을 유지하고 있다.

나와 내 처는 곧 그들을 집에 데려와 우리와 같이 생활하면서 그동안 새 가정에 적응되지 못한 이유들을 조사했는데 대부분의 경우 언어 장애에서 오는 극히 단순한 문제들이 확대되어 생기는 결과였다. 몇 주 후 우리 내외는 그들이 다시 적응할 수 있도록 미국의 새 문화의 이질성에서 오는 갈등들을 이해하고 수용할 수 있도록 도와주고 나아지면 곧 그들을 그 집에 다시 보내거나 혹시 당사자들이 원치 않으면 다른 가정에 재 입양했다.

이 결과는 항상 어린이나 새 가정에게 많은 기쁨과 만족을 가져다주었을 뿐 아니라 나와 내 아내, 그리고 우리 온 가정 식구들에게로 큰 기쁨을 가져다주었다.

제41장 방글라데시와 월남

　베트남에서의 혼혈 어린이들의 어려움을 듣고 홀트아동복지회 국제본부가 그곳에 사업을 시작하게 되었다. 문제는 시기였다. 방글라데시에서 홀트아동복지회의 사업이 문을 닫음에 따라 베트남에서의 가능성은 점차 높아져 갔다. 미국 군인들과 베트남 여성 사이에서 많은 어린이들이 태어나고 있었다. 또한 고아원에는 날마다 전국 각지에서 모여든 어린이들이 늘어나고 있었다.

　잭과 나는 사이공에 있는 몇몇 고아원의 원아들의 상황을 돌아보고 홀트아동복지회 사업 가능성에 대하여 조사하기 위하여 베트남을 방문했다. 낄낄대는 베트남 여인들과 미국 군인들의 모습을 통해 나는 지난날 내가 미군과 동거하던 한국 여자들이 살던 주변의 작은 마을을 연상해 보았다. 이러한 일의 끝은 어디인가?

　먼저 사이공에서 일하고 있는 미국계 비정부 단체 직원들을 만나 그 곳의 근황에 대해 들었다. 그 다음 우리는 베트남 정부의 관리를 만났다. 그들은 베트남에 홀트아동복지회가 오는 것을 환영하였고 우리들에게 협조와

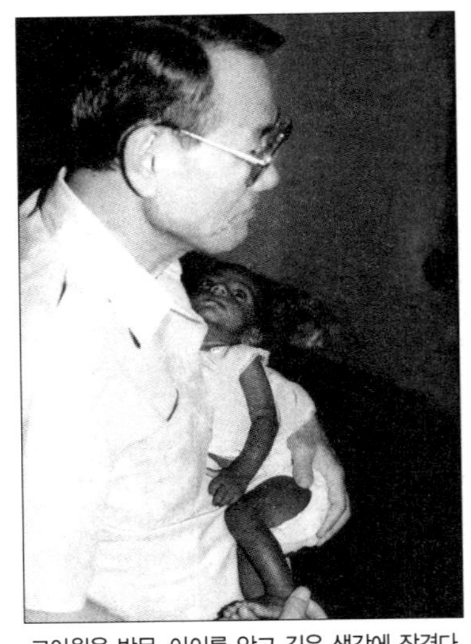

고아원을 방문. 아이를 안고 깊은 생각에 잠겼다

지원을 약속하였다.

고아원을 방문했을 때 과거의 아픈 추억들이 다시 떠올랐다. 고아원들은 가톨릭 수녀들에 의해 운영되었고 어린이들은 건강해 보였다. 그러나 다른 시설에 있는 어린이들은 내가 기억하고 있는 한국전쟁 중의 고아들처럼 허약하고 영양 상태가 열악했다.

나는 아주 낡은 요람 침대에 누워 몸을 앞뒤로 흔들고 때로는 자기 머리를 옆으로 쾅쾅 부딪히고 있는 아이를 보았다. 고아원에서 으래 살고 있는 아이들의 전형적인 자기 위안 방법이다. 나는 그 아이를 요람에서 들어내 안으려고 했지만 아이의 옷은 오줌으로 흠뻑 젖어 있었고 기저귀는 더러웠다. 이 아이는 몇 시간 동안 계속 그곳에 앉아 있는 듯 보였다. 나는 사람을 불러서 어린이의 기저귀를 갈아주라고 했다. 아이는 얼마나 불편한 가운데 있었을까?

고아원 시설들은 다양하였다. 어떤 고아원들은 눈에 띄게 수준 이하였다. 우리가 방문했던 사이공 외곽에 있는 고아원 마당에는 쥐가 돌아다니고 있었고 아주 불결해 보였다. 어떤 고아원들은 우리를 환영하였지만 어떤 고아원들은 우리가 입양 기관이라는 것을 알고 우리를 원하지 않았다.

그들은 입양 기관들이 그들에게 올 빵과 버터를 빼앗아 간다고 생각했다. 이것은 홀트아동복지회가 한국에서 처음 시작할 때 한국의 고아원 운영자들이 보편적으로 가지고 있었던 생각이었다. 그러한 것을 이곳에서 다시 보면서 나는 베트남에서 우리가 업무를 시작해야 한다고 믿었다.

우리는 베트남 사무소 소장으로 로버트 챔네스 목사를 임명하였다. 그와 그의 아내가 미치는 이 일을 시작하기 위해 사이공으로 거처를 옮겼다. 얼마 후 그들은 직원들과 아이들을 위해 마련된 건물에 입주하였다. 국제 비정부 기구와 다른 구호단체들이 차고 넘치기 때문에 쓸만한 건물이 거의 없었다. 챔네스는 일반 사무직과 사회사업의 일을 담당할 직원들을 채용했다. 패트리셔 켈티가 몇 달 후 입양을 위한 절차를 준비하기 위해 챔네스와 함께하였다.

새로운 조직은 그 모양새를 갖추어 나갔지만 진도는 예상한 대로 빠르지 않았다. 소문은 혼혈 어린이를 데리고 있는 어머니들 사이에 퍼져 나갔고 그들은 해외 입양을 위하여 베트남 홀트아동복지회에 어린아이들을 맡기기 시작했다. 시설에 머무는 어린이들의 숫자가 급속하게 늘어 이 아이들을 돌볼 직원들을 추가로 채용했다. 챔네스와 켈티는 모두 베트남 법에 따른 입양 절차를 준비하느라고 매우 바빴다. 그들은 뇌물을 쓰지 않고는 서류가 잘 진행되지 않는 것을 알았지만 그것을 피하여 인내력을 가지고 열심히 일해 좋은 결실을 맺었다.

1974년 여름 엘리뇨 케이브즈가 베트남에서의 사회사업 상담직을 맡았다. 패트리셔는 과도기에 그곳에 머물렀고 그후 한국으로 돌아갔다. 불행하게도 베트남에서의 전투는 점점 더 심해졌고 그로인해 피난민들도 많이 생겨났다. 베트남 정부는 이들을 돕기 위해 가족 지원 계획을 세웠는데 홀트아동복지회가 이 사업을 맡았다. 그것은 전투 중 가족들을 잃어버린 집 없는 아이들에게 가족을 다시 찾아주고 피난 가정들을 도울 수 있는 좋은 기회가 되었다.

우리는 전에 월남에 기독교 사회봉사회에서 일했던 전문사회사업가 그렌 노드붐과 존 윌리암스를 사역에 동참시켰다. 존은 정부로부터 받은 원조금을 5개의 다른 기관들에 배정하여 그 기금을 각 피난 가정에 나누어 주도록 했다. 또 이 기금을 적절하게 쓰는지 그들의 활동들을 감독했다. 베트남에서의 전쟁 막바지에 시작한 이 사업은 오래가지 못했다. 그 나라의 대부분이 베트콩에 의해 장악되었고 점점 더 많은 피난민들이 사이공으로 몰려들었다. 월남 정부의 종말이 가까워졌다.

우리는 갑작스러운 소개령이 내려지는 만일의 사태에 대비해 피난계획을 세웠다. 우리가 보호하고 있는 400여 명의 어린이들을 의해 점보 여객기를 대여하기로 했다.

미국 영사관의 직원이 챔네스 씨에게 월남 정부의 몰락이 문 앞에 다가 왔음을 알려주었다. 홀트아동복지회는 가능한 한 빨리 피난 준비를 해야 했다. 많은 사람들이 어린아이들을 맡길 수 있는지를 알아보기 위해 우리 시설로 몰려들었다. 그러나 어린이들을 받기 전 반드시 이 어린이들이 자기가 낳은 어린이들이고 미국에 입양되는 것을 동의 한다는 친권 포기각서에 서명한 후 어린이들을 맡았다.

보잉 747 점보 비행기를 전세 내어 우리 시설에 있던 어린이들과 직원들 모두가 위험한 상황을 빠져나와 안전하게 미국으로 옮겨 이들을 사랑하는 입양 부모들과 만날 수 있게 되었다.

베트남 직원들은 혼란 시기에 모든 유혹을 물리치고 책임있게 행동하는 용기를 보여주었고 침착하게 올바른 판단을 유지해 주었다. 그들은 올바른 접수 과정을 유지했고 우리의 정책을 잘 지켜나감으로 훗날 많은 혼란과 소송과정을 피할 수 있었다.

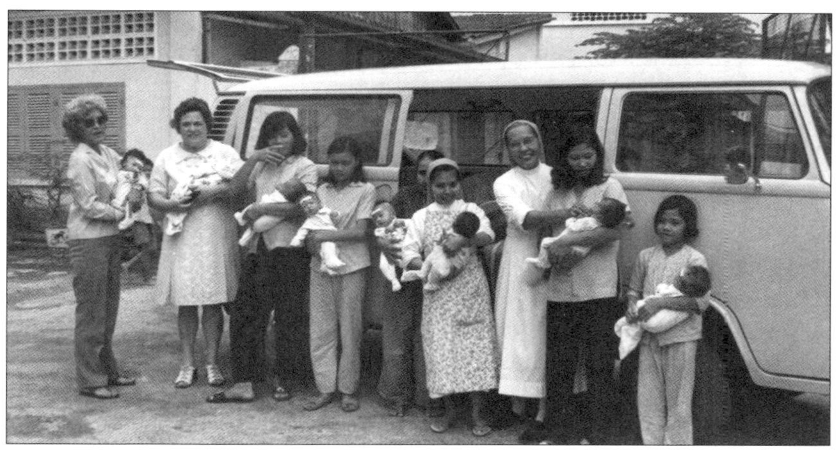

홀트 월남 지부 직원들

제42장 모국방문과 여름캠프

1975년 나는 한국에 처음으로 입양아 그룹을 이끌고 모국방문을 하게 되었다. 그때 우리는 박정희 정부의 김종필 국무총리를 만날 기회가 있었다. 우리 모두는 한국 정부의 제 2인자인 그를 만날 수 있다는 점에 흥분하였다.

그는 입양 청년들에게 지금껏 그들의 가슴속에 모국을 간직하고 한국 방문에 참여해주어 감사하다고 말했다. 그는 또 "나는 오직 하나의 조국만 있는데 여러분은 두 개의 자랑스럽고 사랑하고 존경하며 봉사할 수 있는 조국이 있어 참으로 운이 좋은 사람들입니다."라고 말했다.

그는 젊은이들에게 Korean-American이 된 것을 자랑스럽게 여기고 고귀한 이상과 목표를 이루기 위해 열심히 노력할 것을 부탁하였다. "여러분의 미래를 예비하고 조국 미국이 여러분을 필요로 할 때 나라를 위해 봉사하십시오. 여러분이 입양된 나라 미국의 훌륭하고 존경받는 시민이 되는 것보다 더 여러분의 모국을 영광되게 하고 감사하는 길은 없습니다."

그가 연설을 마쳤을 때 모든 사람들은 두 눈에서 눈물을 닦기 위해 손수건을 꺼냈다. 이 훌륭한 사람과의 만남에 대한 추억은 아직도 생생하다. 방문 여행 마지막 날 우리는 젊은 입양 청년들에게 무엇이 가장 인상적이었는지를 물었다. 그들은 다 같이 김종필 총리를 방문한 것이 가장 기억에 남는 것이라고 했다.

이 모국방문 프로젝트는 그 후 계속되어 1978년 한국과의 분규가 있던 해만 제외하고 오늘날까지 이어지고 있다. 이 방문은 우리 입양아들에게 모국의 발전과 자랑스러운 문화의 배경과 그들의 뿌리에 대해 다시 음미하고 감사하게 하는 좋은 계기가 되었다.

또 이 모국 방문 프로젝트는 입양아들의 입양사후 서비스로도 매우 중요하게 생각하고 있다. 젊은이들이 한국에 다시 와서 시설에서 아직 살고 있는 동료들을 다시 만날 수 있을 뿐만아니라 자신들이 미국에서 행복하게 살고 있다는 것에 더욱 감사함을 느끼게 했다. 또 나이가 많아 한국을 떠난 젊은이들 중에는 남기고 떠난 형제나 어머니 그리고 다른 가족들을 다시 찾을 수 있는 기회도 생기게 되어 많은 환영을 받고 있다.

그리고 다른 입양아들을 만나 자기가 경험했던 일들이 혼자만의 일이 아니고 다 보편적으로 경험했다는 것을 서로 나눌 수 있는 좋은 기회가 되었다.

미국 홀트에서 일하면서 많은 입양아들이 부모들과 함께 우리 Eugene에 있는 본부에 찾아왔다. 그럴 때마다 입양 온지 오래된 대학생이나 고등학교를 졸업하게 되는 젊은이들을 만나 서로 대화할 수 있는 기회를 가졌다. 그리고 매년 8월 첫 토요일에 열리는 연례야유회에서도 그들을 접하여 많은 것을 서로 이야기하게 되었다.

그럴 때마다 나는 그들에게 모국에 대한 것이나 한국의 자랑스러운 문화의 배경과 뿌리에 대해 이야기 해 주었다. 특히 그들이 한국을 떠난 다음 모국의 계속적인 경제적 발전으로 한국이 놀라운 성장과 발전을 한다는 것을 알려주었고 그들이 모국에 대해 자랑스럽게 생각하라고 했다. 50년대 말이나 60년대에 입양된 어린이들은 모국에 대한 것을 모르거나 좋은 인상을 가지고 잊지 않았다.

나는 기회 있는 대로 우리 민족과 한국에 대해 자랑스럽게 생각하도록 격려하면서 그들과 함께 한국을 직접 방문하여 그 발전상을 보고 들으며 느끼게 하고 싶었다.

백문이 불여일견이라 했던가? 내가 아무리 잘 설명한다 해도 한번 직접 가보는 것이 더 효과적이며 뜻이 있다고 생각해서 시작한 것이 모국 방문이다. 이 방문은 입양 사후관리의 일환으로 입양의 처음과 끝을 매듭지어 입양을 궁극적으로 종결하는 매우 중요한 절차이다.

70년대 중반은 미국의 경제적 사정도 나아지고 비행기표 가격도 많이 내려 쉽게 마련 할 수 있었다. 입양부모들은 자녀들의 대학이나 고등학교 졸업 기념선물로 사주면 쉽게 해결되며, 또 본인들이 방학 동안이나 졸업 후 직장을 얻어 번 돈으로 표를 사면된다. 이것을 우리 정기 간행물에 발표하고 참가자들을 모집하였는데 20여 명의 지원자들이 연락해 왔고 모두가 기뻐했다. 나는 이들을 비행기 편에 따라(샌프란시스코, 로스엔젤스, 씨애틀) 출발시켰다.

한국에서 이 젊은이들은 따뜻한 환영을 받았고 많은 곳을 방문하면서 그동안 맞보지 못한 맛있는 한국 음식도 맛보면서 즐거운 2주간을 보냈다. 70년대의 눈부신 발전은 모든 것을 새롭게 했다. 그들은 이것들을 보고 놀랐고 자기 뿌리에 대해 처음으로 자랑스럽게 생각하며 감사했다.

우리는 모든 여정이 끝나 떠나기 전 날 모두 모여 그동안 있었던 일과 모국방문에 대한 평가회를 가졌다. 젊은이들은 모국 방문 프로그램이 그들에게 가져다 준 많은

일산에서 홀트 하라비지의 묘소를 방문한 입양아들

것에 감사했고 이렇게 입양아
들이 모여 서로 대화하고 자
기 경험들을 서로 교환할 수
있는 기회가 좀 더 일찍이 그
들에게 필요한 시기에 있었더
라면 더 좋았을 것이라 했다.

나는 그것이 언제였느냐고
물었다. 그들은 다같이 10대

영락교회 예배에 참석한 입양아들. 한경직 목사님과 함께

(12~16살)에 많이 필요했다고 했다. 나는 값있고 좋은 결과를 얻은 것에
감사하고 사무실에 돌아와서 미국 여름방학동안을 이용해 그 이듬해 "틴
에이져" 캠프를 오레곤에서 시작했다. 캠프의 지도자와 보조 카운슬러들
은 모국방문에 참가했든 대학생 중에서 선택해서 운영하였고 나는 뒤에
서 그들의 프로그램을 짜 진행시키고 감독했다. 십대에 들어오면서 입양
아들이 겪는 많은 갈등과 문제들이 있는데 그것이 무엇이며 그것을 어떻
게 해결해 주어야 하는가 하는 것에 고민하며 젊은이들을 도왔다.

이 프로그램은 매우 성공적으로 계속되어서 우리 입양 어린이들이 많
이 살고 있는 중서부지역과 동부에도 이 캠프를 시작해 좋은 결실을 맺
고 있다. 그 후 이 프로
그램들은 지금 연례프
로그램으로 대년 계속
되고 있다.

입양아들의 여름캠프 참가 어린이들과 지도자들 모두
홀트 입양 아동으로 이루어졌다

제43장 청년 혼혈인들의 입양

70년대 중반에 수백 명의 혼혈 청년들이 한국에 살았다. 이 청년들은 해외 입양의 기회를 놓쳐버렸다. 신체적인 외모가 확연하게 다른 혼혈 아이들은 사회에서 차별 대우를 받을 수밖에 없었다. 지속적 모멸감은 자주 싸움을 불러 일으켰으며 가끔 학교를 빠졌고 그 고통을 참고 견디어내기 어려웠다.

이 아이들이 홀트아동복지회에 입양 수속을 하기 위해 다시 왔을 때는 대부분이 나이가 열네 살이 지난 상태였다. 홀트아동복지회는 이들을 받아 홀트가 운영하고 있는 2개의 건물에서 백인계 혼혈아와 흑인계 혼혈아 30여 명이 남자와 여자 따로따로 살게 하였다. 젊은 남자 청년들은 홀트에서 운전기사로, 여자 청년들은 일산 센터에서 일했다.

다른 학생들은 한국 홀트아동복지회 주선으로 광성중 고등학교에서 학업을 계속하였다. 그 학교는 이들이 차별대우를 받지 않도록 특별한 배려를 해주었다. 그들 모두 같은 학교에 다녔기 때문에 함께 뭉쳐서 괴롭힘과 놀림당하는 것에서 스스로를 보호할 수 있었다.

그들은 많은 재능을 가지고 있었음에도 불구하고 한국에서는 미래가 없었다. 나는 한국에 갈 때마다 그들을 방문하였다. 그들의 미래에 대해 곰곰히 생각해보았다. 나는 그들에게 미국에 있는 적합한 가정들을 찾아 입양을 보내는 게 최선책이라 생각하고 그것을 위해 힘썼다. 이 생각을 한국 홀트 아동 복지회의 회장 그리고 본부의 전문사회사업가 바바라 드러리와 함께 의견을 나누었다.

잭을 만나 내 생각을 그에게 전했다. 그는 "당신은 지금 무슨 일을 하려고 하는지 알고 계십니까? 어떻게 우리가 그 청년들을 미국으로 데려올 수 있겠습니까? 골치 아픈 일이 수없이 많을 것입니다."라고 말했다. 나는 그에게 "나는 골치 아픈 일이나 문제들 또는 어려움을 두려워하지 않습니다. 나의 가장 큰 두려움은 당신이 나의 제안을 받아들이지 않을까 하는 것입니다. 홀트 씨는 그가 8명의 어린이들을 입양하여 미국으로 데려올 수 있도록 미국 의회가 특별 법안을 통과시키는 데 성공했습니다. 우리도 똑같은 일을 할 수 있다고 생각합니다. 이 청년들을 위해 오레곤 출신 패크우드와 해트필드 상원의원에게 요청하여 특별법을 만들도록 하면 되지요. 이 청년들은 우리 시민권자의 아들이요 딸들입니다."라고 했다.

많은 사람들은 내가 제정신이 아니라고 생각했다. 그들은 이기 성장해 있지만 미국의 가정을 필요로 하고 있었다. 그것이 국제 홀트아동복지회가 해야 하는 일이고 이 기관의 설립 취지이기도 하다.

우리가 해야 할 첫 번째 일은 미국에 있는 예비 부모들에게 보여줄 10대 청년들의 성장 보고서를 최근 정보로 정리하는 일이었다. 우리는 하이 패밀리 간행물에 광고를 실었고 이 젊은 청년들을 받아들일 입양 가족들을 모집하는 내용의 책자도 만들었다.

우리는 이 계획을 홍보하고 가능성 있는 가족들을 모집하고자 전국에 걸쳐 있는 우리의 모든 부모들에게 안내지를 보냈다. 이 청년들에게 새 입양 가정을 찾아주는데 거의 일 년이 걸렸다. 나는 기쁘고 행복했지만 그것은 단지 시작에 불과했다.

우리는 패크우드 상원의원과 해트필드 상원의원에게 미국 의회에 사법(私法)을 소개시키는데 그들이 도와줄 것을 요청하였다. 우리는 젊은 청년들의 아버지가 한국전쟁 중 한국에 주둔했던 미국 군인이었음을 보여 주는 정확한 증거들을 제시하였다. 상원의원 사무실은 그 법안을 소개하는 데 몇 개월이 걸렸다. 우리는 미국계 혼혈아들의 입양 부모들이 법안 통과를 위해 그들 지역의 상원의원들과 하원의원들을 연락하라고 했다.

미국 의회는 결국 이민국이 이 젊은 청년들이 미국에 들어올 수 있도록 특별 법안을 통과시키기보다 임시 비자를 발행해 줄 것을 추천하였다. 이 순간을 간절히 기다려왔던 30여 명의 젊은이들에게는 그들 생애에 가장 잊지 못할 순간이 되었다.

미국 입국 비자를 얻는 것은 단지 이 계획의 시작이었다. 진정한 테스트는 그들이 새 가정에 도착한 다음 시작되었다. 입양 예정 부모들을 위하여 예비 교육과 정보 교환 워크숍을 시작했다. 미국의 생활 방식에 관하여 입양청년들에게는 특별 교육을 시켰다. 우리는 젊은이들에게 식탁 예절과 만나는 사람들에게 어떻게 대하여야 하는지에 대해 교육을 시작했다.

그들이 손님이 아니라 그 가족의 참된 구성원으로서 허심탄회하게 서로 대화하며 살아야 한다고 했다. 이 교육은 이 프로그램이 시작되는 순간부터 젊은이들이 새로운 가정을 찾아 떠나기 전날까지 계속되었다. 그들 중 대부분은 잘 적응하였다. 특히 새 가정에 10대 남매들이 있는 경우 그들이 잘 적응할 수 있도록 도와주었다. 그러나 몇몇 젊은이들에게는 많은 문제들이 있었다.

그들은 얼마 안 되어 자기들이 스스로가 어디에 가는지 집에 언제 돌아오는지 책임질 수 있게 행동하기를 요청받았다. 그들은 다른 남매들을 보고 그들과 똑 같이 행동하기를 원했다. 물론 이러한 일은 부모와 입양아 사이에 큰 갈등을 가져왔다.

부모들은 아이들이 아직은 성인이 아니고 부모의 지도와 도움이 필요하다고 느꼈다. 부모들은 이들이 불량한 아이들과 어울리거나 다른 위험한 일에 뛰어들지 않을까 걱정했다. 부모들은 전형적인 부모로서의 걱정을 하고 있는 것이다. 몇몇 이 젊은이들은 한국에서 생존하기 위해 배운 것으로도 충분히 경험을 쌓았으며 세상물정을 잘 알고 있다고 생각했다. 그들은 어린이 대접을 사양하고 있는 것이다.

부모들과 입양아 사이에 지속적인 주도권 다툼이 있었다. 나는 그 둘 사이에 서서 서로 화해시키기 위해 많은 노력을 다했다. 미국 전역에서 실망한 부모들과 입양아들로부터 시도 때도 없이 여러 통의 전화를 받았다. 입양아들은 영어를 거의 할 수 없었고 이것이 문제를 더 악화시켰다.

입양아들은 부모들이 전혀 자신들을 이해하지 못한다고 불평하였다. 쉽게 고쳐질 수 있는 사소한 문제도 언어 소통이 되지 않아 가끔 큰 문제로 비화되었다. 또 다른 문제는 문화의 배경이 다른데서 오는 갈등들이었다. 젊은이들은 가장 빠른 시일 안에 운전하고 싶어 하지만 부모들은 먼저 새 나라에 익숙해야하고 교통 법규와 규칙을 배우면서 준비할 시간이 필요하다고 생각했다.

젊은이들은 미국의 주역이 되기를 원했고 기다린다는 것은 영원한 것처럼 느껴졌다. 젊은이들에게 미국 문화에 적응하기위해서 자동차는 매우 중요한 것이었고 우리의 젊은이들도 예외는 아니었다.

어떤 젊은 여자 입양아는 어린 여동생과 방을 함께 쓰는 것에 대해 불평하였다. 그녀는 미국은 부자 나라이기 때문에 가족들은 각자의 방을 가지고 있다고 생각했다. 그 가정은 이 여자 입양아가 왜 혼란스러워하는지 이해할 수 없다고 전화를 걸어왔다. 나는 전화로 입양아에게 미국의 모든 사람들이 자신의 방을 가지고 사는 것은 아니라고 설명해 주었다. 내가 설명을 마치자 그녀는 "네, 저는 그것을 몰랐어요. 잘 알겠습니다."라고 대답했다. 나는 그 가족에게 모든 것이 잘 해결되었으니 걱정할 것 없다고만 말했다.

아내와 나는 때때로 전화를 하고나서는 크게 웃었다. 자주 걸려오던 전화도 점차 줄어들었지만 오랜 시간동안 계속되었다. 격분한 젊은이들로부터 전화 받을 때면 가끔 절망에 빠져들었다. 그러나 그들이 결국에는 잘 정착하여 나갈 것이라는 희망을 버리지 않았다. 또한 이 젊은이들이 매우 잘 지내고 있어서 행복하다는 부모들로부터의 전화를 수없이 받았다. '샘'이라고 하는 한 흑인계 신체장애 젊은이는 대학에 가서 손발이 없는 사람들을 위한 의족, 의수 제작을 전공하였다.

아내와 나는 첫 번째 가정에서 적응에 어려움을 겪어 결국은 몇 달 동안 우리 집에서 지냈던 20대 중반의 청년 두 사람을 돌본 적이 있었다. 그들 중 한 사람은 나중에 침례교 목사가 되어 지금은 워싱턴의 한인 교회에서 자랑스럽게 목회를 하고 있다.

여러 해가 걸렸지만 마침내 모든 젊은이들은 적응하여 미국에서 확실하고 정상적인 삶을 살아가기 시작했다. 바바라 드루리의 도움 없이 이 도전적인 프로그램을 완성할 수 없었다. 그리고 훌륭한 입양 가족들이 기꺼이 이 젊은이들을 그들의 가정에 적응하도록 이해와 인내 그리고 믿음을 가지고 시련을 함께 겪었다.

이 프로그램에 대해 잘 알고 있는 사람들은 가끔 나에게 이 젊은이들로부터 소식을 듣느냐고 물어왔지만 그들에게서 아무 것도 듣지 않는 것이 최선일지도 모른다고 말했다. 그들이나 그들의 가족으로부터 소식을 전혀 듣지 않는다는 것은 그들이 잘 지내고 있다는 증거이기 때문이다.

제44장 동남아시아에서의 새로운 시작

베트남에서 철수한 이후 타일랜드가 다음 홀트 국제 프로그램의 최적 지역으로 선정됐다. 타일랜드와 라오스에서 평화 봉사단으로 여러 해 동안 일했던 죤 윌리암스는 타이어를 유창하게 했고 홀트 국제 프로그램을 대표하는 지부장이 되었다.

죤은 홀트가 타일랜드의 고아들을 돕기 위해 1976년 6월 홀트 사하타이 재단이라고(Holt Sahathai Foundation) 하는 비영리 토착 재단을 설립하고자 5명의 이사들을 선택했다. 그들 중 몇 사람은 재단 설립이후 20년 동안 이사회 이사로 지금까지 봉직하고 있다.

그들은 모두 저명한 사회 인사들이었다. 이들의 이타적이고 헌신적인 노력으로 홀트 사하타이 재단은 타일랜드에서 도움이 절실히 필요한 어린이들에게 폭넓은 서비스를 제공하는 어린이 봉사기구로 발전하였다. 홀트 사하타이재단이 타일랜드에 남긴 업적중 하나는 자폐증 어린이들을 위해 시작한 작은 프로그램인데, 지금도 운영되고 있고 계속 성장 발전하고 있다.

유엔 난민 고등 판무관실은 홀트 사하타이 재단에게 타일랜드와 캄보디아 국경 지대에 있는 여러 피난민 캠프에서 전쟁으로 부모와 헤어진 어린이들을 돕는 일을 맡겼다. 그 해 가을까지 베트남에서 일했던 버드 터너와 글렌 노우트붐을 필리핀에서 일을 시작하도록 임명했다. 많은 베트남 난민들이 필리핀에 모여 있었다.

이 나라 전역에 널려 있는 수백의 고아원에는 많은 고아들이 있었다. 버드 터너는 베트남에 있던 미국 국제 개발국에서 홀트 가족지원 사업을 주관하던 사람이다. 터너는 죤 윌리암스가 타일랜드로 떠남과 거의 동시에 새로운 홀트 기구를 세우기 위해 마닐라로 갔다.

우리는 새로운 사무실을 동시에 두 나라에서 시작한 것이다. 터너는 카이사한 부하이 재단을(Kai Sahan Buhay Foundation) 구성하기 위해 필리핀에 있는 몇몇 유능한 전문가들을 초대해 이사회에 참여시켰다. 이들은 모두 필리핀의 저명인사들이다. 터너는 카이사한 부하이 재단의 행정책임자로 사회복지사인 이스터 카호 여사에게 그 일을 맡겼다.

카이사한 부하이 재단은 타일랜드의 홀트 사하타이 재단과 같이 완전히 독립적으로 자급자족하는 토착기구로 발전성장 시키는 것이 목적이었다. 재단 설립으로 시작된 첫 번째 사업 중 하나는 드 폴 프로젝트(De Paul) 였는데 그것은 고아원에 있는 고아들을 낳아준 가족들과 재결합 시키는 일이다.

이 프로젝트는 하트 어브마리 빌라(Heart of Mary Villa) 고아원의 뭄바사 감독 수녀와 연계하여 만든 프로그램이다. 이 프로젝트를 시작하기 위해서 고아원에 있는 모든 어린이들이 어디 출신이며, 언제, 왜, 누구에 의해 고아원에 오게 되었는지 알기 위해 재평가가 시작되었다.

우리는 고아원에 있는 어린이들 대부분의 부모가 이웃 어느 곳에 살아 있다는 것을 알았다. 우리는 이 아이들의 생부모가 살아있기 때문에 해외에 입양되는 것이 최선의 선택이 아니라고 생각했다. 이 아이들은 부모들이 너무나 가난하여 돌볼 수가 없어 고아원에 온 것이다. 현실적으로 그들은 '경제적 고아' 인 것이다. 이 정책의 요지는 고아원에 있는 어린이들이 자신을 낳아준 가정에서 양육될 수 있도록 돕는 것이다.

유진에 있는 홀트국제아동복지회는 이 프로그램에 필요한 기금을 제

공했다. 사회복지사들을 채용
해 가정을 방문하고 또 고아원
에 있는 어린이들을 재평가 할
수 있도록 해 주었다. 재평가가
끝나면 직원들과 자원봉사자들
은 이 어린이들을 낳아준 부모
들을 찾기 시작했다. 결과적으
로 이 프로젝트는 아이들의 반
이상이 자신의 원래 가족들을
찾아 재결합할 수 있게 하였다.

"홀트사하타이재단" 홀트 태국 직원들

　한국의 홀트아동복지회의 독립과 토착화 사업에 대한 필요성이 자주
우리 마음속에 떠올랐다. 한국홀트의 독립을 좀 더 일찍 계획했어야 했
다. 그러나 이 필요성은 타일랜드의 홀트 사하타이 재단과 필리핀의 카
이사항 부하이 재단을 설립하면서 우리 마음 속에 더 절실히 다가왔다.

"카이사항 부하이" 필리핀 직원들

제45장 켄터키 대학 연수 프로그램

로버트 챔네스는 잭 타이스의 안식년 휴가로 한국 홀트아동복지회의 책임자로 일 년간 대체 근무하고 돌아와서 한국 홀트 독립의 필요성을 확인하였다. 우리는 이것을 실천하기 위해 먼저 운영과 사회복지 실무진을 위한 지도자 훈련 과정을 개발하였다.

그들은 유진 사무실에 한 달 동안 머물렀고 또 한 달은 켄터키 대학교 사회사업학과에서 교육을 받았다. 우리는 켄터키 대학교 교수 폴 김 박사의 도움으로 이 훈련 프로그램을 진행시킬 수 있었다. 그는 특별 교육 과정을 계획했을 뿐만 아니라 켄터키에서 훈련받는 사람들이 머무르는 동안 거처할 곳도 마련해 주었다.

이 훈련 프로그램은 후에 사회사업학과 석사과정을 이수하는데 필요한 발판이 되게 하였다. 훈련프로그램을 이수할 사람들의 선택은 한국 홀트에 의해 정해졌다. 폴 김 박사가 훈련 기간 중 그들의 성적 여하에 따라 석사과정을 이수하는데 대해 추천하도록 하였다.

한국 직원들의 사기는 높았고 모든 사람들이 틈틈이 영어 능력을 연마하면서 훈련 프로그램에 참여할 수 있는 차례를 기다렸다. 네 명의 직원들이 어린아이들을 에스코트하고 미국에 왔다. 우리는 이들이 유진에서 가족들과 머물 수 있도록 준비했으며 영어 실력을 늘릴 수 있는 기회를 주었다. 그들은 아침 8시에 사무실에 와서 다른 직원들과 똑같이 4시 30분까지 머물렀다.

그들이 사무실의 직원들과 함께 입양가정의 선정이나 입양과정에 관한 모든 절차를 배우도록 했다. 첫 주는 주로 경영과 앞으로 홀트의 진로 등에 관하여 이야기하면서 나와 함께 보냈다. 모든 어려움을 극복하고 성공을 향한 강한 의욕을 가진 모든 사람들에게 감사했다. 나와 함께 첫 주를 보낸 후 부서별로 다른 직원들과 같이 일했다. 매일 일과가 끝날 때 그들은 30분 동안 나와 함께 하루의 일과를 평가하고 질문을 주고받았다.

참석자들 중 몇몇은 영어로 자신의 의견을 표현할 수 없어서 불편을 겪었다. 그들은 좋은 질문들을 가지고 있었고 다른 사람의 질문에 잘 반응을 보였지만 정확하고 효과적인 의사소통을 할 수 없었다.

한 달이 너무 빨리 지나갔다. 모든 사람들은 유진에서 더 오랫동안 머물고 싶었지만 켄터키로 갈 준비를 해야 했다. 이들은 김 박사를 만나 교육과정과 켄터키 사회사업 대학 학장 콘웨이 박사를 소개받았다. 그녀는 이들을 따뜻하게 환영하여 주었고 4주 동안 즐겁고 생산적인 교육이 이루어지도록 도왔다.

김 박사는 커리큘럼과 주제는 그들이 배우고 싶은 것들을 요구에 따라 변경될 수 있게 했다. 유진 사무실은 가족과 같았으나 학교는 달랐다. 그들이 편안한 마음으로 공부할 수 있도록 학업과정에 적응하기까지는 여러 날이 걸렸다. 우리는 김 박사가 깊은 이해와 인내를 보여주어 감사했다. 약간의 어려움이 있었지만 그들은 성공적으로 특별과정을 이수하였다. 콘웨이 박사를 비롯하여 교육과정을 이끌었던 교수들은 즐거운 경험을 하였고 훈련프로그램을 위해 켄터키 대학을 선택해 주어 감사하다고 홀트 국제본부에 편지를 보내왔다. 네 사람의 개척자들에 의해 세워진 새로운 이정표에 대해 우리 모두가 함께 축하해 주었다.

이 프로그램은 12명의 직원들이 이수할 때까지 계속되었고 우리는 두 번째 단계를 준비하였다. 12명의 수료자들 중 한두 사람을 뽑아 켄터키 대학교의 MSW(Masters in Social Work)프로그램을 이수하도록 추천하였다. 학업이수능력과 함께 유창한 영어 구사력을 필요로 했다. 우리는 또한 이 석사과정을 이수하기 위해 선정된 사람에게 장학금을 지급하도록 준비했다.

한국 홀트가 독립적으로 운영되기를 원한다면 우리는 이 프로그램을 최선을 다해 지원해야 한다. 나는 한국 홀트의 독자적 운영이 벌써 이루어졌어야 했다고 느꼈다. 우리는 지난 20년이 넘도록 수직적인 관계를 유지해 온 것이다. 2년 동안 매년 2만 달러를 지급하면 2명의 직원들이 MSW학위를 받을 수 있었다. 잭은 나의 제안을 지원하는 데 적극적이었고 그 다음 이사회에서 이 안건은 통과되어 2만 불을 책정했다.

나는 켄터키 대학교의 폴 김 박사에게 전화를 걸어 새로운 결정에 관하여 알려주고 그의 계속적인 지원에 대해 다시 한 번 더 감사했다. 첫번째 MSW 후보자를 결정하는 책임은 전적으로 그의 어깨에 달려 있었다. 석사과정을 이수하기 위해서 외국 학생들은 자기 대학 과정 학점 평균이 B+이어야 하고 토플시험 성적이 적어도 600점 이상이어야 했다.

그는 우리의 훈련생들 중 누가 이 조건을 충족할 수 있을는지 걱정하였다. 나는 김 박사에게 모든 수강생들이 학업 성적과 토플 점수를 얻어낼 수 있을 것이라고 말했다. 나는 훈련생들에게 전화를 걸어 우리의 훈련 프로그램에 대해 설명해 주고 켄터키 대학교에서 MSW 과정을 이수할 수 있도록 장학금이 배정되었다는 소식을 전해 주었다.

그리고 동시에 대학에 입학하기 위한 기본적 요구사항에 대해 김 박사와 나누었던 대화내용도 설명해 주었다. 몇 사람은 졸업학점요건을 충족시켰지만 토플시험요건에 대해서는 크게 실망했다. 어떤 훈련생은 540점을 받았다. 다시 시험을 치러서 가능한 점수를 얻도록 격려해 주었다. 해가 지나갈수록 그 프로그램에 적합한 인재를 찾기 어려워 크게 실망했다. 기금도 있고 국제 홀트로부터의 지원도 있고 한국 문화를 이해해 주는 훌륭한 교수도 있는데 자격 있는 학생이 없는 것이 큰 문제였다. 그 프로그램은 1978년 한국 홀트와의 분규 후에는 점차 사라져 버렸다. 그것은 내가 홀트 재직 중에 겪은 가장 아픈 기억으로 내 가슴속 깊이 남아 있다.

1975년 한 해 동안 거의 2,000명 가량의 입양 수속을 처리할 수 있었던 능력이 우리로 하여금 새로운 여러 나라에서 신규 사업을 할 수 있다는 확신을 갖게 했다. 베트남에서 철수한 후 국제 입양에 대해 강력한 비난이 쏟아졌는데 특히 제3세계와 동구권에서 더욱 그러했다. 그들은 동남아의 개발도상 국가들로부터 미래의 자원들을 빼앗아가고 있다고 북미와 북 유럽 국가들을 비난하였다. 고아원에 있는 어린이들이 그들의 성격이 형성되는 시기에 부모의 따뜻한 사랑을 받지 못하고 성장하면 유용한 자원이 될 수 없다는 것이 우리의 경험이요 믿음이다.

1970년대 말까지 국제 홀트가 사업을 진행했던 나라들 가운데 몇몇 국가들은 이런 악의에 찬 공격의 영향을 받았다. 몇 나라는 입양 숫자를 통제하기 시작했고 가정이 필요한 입양 어린이의 숫자가 부족한 것이 아니라 근거 없는 비난과 공격으로 인해 그들의 태도가 변했기 때문이었다. 우리는 가장 빈곤한 어린이들이 있는 나라들의 정책 수립자들을 변화시킬 수 있는 효과적인 대응책을 내놓을 수가 없었다. 나는 신체적으로 매우 피곤했고 국제 입양에 대해 근거 없는 비난은 나와 많은 사람들을 아프게 하였다.

거의 2주 동안 방글라데시를 여행하면서 지방에 있는 많은 고아원들을 방문하였다. 고아원들은 참으로 열악한 상황에 있었다. 건물은 수리가 절실했고 어린이들은 남루한 옷을 입었으며 영양실조로 고생하고 있었다. 나는 다카에서 정부 관리들을 만나 어린이들을 사랑하는 부모들이 있는 가정에 입양될 수 있도록 요청하였다. 그들은 아무 반응도 없었다. 때때로 작은 균열이 커다란 홍수의 문을 열게 할 수 있다라는 작은 믿음 때문에 이러한 노력이 계속되었다.

우리는 주로 선교사들을 위한 게스트하우스에 머물렀는데 시설이 매우 열악했다. 침대는 쿠션이 없는 평평한 나무판자였다. 불편함에 덧붙여 나는 밤새도록 방 주위를 날아다니는 모기들의 집요한 공격에 밤잠을 이룰 수 없었다. 잠을 잘 수 없는 많은 밤과 연장된 일정 때문에 피곤했고 특히 일이 잘 해결되지 않아 더욱 그러했다. 그러나 정부 당국으로부터 조금 있으면 좋은 소식을 얻을 것이라는 소망과 믿음이 나를 참고 견디게 했다.

그 도시 가운데에 위치한 커다란 고아원을 방문하였는데 그곳에는 400명이 넘는 고아들이 있었다. 고아원의 직원들은 나를 따뜻이 맞이하여 주었다. 그리고 어린아이들이 나에게 달려 나오면서 마치 "우리는 당신을 오랫동안 기다려 왔어요, 지금까지 당신께서는 어디에 계셨던가요? 우리가 이곳에서 속히 가게 해주시고 우리에게 훌륭한 가정을 찾아주세요, 우리들 중에 약하고 병든 아이들이 있어서 너무 오래 기다리게 하면 죽고 없을지도 몰라요" 하는 듯 했다.

나는 감독자에게 홀트를 소개하고 우리의 조직에 관하여 알려주었다. 그에게 국제 홀트는 지난 20여 년 동안 전 세계를 통해 수많은 고아들이 새 가정에서 행복하게 살 수 있게 했다고 하였다. 그는 잠시 동안 조용히 듣더니 똑바로 나를 쳐다보며 말했다. "김 선생님 만약 위대하신 알라신이 아이들에게 부모가 필요하다면 그는 벌써 부모를 주었을 것입니다. 그것은 당신이 걱정할 일이 아닙니다." 나는 커다란 돌로 한 대 얻어맞은 듯 했다. 나는 대답해야 하지만 무슨 말을 해야 할지 몰랐다. 어떻게 그들의 신과 대적한단 말인가? 그리고 그는 "안 됩니다. 우리의 어린이들을 미국에 보낼 수 없습니다."라고 대답하였다.

그것이 우리 대화의 끝이었다. 나는 그에게 만약 그가 마음을 바꾼다면 명함에 있는 주소로 연락해 달라고 했다. 내 몸과 다리가 떨리기 시작했고 모든 힘이 몸에서 쭉 빠지는 듯 했다. 나는 그에게 작별인사를 하고 뒤로 어린이들을 남겨 둔 채 천천히 그 고아원을 나섰다. 그곳에는 더 이상 어떻게 할 방법이 없는 듯 보였다.

뉴델리에 거의 2주일을 머무르며 새로운 홀트 사무실을 인도에 세우는 방도를 모색해 보았다. 국제 홀트는 뉴델리 북동쪽 200마일 정도 떨어진 곳에 있는 바레일리 시에 있는 고아원을 통하여 이미 여러 명의 어린이들을 입양해 오고 있었다. 그 도시에 있는 다른 여러 고아원들을 방문하였지만 우리의 집중적인 노력에도 불구하고 인도 아동복지위원회와 지역 고아원들의 지원이 없어 아무런 결실을 맺지 못했다. 우리의 인도사업 계획은 어린이보호센터를 세워 직접 운영하기 보다는 운영중인 고아원들을 통해 일하기로 했다.

우리의 전반적인 목적과 정책은 국내 및 해외 입양이라는 지속적 프로그램을 통해 고아원의 숫자와 고아원에 있는 어린이들의 숫자를 줄이는 일이었다. 우리는 인도 아동복지위원회가 입양 배치의 숫자는 크지 않았지만 이미 해외입양을 진행하고 있었기 때문에 그들과의 더 원만한 업무 협조관계를 갖도록 시도하였다. 그러나 여러 차례 시도해 보았지만 관료주의와 뇌물, 잘못된 인식 등으로 전혀 결실을 맺을 수 없었다.

마드라스 고아원과 인도 남부의 방글로 지방에 있는 다른 고아원으로부터 산발적인 입양 배치가 계속되었다. 캘커타에는 이미 다른 기관이 그곳에서 훌륭하게 일을 하고 있어 그곳에서 다른 기관들과 경쟁을 하고 싶지 않아 피하기로 하였다. 뉴델리의 수많은 고아원에 있는 어린이들의 운명에 대하여 깊이 생각해 보았다.

인도에 있는 나의 훌륭한 친구이며 퇴역 장군인 딜론 육군중장이 언젠가 나에게 "김 선생, 인도사람들은 한꺼번에 많고 큰 것들을 처리할 수 없습니다. 그들은 언제나 작게 생각합니다." 라고 말한 적이 있었다.

이탈리아 출신 무역상인 친구가 그가 좋아하는 가구를 보고 몇 세트를 사서 이탈리아에서 팔았는데 반응이 좋아 그 점포에 다시 와서 100세트를 만들어 달라고 주문했다. 그 점포 주인은 넋이 빠진 듯하였고 그에게는 그렇게 많은 물건을 만든다는 것이 상상 밖이었다. "김 선생, 당신 나라 사람들은 그러한 기회가 오면 껑충 뛰면서 100세트를 준비해 줄 뿐만 아니라 그가 더 팔 수 있도록 몇 백 세트를 더 주문해 달라고 했을 것입니다. 그들은 수요에 맞출 수 있도록 곧장 생산을 확장했을 것이죠. 내가 무엇을 말하고 있는지 아시겠죠?" 그때 나는 단지 그가 크게 성공한 사람으로 인도의 성장과 발전의 늦은 속도에 이해 할 수 없다는 급진적 생각으로 절망감을 말하는 것으로 생각했다.

돌이켜 생각해 보니 그는 나에게 인내로 기다리고 큰 것이 아닌 작은 것으로 출발하라는 절묘하고 현명한 충고를 해 주었던 것이다. 그 나라 사람들의 속도에 따라가야지 우리의 가치관에 의해 급히 일을 서두르지 말아야 한다는 것을 나는 잠시 잊었다. 다시 배웠다. 굶주림 때문에 고생하는 많은 어린이들을 보고 내 마음이 급해 서둘렀기 때문에 그 귀한 충고를 잠깐 잊고 있었던 것이다. 그들은 우리 홀트 국제아동복지회가 큰 입양기관이여서 수백 명 수천 명의 입양을 다룰 수 있는 기관으로 생각했기 때문에 우리와 접근을 꺼렸을 수도 있었다고 생각했다.

제46장 처음 찾아 온 심장마비

내가 유진으로 돌아갈 준비를 하고 있는데 본부로부터 전화를 받았다. 잭은 내게 집에 돌아갈 준비를 하고 있겠지만 한군 데 더 들러야 한다고 했다. 한국 홀트아동복지회를 방문해서 그곳에서 일어난 여러 일들을 살펴보고 오라고 했지만 자세한 내용은 설명하지 않았다.

그 일들을 내가 다음 번 한국을 방문할 때까지 기다려 달라고 했다. 그는 "그럴 수 없다"고 했다. 그의 대답에 다급함이 있음을 알고 방콕에서 비행기 예약이 되는대로 빨리 가겠다고 했다.

서울에 도착하여 말리홀트와 한국홀트 부지부장을 만났다. 몇몇 이사들은 그들의 임기를 갱신해야 하는 시기에 이사회가 소집되지 못하여 이사직에서 물러나게 됐다. 말리도 물러남에 따라 홀트 가족은 더 이상 한국 홀트아동복지회에 대표권을 행사할 수 없게 되었다.

오랫동안 홀트 가족과 가까웠던 다른 이사들과 여러 해 동안 한국 홀트아동복지회를 위해 성실히 지원해 왔던 이사들도 모두 물러나게 되었다. 지부장과 그를 지원하는 이사가 해외 출장을 갔다가 시일 내에 들어오지 않아 여러 이사들의 임기가 만료되었다.

홀트에서 이와 같은 일이 일어났다는 것은 상상하기 힘든 일이었다. 우리는 한국 홀트아동복지회의 지도자들은 설립자 홀트 씨 가족의 염원에 따라 잘 이끌어 나가고 있다고 언제나 믿어 왔었다. 홀트 가족이 즉각 불만을 제기하고 지부장과 정부의 잘못을 바로 잡아 줄 것을 요청했지만 소용이 없었다. 정부는 국회의원 선거로 바빴고 한국 중앙정보부에서 보건사회부로 파견된 정보부 사람은 부지부장을 돕는 사람이었다. 부지부장은 정치적 야망을 품고 있었고 지부장이 후원하고 있었다. 우리는 아무런 도움을 받을 수 없었다. 그러나 전 이사였던 박찬일 이사의 지원으로 이 상황을 회복시킬 수 있을 것으로 보였다.

잭에게 전화를 걸어 진행되는 사항을 알려주었다. 잭은 나에게 깊이 개입하지 않았으면 좋겠다고 말했다. 홀트 한국이사회는 외부의 개입 없이 이 문제들을 해결해야만 했다. 이십 여 년 전에 내가 설립을 도왔었던 이 기관의 앞날이 점점 더 나빠져 가고 있는 것을 보고 실망했다. 아무것도 도울 수 없이 바라만 본다는 것이 더 견딜 수 없었다.

홀트국제아동복지회 이사 몇 사람들이 이 문제를 해결 할 수 있는지 알아보기 위하여 한국에 왔다. 우리는 그 다음날 아침 11시 서울 도규 호텔에서 전략회의를 가지기로 했다. 나는 열 시쯤 집을 나서면서 택시로 가면 충분히 그곳에 도착 할 수 있을 것으로 생각 했다. 그러나 택시를 잡을 수 없었다. 나는 30분 동안 택시를 기다렸지만 허사였다. 또 10분을 더 기다렸지만 택시는 오지 않았다. 몹시 초조했다. 회의는 이제 겨우 20분밖에 남지 않았다. 마침내 버스정류장에 가서 호텔로 가는 버스를 탔다. 그곳을 향해 가고는 있었지만 회의시간에 맞게 도착하기에는 어려웠다. 이렇게 가다가는 12시 전에는 그 호텔에 도착할 수가 없었다. 그때 나는 갑자기 심장의 통증을 느꼈다. 처음엔 그 고통이 아침에 잘못 먹은 음식 때문에 그런 줄로 알았다. 그러나 곧 이것이 소화가 되지 않아 오는 것과는 다른 것임을 알았다. 고통은 마치 심장과 내부를 쥐어짜듯이 날카롭고 견딜 수 없는 아픔을 가져왔다. 서울역을 지나고 있는데 시계를 보니 11시 30분을 지나고 있었다. 온 몸에서 땀이 흘러내리기 시작했고 이것이 소화불량에서 오는 것이 아님을 알았다. 담낭염은 아닐까? 나는 담낭염으로 극심한 고통을 당했던 친구가 기억났다.

　버스는 마침내 서울 시청 앞에 도착하였지만 도규 호텔은 아직도 멀었다. 고통이 줄어들 수 있도록 가슴을 쥐어짜며 호텔을 향하여 걸어갔다. 아무래도 길가에 앉았다 가고 싶었지만 사람들이 술 취한 사람으로 취급할까 두려웠다. 이를 악물고 호텔을 바라보며 계속 걸어갔다. 도규 호텔로 올라가는 계단 앞 거의 30걸음 정도까지 억지로 갔다. 고통은 사정없이 몰아쳤지만 미국에서 온 이사들이 나를 기다리고 있기에 억지로라도 가야만 했다.

　마침내 호텔 문을 열고 들어서면서 호텔로비에서 기다리고 있는 수잔 콕스와 다른 이사들을 보는 순간 그만 쓰러져버렸다. 호텔은 의사를 불렀고 검사 후 의사는 곧 입원하라고 권했다. 그의 진단으로는 심근경색으로 오는 통증이라고 했다. 앰브런스가 와서 가까운 병원에 입원했지만 나는 그것이 심장병인 줄 몰랐다. 그후 3일 동안 나는 병원에 있었지만 아무 검사도 없었다. 인턴들이 와서 병상기록부를 보고 "줄담배를 피우시는가요?"라고 똑같은 질문만을 되풀이 하였다.

　중앙대학교 의과대학에서 운영하는 성심병원에 입원했는데 입원 후 3일째 되던 날 심장과 의사가 심장근육에 피를 공급하는 양이 줄어들어 통증이 왔다고 했다. 그는 처방전을 주었고 가슴에 통증이 일어나는지를 알아보기 위해 두 번 계단을 오르내리라고 했다. 계단을 걸어 다닌 후 그의 사무실로 가서 통증이 없다고 말했더니 그날 오후 병원에서 퇴원시켰다. 단지 삼일동안 입원했다가 퇴원한 것이 매우 기뻤고 살아서 그 병원을 나오게 된 것은 행운이라고 생각했다. 그들이 내가 퇴원하면 주의해야 하는 것이 무엇인지에 대해 아무 말도 해주지 않았다.

　퇴원 후 나는 장모님댁에 머무르기로 했는데 내가 처음 한 일은 그 동네 목욕탕에 가는 것이었다. 뜨거운 물에 몸을 담근 다음 찬 물에 목욕하는 것을 좋아했다. 반복해서 몇 번이고 한 다음에 집으로 갔다. 내가 집에 돌아오자 곧 가슴 통증이 다시 시작되었다. 처음에 통증은 간격을 두고 왔지만 이내 집중적이고 연속적으로 아팠다. 장모님께 내 가슴에 뜨거운 찜질을 해 달라고 했다. 계속해서 2시간 동안 찜질을 했으나 아무 소용이 없었다.

만약 집에서 이 일이 일어났다면 아내는 곧 앰브런스를 불러서 병원으로 가게 했었을 것이다. 그러나 사람들은 나를 병원에 데리고 갈 생각을 하지 않았다. 외과의사 처남이 내게 진통제 몇 알을 주었지만 별로 도움이 안되었다. 장모님은 걱정하였지만 그녀가 할 수 있는 일이란 그저 걱정스러운 눈으로 바라보는 것 뿐 이었다. 이때 잭 아담스가 장모님 댁으로 나를 찾아왔다.

그는 내가 병원에 입원했다는 소식을 듣고 한국으로 달려왔다. 그는 유진에 있는 아내에게 전화를 해서 나의 상태를 알려주려고 했으나 나는 그에게 이제 곧 낫게 될 것이니 그럴 필요가 없다고 했다. 유진에서는 아내가 국제 홀트 이사회 이사장인 서담 씨에게 갔다가 그가 아내에게 "남편은 어떠신가요? 한국에서 그가 병원에 입원해 있다고 들었는데요."라고 물었다. 아내는 충격을 받았고 한국에서 내개 어떤 일이 일어났는지 걱정하기 시작했다.

잭 아담스가 유진에 돌아오자 아내는 그에게 무슨 일이 있었는지 물었다. 잭은 잠시 멈추었다가 그녀에게 즉시 이 일을 알려주지 못해 미안하다고 사과했다. 아내에게 나의 병 상태나 병원에 입원했었다는 사실을 말하지 않기로 약속했다. "데이빗은 당신이 걱정하는 것을 원하지 않았습니다. 곧 완쾌 될 것이고 집에 돌아오면 모든 것을 이야기해 줄 것입니다."라고 했다. 아내는 무슨 말을 듣고 있는지 믿을 수 없었다. 아내는 화가 치밀어 말했다. "아니 이렇게 심각한 소식을 숨길 수 있단 말예요? 우리는 지금 데이빗의 생사에 대하여 이야기하고 있습니다.” 잭은 다시 한 번 사과하였고 아내에게 도와주겠다고 말했다. 잭과 이야기를 나눈 직후 아내는 내과 전문의이며 캔사스 의과대학교에서 암을 연구하고 있는 매제인 박창형 박사에게 전화를 걸었다.

비록 내가 고혈압을 다스리기 위해 약물 치료 중이라는 것을 알고 있긴 하지만 박 박사와 여동생 매리에게 이 소식은 충격이었다. 그는 나에게 곧 전화를 걸어 나의 상태에 대해 물었다. 그에게 지속적이고 견딜 수 없는 통증이 계속된다고 말했다. 그는 나에게 지난번 입원 했을 때 병원에서 MI배제 테스트를 하지 않았느냐고 물었다. 나는 그 병원에서 무엇을 했는지 그리고 MI가 무얼 뜻하는지 몰랐다.

나는 매제의 소개로 서울 연세대학교 의과대학 세브란스 병원의 심장외과 전문의인 홍성녹 박사에게 전화를 걸었다. 이 두 사람들은 펜실바니아의 피츠버그병원에서 일했던 사이였다. 내가 캔사스의 박 박사와 전화통화를 마친 것은 토요일 오후였다. 결국 홍 박사 집으로 전화를 해서 그에게 매제가 나한테 한 말과 내가 병원에 입원했다가 퇴원했던 내역을 전해 주었다.

그는 나에게 월요일 첫 시간 세브란스 병원으로 와서 심장외과에 있는 그를 찾아달라고 했다. 나의 가슴통증을 어떻게 그렇게 오랫동안 참고 견디어 낼 수 있을까? 앞으로도 36시간을 견디어 내야 한다. 이 아픔 때문에 그렇게 오랫동안 버틸 수 있을까? 기다리는 시간이 마치 지옥과 같았다. 나는 생애의 마지막이 빠르게 다가오는 것을 느꼈다.

마음은 불안과 두려움 그리고 절망으로 가득 차 있었다. 가장 큰 절망은 내가 아직 끝내지 못한 일들이 많다는 것이었다. “하나님, 적어도 내가 마무리 지어야 할 일들을 끝낼 수 있게 해 주십시오.” 나는 잠이 들었다 깼다 했는데 통증이 심해지면 깨어났다.

하나님께 대한 나의 기도가 바뀌었다. 그분께 다만 통증이 사라지기만을 원한다고 했다. 새벽이 왔지만 병원으로 떠나려면 아직도 두 시간을 더 기다려야 했다. 장모님이 택시를 불러 오셨고 나는 아침 7시경 집을 나섰다. 택시를 탄 시간은 겨우 50분이었지만 훨씬 길게 느껴졌다.

그는 나를 검진하기 시작했고 곧 간호사에게 우선 입원 수속부터 밟으라고 했다. 다른 서류들은 홍 박사의 간호사가 처리해 주었다. 나는 좋은 치료를 받았고 검사와 투약 후에는 몹시 고통스러웠던 가슴 통증도 서서히 가라앉았다. 주사를 맞고 입원실로 옮겨졌다.

병세가 호전되면서 지난 토요일 밤부터 이룰 수 없었던 잠도 잘 수 있었다. 점심을 먹기 위해 12시쯤 깨어났고 접시에 있는 모든 것을 다 먹었다. 입맛이 돌아왔다. 홍 박사가 심장이 피해 받은 범위를 알기 위하여 많은 테스트들을 지시하였고 만약의 경우 수술이 필요할 수도 있다고 했다. 나는 운이 좋게도 응급 수술을 받아야 할 정도는 아니었지만 거의 40여 일을 입원해 있으면서 계속 약물치료를 받았다.

아내가 한국으로 와서 우리가 미국으로 함께 떠날 때까지 내 곁에 있어 주었다. 아내는 내게 격려해 주었고 오랜 병상 생활을 더 편하게 해주었다. 둘이서 함께 오랫동안 있다 보니 둘에게 우리의 가족 그리고 함께 살아온 삶 등을 회상 할 수 있는 드문 좋은 기회를 갖었다.

홍 박사와 심장 전문의 이 박사는 여러 가지 테스트와 검진을 한 후 집에 돌아가도 된다고 했다. 나는 유진에 도착했고 이튿날 가정의 크리스트 박사와 심장 전문의 로빈홀트 박사에 의해 새크리드하트 병원에 입원했다. 많은 검사를 거쳐 삼일 후 퇴원했지만 두 사람은 내게 아무것도 하지 말고 집에 조용히 쉬고 있다 6개월 후에 다시 오라고 했다.

나는 집에 있으면서 가까운 데 있는 오래된 묘지 둘레를 날마다 걸어다니는 것 외에는 아무것도 하지 않았다. 6개월 동안 많은 생각을 했다.

홀트의 격무가 나의 심장병 원인이 되었다면 이 직업을 다시 생각해야 했다.

6개월 후, 의사를 다시 만났고 아마도 이웃에 있는 작은 편의점 정도는 운영할 수도 있을 것 같다고 말했다. 그는 웃으면서 "기업을 운영한다는 게 얼마나 어려운지 아십니까? 그것은 지금 당신이 하고 있는 일보다 훨씬 더 어려울 지도 모릅니다. 나는 당신이 전에 하던 그 일터로 돌아가는 것이 가장 훌륭한 선택이라고 생각합니다."라고 말했다.

안정을 되찾아 갔다. 다른 사람들을 돕는 나의 직업이 하나님께서 주신 소명이라고 생각했다. 잭은 내가 사무실로 돌아온 것을 환영하였지만 하루의 반나절만 일하도록 배려했다. 그는 내가 만약 가슴통증이 다시오면 즉각 쉬라고 했다. 그 다음 6개월 동안 나는 12시까지 일했다.

제47장 승자없는 패자들의 아픔과 그 상처

한국 홀트 이사회의 문제는 1978년에 이어 내가 입원하고 있는 동안에도 계속되었다. 입양 어린이의 숫자는 현격하게 적어졌다. 입양아 감소는 유진에 있는 국제 홀트에 위기를 가져왔다. 우리가 마지막으로 시도한 것은 청와대에 우리의 억울함을 탄원하는 일이었다.

우리가 탄원서를 제출하기 전에 수많은 논의와 기도가 있었다. 그것은 우리의 마지막 기회이고 가볍게 처리되어서는 안 되었기 때문이다. 우리는 기독교기관이고 정부가 우리의 내부 분란을 해결해 주기를 원하지는 않았다. 그러나 우리는 이제 더 이상 대화나 논의를 거쳐 일을 해결할 수 없다고 믿었다.

홀트가 정부의 간섭을 요청하는 것은 매우 어려운 문제였다. 다른 한편으로 홀트 기관은 이제 갈림길에 서 있게 되었다. 잘못된 판단은 홀트 설립자의 설립이념과는 다르고 기관이 잘못된 손에 들어가게 되는 것을 막아야 했다. 전에 대통령 영부인께서 자기의 도움이 필요하다면 홀트여사에게 도움을 주겠다고 약속한 바 있었다.

우리는 한국 홀트아동복지회의 몇몇 이사들의 불법성과 홀트 기금의 유용에 대해 조사해 줄 것을 요청했다. 한국 홀트아동복지회의 경영진 중 한 사람이 국회의원 선거에 입후보하였고 그가 선거 운동하던 중 회사 공금을 유용하였다.

우리는 청와대에 탄원서를 제출하였고 그들은 조사에 착수하였다. 청와대는 홀트 이사회의 불법 행위에 대해 그것이 내부적인 문제이기 때문에 우리를 도울 수 없었으나 사적으로 홀트 기금을 유용한 것과 선거 운동에 공금을 쓴 것에 대해서는 즉각 조사를 시작했다. 이 논란은 우리의 마음을 아프게 했고 깊은 상처를 남겼을 뿐만 아니라 오랫동안 홀트 기관과 함께 몸담아 왔던 사람들과 홀트 가족들을 아프게 하고 실망하게 하였다.

우리가 잃어버린 가장 귀한 것은 오랫동안 쌓아올린 우리의 사회적 신뢰였다. 조사 결과 국회의원에 입후보했던 사람은 체포되어 구속되었다. 결국 소요는 가라앉고 남은 것은 승자는 없고 패자만 있는 아픔과 상처뿐이었다.

제48장 새로운 시작

1978년까지 한국 홀트는 미국 홀트국제아동복지회의 지부로 운영되었다. 우리는 입양 감독뿐만 아니라 재정적인 계획까지도 함께 세워 운영하였다. 한국 홀트아동복지회와 미국 홀트국제아동복지회 사이의 운영 형태는 전형적인 수직적 관계였다.

유진의 홀트에서는 수많은 입양부모들이 어린이의 입양을 위해 기다리고 있었고 날마다 확인하는 전화가 우리에게 걸려왔다. 우리는 기다리는 가족들에게 대안을 찾아보도록 권장했다. 우리는 입양 서류 일체를 돌려보내 주었고 입양 수수료도 돌려주었다.

입양부모의 대부분은 한국 홀트와의 관계가 정상화되기를 기다렸다. 우리는 그들의 신뢰에 감사하였고 한국에서의 우리 사업에 믿음으로 지원해 주었음에 감사했다.

한 때 국제 입양의 자랑스러운 선구자가 조그마한 운영체로 전락했다. 일 년에 이천 건이 넘게 처리되었던 것이 줄어들어 이제는 이백 건도 처리 못하였다. 이러한 속도라면 이미 한국으로부터 입양을 기다리는 가족들 모두에게 입양을 해결하려면 십 년은 기다려야 한다.

우리는 20명의 사회복지사와 지원인력들을 포함해 75명의 직원들이 있었다. 1978년 직원들의 숫자는 가파른 경제적 어려움으로 겨우 세 명의 사회복지사만 남았다. 많은 직원들이 요청하지 않았음에도 자진해서 직장을 떠났고 어떤 이들은 권고사직을 시켰다. 지급하지 못한 임금이 쌓여갔지만 잭은 해외에 있는 사업은 계속 지원했다. 그는 해외의 사업을 중단하기 보다는 유진의 직원들을 줄임으로 경비를 줄이기로 했다. 이사회는 국제 홀트가 지원 사업을 재개할 수 있을 때까지 해외 사업을 줄이거나 폐쇄할 것을 강력하게 권하였다. 그러나 잭은 단호했고 이사회의 권고를 받아들이지 않았다.

구체적인 해결 방안을 얻지 못하자 이사회는 새로 지은 국제 홀트 빌딩을 담보로 은행으로부터 운영자금을 융자받았다. 1978년 홀트 분규가 시작되기 직전, 미국 홀트는 "Serve the Children, Change the World"라는 주제로 모금 캠페인을 시작했다. 그동안 있었던 홀트 분규로 우리의 공신력은 떨어져 캠페인은 우리의 기대에 못 미쳤고 결국은 몇 달 후 끝났다. 캠페인으로 모금한 기부금은 많지 않아 해외 프로그램을 계속 지원하기에는 부족하였다. 은행 융자로 두세 달 정도 꾸려나갔다.

1979년 중엽에 유진 사무실 직원들은 20명으로 줄었다. 우리가 열심히 일하여 쌓아왔던 이 조직의 규모를 축소하는 것을 내가 직접 목격하는 일은 매우 힘들었고 고통스러운 일이었다. 함께 가까이 일해 왔던 직원들을 떠나보내는 일은 큰 충격이었다. 나는 심장병을 앓고 홀트에 다시 돌아온 것을 후회하였다. 또 다시 내가 홀트를 떠난다면 가라앉는 배를 포기하는 것 같았다. 한국에서의 입양이 줄어든 것은 국제 홀트에게 수많은 어려움을 가져다주었지만 여러 사람들은 이 어려운 시기를 견디면서 충직하게 일했다.

잭은 수많은 압력을 받았는데 특별히 누적 부채가 무려 삼만 달러에 이르렀기 때문이었다. 자원은 점점 줄어들어 더 이상 업무 추진이나 경비 지출을 줄일 수 없는 지경에까지 이르렀다. 홀트여사의 요청에 따라 홀트의 미래를 위해 전국 입양가정에 특별 기도를 부탁했다. 그녀는 하나님께서 과거와 같이 우리를 이 어려움에서 구해 주실 것이라고 확신하였다. 우리 모두 기도하면서 하나님께서 구해 주실 것임을 굳게 믿었다. 잭은 우리를 위기에서 끌어 낼 수 있는 여러 가지 방법을 시도하였지만 점점 더 절망적이었다. 한국 정부는 홀트 일에 개입하여 문제가 해결될 때까지 이 조직을 이끌어갈 새로운 이사진을 구성하였다.

정부는 또한 새로운 책임자를 선임하여 한국 홀트는 완전히 정부의 통제 하에 들어갔다. 새로 온 책임자는 김대식 장군이었다. 퇴역중장이며 감리교 장로였고 전 한국 해병대 사령관이었다. 처음에는 거칠고 투박한 해병대 사령관이 아동복지기구의 수장이 되는 것은 어울리지 않는 듯 보였지만 그를 만나보았을 때 나의 마음은 곧 바뀌었다.

김 장군은 내가 그를 처음으로 한국 홀트 사무실로 찾아 갔을 때 나를 따뜻하게 맞이해 주었다. 나는 한국 홀트와의 업무 관계를 다시 정립하기를 원했다. 이제부터의 우리 관계는 과거의 수직적 관계와는 다른 수평적 관계가 될 것이라고 했다. 그는 내가 직원들을 다시 만나 이야기를 할 수 있는 기회를 마련해 주었다. 한 때 이 직원들은 나의 친구들이었고 동역 자들이었지만 그들로부터 우정이나 친절함을 찾을 수 없었다. 많은 사람들이 나를 유진에 있는 홀트국제아동복지회의 대표로 적대감을 가졌다.

회의가 끝난 뒤 김 장군은 나를 그의 사무실로 안내하고 위로의 말을 해 주었다. 그는 홀트아동복지회의 미래와 그의 책무를 어떻게 수행해 나갈 계획인지에 관해 말해 주었다. 앞으로 홀트 가족이나 미국에 있는 홀트국제아동복지회의 통제로 다시 되돌아가지 않을 것이라고 강조했다. 나는 그에게 이것이 한국 정부와 한국 홀트 직원들의 공통된 의견인지를 물었다. 그의 대답은 확고하였다.

홀트아동복지회는 그때부터 한국 정부의 손에 들어간 것이다. 나는 그가 빠른 시일 내에 미국 유진을 방문해 줄 것을 요청하였다. 나는 그의 사무실을 떠나면서 무엇이 이토록 많은 변화를 가져오게 하였는지 곰곰이 생각해 보았다. 오해가 빨리 사라져서 우리의 신뢰 관계를 다시 회복하여 한국의 집 없는 아이들에게 최선의 이익을 가져다주는 데 헌신할 수 있기를 기도했다.

1980년대 초에 김장군과 그의 참모들과의 업무 관계는 많이 개선된 것으로 보였지만 국제 홀트로 보내지는 입양 아동들의 숫자는 여전히 적었다. 한국 홀트는 지금까지 유진 사무실을 통하여 모든 가정에 입양 되었다. 심장병을 앓고 오랜 휴식을 취한 뒤 다시 끝내지 못한 일을 처리하고자 인도로 갔다. 우리의 반복된 실패에도 불구하고 사업을 진척시키기 위해 계속 노력했다. 인도는 미국만한 나라로 공중이나 지상 교통편은 잘 발달되어 있었지만 차표를 사는데 시간과 인내가 필요했다. 마침내 1979년 5월에 우리의 첫 번째 결실을 맺게 되었다.

죤과 글렌이 봄베이(뭄바이)에서 남동쪽으로 108마일 떨어진 "푸나"라는 지역에서 홀트사업을 시작했다. 바라티야 셈마 세바 켄드라"Baratiah Sema Seva Kendra" 인도 어린이복지협회라는 이름으로 새로운 기관을 설립했다. 새로운 조직의 설립이사들은 그 지역의 저명인사들이었다. 우리는 곧 지방 정부로부터 새롭게 설립된 조직을 운영하기 위한 사무실 공간을 얻었다. 오래된 2층짜리 벽돌빌딩에는 여러 방이 있었는데 여러 해 동안 관리 부실로 한 쪽 벽이 허물어졌지만 공간의 2/3정도는 사용 가능한 상태였다.

SOS 어린이 마을이 2층에 자리 잡았고 BSSK는 1층 공간을 사용하였다. 우리에게 들어오는 어린이들을 받아들이는 데는 아주 적당했다. 1층에 자리 잡은 것도 유리한 점이 있었는데 좀 더 시원하고 출입하기가 쉬웠다. 그러나 미래에 건물을 더 이상 사용할 수 없는 때가 이르면 완전히 그 건물을 부수려고 했기 때문에 우리는 마음대로 그 건물을 수리나 개

조할 순 없었다.

글렌은 거주 비자를 얻는 데 문제가 있어 한 번 방문에 3~6개월을 머무를 수 있었지만 연장은 할 수 없었다. 연장하기 위해서는 그 나라를 떠났다가 다시 새로운 비자를 가지고 재입국해야 한다. 우리는 계속해서 이러한 불편함을 참아야 했다. 글렌과 이사회는 라타 조시부인을 책임자로 임명했다. 라타 조시부인이 책임자로 온 후로 우리는 필요한 경우가 아니면 더 이상 유진에서 직원들을 보낼 필요가 없어졌다.

데이빗 임(임부웅)이 여름동안 그의 가족과 함께 홀트 야유회에 참석하고자 유진으로 왔었다. 나는 그가 한국 홀트에서 사회복지사로 일 했을 때부터 잘 알고 있었다. 우리는 대화를 나누면서 그가 인도에서의 새로운 사업을 시작하는데 동참하기를 권했다. 데이빗과 그의 아내 샐리 그리고 어린 딸 수잔은 몇 주후 인도로 떠나갔다. 그는 남부 인도의 마드라스에서 시작하였고 그곳의 고아원들과 수많은 접촉을 가졌다. 그리고 또한 방글로, 하이더라바드, 코친 등 동인도 지역을 두루 다니면서 많은 가능성을 찾아냈다.

데이빗과 그의 가족들이 겪은 가장 큰 어려움은 전과 같이 거주 비자를 얻을 수 없었다는 점이다. 인도 정부는 외국 선교 단체와 외국 비영리 단체, 특히 인도에 있는 미국계 자선 단체에 비자 발급을 해주지 않았다. 단 하나 비자 발급이 가능한 것은 방문 비자뿐이었으나 그것도 겨우 6개월 동안 머무를 수 있고 단 한 차례 연장이 가능했다.

현지의 상황은 데이빗과 그의 가족이 매 6개월마다 억지로 그곳을 떠나야 할 뿐만 아니라 많은 시간 여행 가방을 싸들고 다니며 살아야 했다. 데이빗과 그의 가족에게 인도의 어린이들을 위해 참고 헌신해 준 것에 대해 깊이 감사했다.

데이빗은 그의 딸 수잔이 인도의 거리에서 고통을 당하는 어린이들을 보고 말한 것을 나에게 전해 주었다. 가까운 고아원으로 가는 길에 어린이들이 허기진 배를 채우고자 쓰레기더미에서 음식물을 찾고 있는 것을 보았다. 한 어린이가 배를 잡고 도와 달라고 소리를 쳤다.

데이빗이 그 소년을 데리고 가까운 병원으로 달려갔다. 그는 겨우 5살이었고 마드라스의 거리에서 살아왔다. 의사는 식중독 때문이라고 말하고 소년의 위를 세척해 주고 약을 내주었다. 그는 데이빗에게 그 소년이 괜찮아졌고 그가 완쾌될 때까지 그 병원에 있을 것이라고 했다. 데이빗은 그에게 감사하고 병원비를 대신 내주고 다시 고아원으로 향했다.

그의 딸 수잔이 데이빗에게 "예수님은 모든 어린이들을 사랑하신다고 했는데 왜 이곳 인도의 어린이들은 배가 고파 쓰레기 더미에서 음식물을 찾고 있나요?"라고 물었다. 그녀는 이 어린이들이 당하는 고통을 이해할 수 없었다. 그와 같이 이해할 수 없는 일들은 어린 수잔 뿐만 아니라 나 자신과 인도에서 어린이들을 돕기 위해 일하고 있는 모든 이에게도 마찬가지였다. 데이빗은 잠시 멈추었다가 수잔에게 "그 고통당하는 어린이들을 위해 사랑을 나누며 이 어린이들을 돌보아줄 부모를 찾아 주는 일을 돕기 위하여 인도에 왔단다.

우리가 미국에서 즐길 수 있었던 편리한 생활을 마다하고 그들이 인도에서 살아가는 이유가 바로 그것이란다." 라고 설명해 주었다. 수잔은 데이빗의 대답에 곰곰이 생각하더니 "아빠, 나는 이다음에 커서 이 쓰레기 더미에서 살고 있는 어린이들을 도울 수 있는 의사가 되겠어요." 라고 말했다.

"바라티아 세마 세바스 켄드라" 인도직원들

제49장 믿음과 새로운 도전

이사회는 다시 모여 잭의 사임을 받아들였고 비록 위기 가운데 있지만 홀트국제아동복지회를 이끌어갈 새로운 회장을 찾았다. 나는 잭이 사임했다는 소식에 매우 놀랐다. 잭이 사임하고 난 뒤 이사회는 나에게 그 자리를 제의하였다. 나는 닥쳐오는 어려움을 뚫고 이 기관을 이끌고 갈 능력이 없다고 생각해 이 제의를 거절했다. 더구나 나는 심장병을 앓고 난 다음 이 기관을 떠나려고 적당한 기회를 찾고 있었던 중이었다.

이사회에 나보다 더 뛰어난 사람을 찾아보라고 제의했다. 그들은 나에게 그 자리를 수락해 달라고 설득했지만 나의 결심은 확고했다 마침내 그들은 나에게 왜 그들이 내가 이 자리를 맡아야 할 적임자로 생각하는지를 말했다. 나는 25년전 이 기관이 설립되었을 때 도왔던 사람이다. 만약 이 기관이 문을 닫아야 한다면 그 일을 할 사람은 내가 적임자라고 생각했다.

위기를 관리 할 회장?! 나는 참담했고 홀트국제아동복지회가 거의 끝에 와 있다는 생각에 숨이 막힐 지경이었다. 그러나 나는 마음 깊이 작은 폭풍이 홀트를 침몰시킬 것이라고 믿지 않았다. 우리는 과거에 이보다 더 큰 위기 속에서 역경을 헤쳐 나갔다.

홀트 씨의 갑작스러운 죽음 후에 포트랜드에 있는 아파트로 홀트여사와 필립 홀트가 나를 찾아왔던 때가 기억났다. 그들은 나에게 한국으로 돌아가서 이 기관을 맡아달라고 했다. 나는 포트랜드 대학교에서 1학년도 마치지 않은 상태라 그들의 제의를 거절했다. 내가 시작한 일을 마치기 위해서는 포트랜드에 머물러야 한다고 믿었다. 홀트 기관은 나 없이도 잘 지내왔고 홀트 씨가 세상을 떠난 후 변환기 동안 내가 그곳에 없었다는 것은 내게 축복이 되었다. 홀트 기관 역사상 아주 중대한 순간에 와 있었다. 위기를 견디어 내던지 아니면 기관을 폐쇄하던지 하는 것은 정말로 내게 예측할 수 없는 도전이었다.

나는 이사회의 제의를 받아들여 잭 아담스를 이어 회장이 되기로 결정했다. 가장 긴급한 문제는 쌓여있는 지불하지 못한 계산서들이었다. 남아 있는 직원들과 가능한 해결책을 의논하였다. 해답은 전혀 없었다. 무엇보다 우리는 은행의 융자금이 다 없어진 다음 살 수 있는 방도를 찾아야 했다. 나는 우리 사무실 공간을 반으로 나누어 새로운 세입자에게 좋은 쪽을 임대했다.

그 다음 직원들을 더 줄여서 이제는 15명만이 남았다. 다음날 목수가 와서 칸막이를 설치해 주었고, 새로운 세입자는 정문에 들어오면 전면 입구 쪽을 사용했고 이층 전체를 사용했다. 우리는 뒤쪽입구와 1층 2/3 부분을 사용했는데 정면 입구에 들어서면 우리 쪽으로 오는 통로를 칸막이로 막았다.

홀트 여사는 지불하지 못한 계산서에 필요한 기금을 위해 특별 기도를 하도록 우리들을 격려해 주었다. 나는 직원들에게 사무실 비품과 경비를 절약할 것을 요청했고 마지막으로 중요한 결정인 직원들의 급여 20%를 삭감할 것을 요구했다. 이 처절한 결정은 우리의 생존을 위해 필수적이었다. 나는 우리의 재정이 정상화되면 즉시 예전의 급여로 복귀시키기로 했다.

다음은 홀트국제아동복지회가 펼친 여러 가지 사업에 대해 우선권을 정하는 문제였다. 가장 중요한 것은 집 없는 어린이들에게 새 가정을 찾

아 주는 입양활동이었다. 다른 모든 활동은 기금이 모여 질 때까지 보류
하기로 했다.

해외 지원 프로그램을 재개하는 것과 새로운 우선 사업들을 알리기 위
해 이사회를 열었다. 국제 홀트아동복지회는 그 힘과 전통을 계속 잇기
위해 국제 입양을 다시 활성화하고 이 조직이 처음 설립되었을 때의 정
신으로 다시 되돌아가기로 했다. 이사회는 이 계획을 지원했고 그 사업
을 잘 할 수 있도록 격려했다.

우리는 이 재정적인 위기를 설명하기 위하여 대표단을 인도와 필리핀,
타일랜드에 있는 협력기관에 보내 그들을 설득했다. 이사장인 데이빗 몽
고메리 씨와 부이사장인 진 메이베리 씨와 나는 이 세 나라로 이사회의
결정을 알려주었다.

우리의 첫 번째 방문지는 마닐라였다. 그들에게 입양과 직접적으로 연
관이 없는 프로그램을 축소하는 대신 입양을 위해 더 노력해 주기를 제
안했다. 그러나 회의 분위기는 침울했다. 그곳에서 타일랜드 방콕으로
가서 타이 이사회와 만났다. 이곳은 타일랜드로 보내진 우리 기금의 대
부분이 입양에 직접 연관되지 않은 프로그램에 쓰여졌기 때문에 이 결정
이 그들에게는 치명적이었다.

다라완 여사는 우리의 곤경을 이해해 주었다. 타일랜드 정부는 고아원
에 수많은 아이들이 있지만 어린이들을 해외 입양 보내는 데 소극적이었
다. 정부는 해외 입양 어린이의 숫자를 통제하였고 정책을 변경할 생각
도 없었다. 그곳에서 우리는 인도로 가서 그들의 협조를 구했다. 일이 잘
협의 되어 유진으로 돌아왔다.

유진의 사무실에서 많은 변화가 일어났는데 가장 놀라운 것은 산더미
같이 쌓인 빚을 청산해 달라는 우리 기도의 응답이었다. 익명의 독지가
가 삼만 달러를 기부해 주어 무사히 우리의 빚을 청산할 수 있었다. 이

기적은 홀트국제아동복지회 진로에 큰 영향을 가져 왔다. 가장 놀라운 것은 하나님께서는 우리가 요구했던 똑같은 금액을 정확하게 주셨다는 것이었다.

홀트국제아동복지회의 미래를 위해 또 다른 좋은 징조는 한국 홀트아동복지회 회장이 새로 임명된 것이다. 신군사 정부는 박정희 대통령의 암살 직후 사회 정화운동을 시작했다. 한국 홀트의 새 책임자로 김 장군을 대신해서 김한규씨로 대체되었다. 김한규씨는 변화기에 정부의 기능을 담당했던 국보위에서 일했다.

김한규씨가 취임한 이후 전직 국보위 위원과 국회의원, 그리고 전 체신부 장관 등으로 새 이사회를 구성하였다. 이러한 변화에 희망을 가졌고 새로운 행정부와 보다 나은 업무 관계를 세워갈 수 있으리라 믿었다. 그는 곧 기관의 구조조정을 시작했고 배경이 든든하고 새 정부와 단단한 협조관계로 아무런 반대 없이 이 일을 추진시킬 수 있었다.

사태가 진정된 후 나는 한국으로 가서 그를 만났다. 김한규 회장은 나를 따뜻하고 친절하게 맞이하여 주었다. 그는 내가 가장 시기적절한 시기에 방문해 주었다고 했다. 홀트 한국의 미래에 대하여 상의하고 싶다고 했다. 그는 또한 한국 홀트의 지난 경영진과 가졌던 여러 가지 문제들에 관하여도 잘 알고 있었고 앞으로 그러한 사태는 다시 반복되지 않을 것이라고 말해 주었다. 그는 홀트국제아동복지회와 협조적인 관계를 유지하겠노라고 약속했다. 나는 그에게 가장 빠른 시기에 홀트국제아동복지회를 방문해 줄 것을 요청하였고 그는 우리 이사회가 열리는 11월에 방문하겠다고 제의했다.

다음 해 연례 이사회가 열리는 동안 김 회장이 홀트국제아동복지회를 방문하여 우리의 업무를 보는 첫 기회를 가졌다. 그는 헌신적인 직원들, 이사회 이사들, 자원봉사자들 그리고 홀트의 입양부모들과의 만남을 기

김한규 회장 해리 홀트 대상 수상(김형복, Betha Holt, 김한규, David Montgmery 이사)

뻐했다. 김 회장이 국제 홀트를 방문한 결과 매년 보내지는 어린이들의 숫자가 계속 증가되었고 우리들의 업무관계도 시간이 갈수록 점점 더 개선되어 갔다. 국제 홀트의 재정적인 상태도 함께 개선되었고 1978년 이후 처음으로 우리는 신규 입양부모들을 다시 모집할 수 있었다.

한국 홀트와의 분규로 잃어버렸던 신뢰를 다시 찾을 수 있게 되어 매우 기뻤다. 다음해 우리는 빌딩을 다시 전체 사용할 수 있었고 우리는 급증하는 업무량을 처리하기 위해 새 직원들을 많이 채용했다. 새 정부는 그 당시에 고아원에 있는 수많은 어린이들을 위한 최선의 선택은 해외 입양이라고 결론지었고 해외 입양의 중단은 오직 고아원에 있는 어린이들의 숫자만을 늘리는 좋지 않은 결과만 가져온다고 생각했다.

모든 사람들이 가장 선호하는 대안은 국내입양이었으나 한국의 가정들은 그럴 여력이 없었다. 그는 홀트와 함께 일하고 있는 여러 기관들에게 어린이들의 삶의 질을 높일 수 있는 시설, 거주센터, 교회, 식당, 홀트 기념관, 사무실 체육관 그리고 지체 부자유 어린이들을 위한 학교 등의 새로운 시설을 짓기 위한 계획을 세웠다.

우리는 그 일을 적극 협조했고 이 프로젝트를 실행하기 위한 기금을 모금하기 시작하였다. 새로운 건물들의 건축이 일산센터에서 시작되었다. 동시에 김 회장도 서울에 있는 순복음 교회를 통하여 기금을 받아 어린이들과 직원들이 예배를 드릴 교회 건물을 기증 받았다. 순복음 교회는 또한 식당과 부엌을 지어주었다.

홀트국제아동복지회는 여러 채의 빌딩을 대체하도록 많은 기금을 보냈다. 첫 번째는 홀트 기념관이었고 재활센터와 일산센터에 거주하는 사람들의 반이 거처할 수 있는 건물 버다의 집이었다. 우리는 새로운 장비와 가구를 구입할 수 있는 기금도 제공하였다. 국제 홀트와 한국 홀트와 함께 일하는 다른 기관들은 장애아동을 위한 초등학교, 중학교, 고등학교 건물들과 커다란 식당 시설도 짓도록 기금을 보냈다.

마지막 프로젝트는 신체장애아들을 위한 새로운 체육관을 짓는 일이었다. 이 체육관은 1988년 서울 장애인 올림픽에 맞춰 완성되었고 새 건물은 장애인 올림픽 농구 게임을 하는 데 큰 역할을 감당하였다. 홀트 일산센터 출신의 80여명의 젊은이들이 이 경기에 참석하여 여러 개의 메달을 획득했다.

장애인 치료실 준공식에 참석한 Betha Holt, 미국홀트 이사와 한국홀트 회장, 간부직원 및 후원회원들

그해 김 회장은 한국의 집 없는 어린이들을 위한 환경개선과 홀트아동복지회의 성장과 발전을 위해 헌신한 공로로 해리 홀트 대상을 수상하였다. 우리는 문을 닫아야 하는 위기를 극복했을 뿐만 아니라 융자금을 상환할 수 있었고 한국 홀트와의 업무 관계는 계속 증진되었다.

나는 노스웨스트 크리스챤 대학의 교수 이송내박사의 추천으로 이 대학으로부터 신학박사학위를 받는 영예를 얻게 되었다. 나를 추천해 준 이송내 박사에게 감사했다. 지난 30년간 있었던 많은 일들이 내 머리를 스쳐갔다. 받을만한 자격도 가치도 없는 사람이지만 이 영예와 상을 주신 하나님께 감사드렸다. 신학 박사의 "Doctor of Divinity", D.D를 받았다. 그리고 "Doctor of Diper"의 약자가 D.D이기 때문에 내 상황에 맞는다고 생각했다(물론 신학 박사 학위를 비하하는 말은 결코 아니다).

박사학위 수여식

사실 나는 지난 30여 년 동안 몇 천명이 넘는 어린이들의 기저귀를 갈아주었기 때문에 기저귀의 전문가요 달인이 되어 기저귀 박사로 불리는 것이 내게 적합한 호칭이라고 했다. 이 말로 식장에 있었던 사람들 모두가 한바탕 같이 웃었다.

제50장 헤이그 협약

　90년대는 동유럽 공산국가들이 몰락하고 새로운 민주 국가가 건설되는 등 커다란 희망을 가지고 출발하였다. 보호 시설에 수많은 어린이들이 가득 차 있다는 이야기가 이 나라들을 여행한 사람들로부터 우리에게 전해져 왔다.

　조사 평가에 따르면 중국엔 버려지는 아이들이 많았고 그들은 여러 시설에서 살고 있다고 했다. 나는 중국에 대하여는 특별한 애증을 가지고 있었다. 17세가 될 때까지 북동 중국의 연변에서 살아 중국어를 좀 할 수 있었으나 중국어를 한 지는 벌써 50여 년이 지나 많은 것을 잊어버렸다.

　중국을 다시 방문할 수 있어서 흥분하였고 마치 고향 집에 돌아가는 것 같았다. 우리는 먼저 지방 정부에 가서 고아원을 방문할 수 있도록 요청했다. 관리는 내 말이 끝나자마자 나를 이상하다는 눈으로 쳐다보면서 "우리 중국에는 고아원이 없습니다" 라고 말했다.

　중국에는 많은 고아들이 있다는 것을 들었다고 했다. 그녀는 다시 아니라고 대답하면서 속으로 욕설 몇 마디를 중얼거렸다. 우리의 첫 번째 중국 여행은 아무런 성과도 없이 끝났지만 앞으로 다시 찾아갈 수 있을 것이라고 믿었다.

　네덜란드 헤이그의 국제 사법 재판소에서 국제 입양에 관해 법률적 기본 틀과 가이드라인을 세우고자 국제회의를 개최하였다. 각 정부 대표들은 입양 기관과 비정부 대표들을 그 회의에 참여토록 초청하였다. 나는

"International Voluntary Adoption Agencies And NGO" IAVAAN이
라고 불리는 입양기구의 회장 자격으로 회의에 참석하게 되었다.

회의에는 70여 개국의 대표들이 참석하였고, 1992년 가을부터 매년 2
주의 회의를 4년 계속 하였다. 참석자들 사이에 수많은 뜨거운 논쟁이 있
어왔지만 대표들은 마침내 회의의 전문을 초안하게 되었는데 가장 중요
한 것은 국제 입양의 국제적 인정이었다.

첫째 각 나라의 정부는 버려진 어린이들이 다시 낳아준 부모와 함께
살 수 있도록 국가가 최선을 다해야 한다. 만약 이것이 불가능하다면 어
린이들을 다른 부모에게 입양시켜야 하며 그것이 불가능하면 외국에 있
는 가정에 입양시켜야 한다고 규정지었다.

논의는 계속되어져 입양이 진행되는 동안 양 당사국이 서로 협조하고
입양수속을 신속하게 처리해야 한다고 했다. 이러한 중요한 문제가 이
회의에서 채택되고 결론을 얻게 되었다. 중요한 개념들은 국제입양을 인
정하고 받아들이는 것, 국가 간에 협조하는 것, 국제 입양수속을 위해 신
속하게 처리하는 것 등이 주요 골자다.

헤이그 회의 결론은 정부가 제공하고 있는 국제 입양 업무를 위해서
각 정부가 직접 책임을 지고 이것을 계속 관리, 통제, 감독해야 한다는
것이었다. 입양 문제를 다루기 위해 권한을 부여받은 기구나 중심적 역
할을 담당할 기구의 설치에 관하여는 좀 더 많은 논의가 필요했다.

이것은 각 나라의 법이 다르고 입양관리 통제 하는 기구들이 모두 다
르기 때문이다 가장 중요한 논의 중에 하나는 신속한 입양 수속 진행에
관한 주제였다. 건강이 좋지 않은 어린이들에게는 촌각을 다투는 생명의
위협이 있기 때문이다.

마지막 초안은 다른 언어와 문화, 법적 체제와 종교를 가지고 있는 67
개국의 150명이 넘는 대표들에 의해 밤샘 작업을 한 끝에 마침내 서명되

었다. 그것은 제2차 세계대전 후 국제 입양 사업이 소개된 후 처음 있는 일이고 가장 중요한 사건이었다. 그동안 국제 입양에 대해 반대의 목소리를 냈던 나라들도 최종 비준을 위한 마지막 의안에는 즐거운 마음으로 서명하였다.

우리는 미래의 입양에 대하여 탁월한 모델과 가이드라인을 가지게 되었으나 이 협약이 실제 상황에 어떻게 활용되는가에 달려 있는 것이고 앞으로 계속 지켜봐야 할 일이다.

회의 진행. 참관 김형복 IAVAAN 대표

그동안 어린이복지라는 미명하에 많은 법률들이 제정되었지만 때로는 그것들이 오히려 어린이들의 최선의 이익과 그들의 권리를 보호하는 데 장애물이 되어왔다. 그 회의에서 중화 인민 공화국의 대규모 대표단을 보고 놀랐다. 나는 그들의 대표이며 중국 외무부의 조약국 국장인 창 케닝 씨에게 다가가 그들이 회의에 온 이유가 무엇인지를 묻자 그가 나를 보면서 "그게 무슨 뜻인가요?"라고 되물었다. 내가 몇 개월 전 중국에서 경험했던 일을 말해 주었다.

중국에는 집 없는 어린이가 없고 고아원은 오직 퇴폐적인 서구 국가들에만 존재하는 퇴폐물이라고 들었다고 했다. 그는 웃으면서 "우리에게는 많은 고아들이 있습니다. 다음에 중국에 오시면 나를 찾아오세요. 고아들을 보여드리겠습니다." 라고 말했다.

그의 초대에 감사했고 가까운 시간 안에 중국을 방문하겠다고 했다.

우리의 대화는 개인적인 화제로 바꾸어서 공산당 집권 초기에 겪은 어려웠던 시절의 경험들을 서로 나누었다. 그 시간은 매우 화기애애했다. 그 역시 외국어 학교에 있는 동안 농사일을 하기 위하여 시골로 보내졌다고 말했다.

그는 내가 북동 중국의 공산 치하에서 살면서 겪은 숙청과 나쁜 경험에 대해 동정심을 보여주었다. 우리가 회의장으로 되돌아오기 전 그는 내가 그를 방문하여 중국에 있는 고아들을 찾아보는 것을 잊지 말라고 부탁했다. 중국에 중요한 접촉자를 만들었다는 점에 무척 기뻤다. 이 회의에 참석케 해주신 하나님께 감사드리고 또한 미래에 중국에 있는 수많은 고아들에게 새 가정과 부모를 맺어 줄수 있는 좋은 기회에 감사했다.

헤그협약 국제회의에 참석했던 미국대표들. 좌로부터 빌피어스 NCFA회장
헤그국제회의 사무총장, 김형복, 피터 펀드 미국 수석 대표

제51장 라틴아메리카와 기타 지역들

　리오그란데 강 남쪽 라틴아메리카 지역에는 사천만 명이 넘는 고아들이 있다고 한다. 놀라운 것은 그 중 반이 되는 이천만 명은 브라질에 있다는 것이다. 만약 이것이 사실이라면 홀트는 이 어린이들을 도울 방법을 찾아야 한다.

　라틴아메리카의 고아들에 대한 관심은 니콰라과에서 시작되었다. 니콰라과에서의 프로그램은 Genesis Ⅱ로 불리우며 홀트가 라틴아메리카에서 실시한 첫 번째 모범사업이었다. 이 프로그램은 제랄딘 마시아스 수녀가 계획하고 실행에 옮겼다. 이 사업은 베트남에서 철수했던 70년대 말 홀트국제아동복지회의 연장프로그램의 일환으로 시작되었다.

　비록 입양 가능한 어린이들의 숫자는 많지 않았지만 그녀의 지칠 줄 모르는 노력으로 그 사업은 잘 진행되었다. 그녀의 노력으로 나온 좋은 프로그램은 새로 태어난 어린 아기들에게 "모유 먹이는 운동" 으로 시작되었다. 많은 아기들이 탈수 증세와 체중 감소 저영양으로 야기된 설사로 고통을 받으며 급기야는 죽음에 이른다는 것을 알았다.

　대부분의 어린이 사망은 우유의 양을 적게 섞고 아기들의 젖병을 깨끗하게 씻지 않아서 생기는 극심한 설사 때문이었다. 교육을 받지 못한 많은 어머니들은 수입한 우유만 먹이면 어린이들의 건강이 더 좋아 질 것이라는 환상 때문에 모유를 먹이지 않았다.

　마시아스 수녀는 비위생적인 우유병과 수입 우유로 발생하는 유아 사망을 멈추게 하는 가장 좋은 방법이 어머니들에게 자신의 모유를 직접 어린아이들에게 먹이도록 가르치는 일이라고 생각했다. 그들에게 자신의 모유보다 신생아에게 더 좋은 것은 없다는 것을 교육하며 알려야 했다. 이 메시지는 도시와 시골 모두에 사는 어머니들에게 퍼져 나갔다. 그녀가 Genesis Ⅱ로 시작한 젖 주기 운동은 그 뒤로 새로운 정부에서도 채택되었고 정부의 사업 일환으로 계속되었다.

홀트국제아동복지회는 중미의 여러 나라에서 사업을 개발하기 위해 특별한 노력을 기울였다. 다음에는 엘살바도르에서 두 번째로 시도하였지만 우리는 미래에 기회가 열릴 때까지 잠시 중단하기로 했다. 그 나라에서는 한참 전쟁 중이기 때문에 위험했다. 코스타리카는 이웃나라들보다는 고아들을 위해 좋은 서비스를 제공하고 있었다. 홀트는 어린이복지 부서와 함께 일했는데 출산을 앞둔 십대 미혼모들을 위한 프로젝트를 함께 진행시켰다.

과테말라에서는 1986년 이래 계속해 오고 있다. 홀트는 과테말라 정부의 어린이 보호 기구의 전 책임자가 우리 어린이 보호시설이 시작하는 것을 도왔다. 두 명의 사회복지사가 센터의 공동 책임자로 이제 2~30명 정도 되는 어린이들이 보호되고 있다. 이 어린이들 중 일부는 버려진 어린이들과 상담활동을 통해 미혼모로부터 입소된 아이들이고 나머지는 임시로 잠시 돌보아 주는 어린이들이다. 버려진 어린이들과 임신 상담을 통해 들어온 아이들은 과테말라나 미국가정에 입양되었다.

이 사업은 비록 이 나라에 있는 집 없는 어린이들의 일부만 혜택을 받고 있지만 과테말라의 빈곤 어린이들을 위한 탁월한 사업이 되어 계속 이어져 오고 있다. 우리는 이 센터가 좀 더 많은 어린이들의 어려움을 해결해 주는 시설로서 성장해 나가기를 바라고 있다.

볼리비아는 내가 방문했던 중남미 나라들 가운데 가장 가난한 나라요 홀트의 도움이 가장 절실한 나라였다. 우리가 방문했던 몇몇 아동 보호 시설들은 반쯤은 파괴된 상태여서 수리되어야 했다. 고아원에 있는 어린이들을 입양하는 일에 관하여 법률이 엄격하여 우리가 할 수 있는 것은 아무것도 없었다. 페루도 볼리비아와 거의 똑 같은 상황이었다. 역시 고아들은 많이 있었지만 법적인 제약 때문에 일이 어려웠다. 그러나 우리는 계속하여 여러 방도를 찾았지만 몇 개월 후 사업을 종결지었다.

브라질은 이천만 명의 집 없는 어린이들이 있는 것으로 추산되었다. 그것은 홀트 사업을 위해 좋은 후보지였다. 죤과 내가 브라질을 방문하였을 때 우리는 거리의 수많은 고아들과 고아원을 둘러보았다. 우리가 방문했던 커다란 고아원들 중 하나는 리오데 자네이로에 있는 소년 구치소였다. 한 구역 안에 빌딩 몇 채가 있어 그 안에 어린 범법자들이 살고 있었다. 어떤 어린이들은 겨우 다섯 살이었다. 어떻게 다섯 살 난 어린이가 투옥되어야 할만한 범죄를 저지를 수 있단 말인가? 이 어린이들이 이미 범죄에 물든 다른 나이든 아이들과 수용되어 있다는 것을 알고 깜짝 놀랐다. 어린이들은 나이에 따라 분리 수감되어 있지 않았고 더구나 크고 넓은 공간 안에 함께 있어 자유롭게 접촉할 수 있었다.

행정실에서 우리는 몇몇 재소자들의 기록을 보았는데 이미 이곳을 여러 차례 드나든 전력이 있어 깜짝 놀랐다. 살인죄로 복역 중인 14세 소년은 다섯 살 이후부터 계속 이 소년원을 드나들었다. 그들에게 초범자들을 위해 어떤 봉사나 또는 특별한 프로그램이 있는지를 물어 보았지만 관리자는 어깨를 으쓱할 뿐이었다. 적당한 봉사나 돌봄이 있었다면 이 어린이는 이 공포의 장소로 다시 되돌아오지 않았을 것이다.

죤과 나는 무거운 마음으로 그 곳을 나왔고 우리는 아직 어린 나이에 그 곳에 있던 그와 같은 소년들을 위해 무언가를 해야겠다고 결심했다. 우리 직원 중에 마이크 노아는 선교사 부모와 함께 브라질에서 자랐다.

포르투갈어를 유창하게 말했다. 그는 인도에서 유진으로 방금 도착했다. 마이크는 브라질에 가서 그곳 출신의 직원 몇 사람을 채용하고 어린이 보호센터로 쓸 작은 빌딩을 얻었다. 이 프로그램은 처음에는 잘 진행되는 듯 했지만 어린아이들을 입양하는데 여러 가지 법적 문제 때문에 일을 계속 할 수 없었다.

레시페는 우리가 선택한 두 번째 지역으로 그곳 판사들은 해외 입양하는 것에 동정적이었지만 그곳 역시 성과는 거의 없었다. 그 이유는 한결같았다. 현존하는 입양 조직망이 판사들과 변호사들에 의해 관리되며 홀트아동복지회와 같은 해외 입양기관은 그 조직을 뚫고 들어 갈 수가 없었다.

우리는 지역 판사들이 국제 입양에 동정적인 상파울로로 갔지만 그곳 역시 마찬가지였다. 뇌물과 비합법적 방법으로 입양이 성행되는 제도로는 어린이들을 효과적으로 도울 수 없어서 브라질에서 다시 철수하였다. 집 없는 어린아이들의 궁핍함이 너무나도 심하고 현실적으로 급박한데도 불구하도 우리가 브라질에서 철수하여야 했다는 것에 우리의 절망감은 더더욱 컸다. 도움을 받지 못하는 어린이들은 법적인 제도와 뇌물 그리고 사회적 냉담의 틈바구니에서 희생의 제물이 되고 있었다.

콜롬비아는 라틴아메리카의 다른 여러 나라들과 비교해 볼 때 국제 입양을 제일 많이 하는 나라다. 북 유럽 국가와 미국으로 많은 입양이 이루어지고 있었다. 우리는 다른 기관들과의 경쟁을 피하기 위하여 홀트 사역을 펼치지 않기로 했다. 에콰도르는 비록 입양 배치의 숫자가 많지는 않지만 홀트의 노력이 정부에 의해 잘 받아들여지고 있다. 우리는 이 나라의 시설에 있는 고아들을 위한 여러 가지 사업들을 계속하여 제공하였다.

1975년 베트남에서 철수한 이래 이 나라는 항상 우리 마음속에 있었다. 여러 고아원에 남아 있었던 어린이들이 어떻게 되었을까? 마침내 우리는 1989년 베트남에 있는 보호시설을 방문해도 좋다는 허가서를 받았다. 우리는 베트남 호치민 시를 방문하였다. 베트남 정부로부터 관리가 나와 우리를 공항에서 맞이해 주었고 안내를 맡아 주었다.

다음날 아침 우리는 어린이 보호시설 몇 곳을 방문했다. 행정책임자는 공산당원이었지만 어린이들을 실제 돌보고 있는 사람들은 수녀들이었다. 그들은 옷깃에 작은 십자가를 붙이고 있었다. 우리의 첫 번째 질문은 시설에 수용된 어린이들의 숫자였다. 전쟁 후 그곳에 남아 있었던 어린이들의 반이 자기 집으로 되돌려 보내졌고 지금 남아 있는 아이들은 정말로 부모가 없는 아이들이라고 했다. 우리가 출발하기 전 수녀들은 그들을 위해 기도해 달라고 부탁했다. 베트남에서 다시 기도 요청을 받고 매우 기뻤다.

다음날 우리는 처음으로 쿠치 지역으로 함께 갔는데 그곳은 전쟁 중에 파놓은 대규모 지하 터널들이 있었다. 우리는 그것이 군사 비밀이리라고 생각했지만 그들은 전쟁기간 중 미군 군사 공격으로부터 어떻게 저항해 나갔는지를 보여주고 싶어 했었다. 작은 건물 안에 터널의 건설목적과 어떻게 건설했는지에 대한 안내문이었다. 파괴 된지 오래된 미군 탱크 두 대가 그 건물 전면에 전시 되었다.

죤과 나는 터널에 기어 들어갔는데 공기는 아주 희박하였고 숨쉬기 어려웠지만 나는 죤을 따라 터널 안을 둘러보았다. 터널 속에는 회의실, 식당, 마실 물이 나오는 우물 그리고 창고 등이 있었다. 나는 이와 같이 많은 노력을 했기에 전쟁에서 승리할 수 있었다고 생각했다.

우리는 하노이도 방문했다. 홀트국제아동복지회는 그 당시 이 나라의 집 없는 어린이들의 문제를 해결해주기 위하여 초청받은 기관 중의 하나였다. 그들은 고통 가운데에서도 매우 값지고 가치 있는 소중한 것들을 얻었다. 바로 월맹과 월남의 남북통일이다. 오랜 투쟁과 비참함 그리고 희생은 지불할 만한 가치가 있었다고 생각했다.

외무부에서 나온 관리가 우리를 호치민 묘이며 그의 사무실이었던 곳 가까이에 있는 국영 영빈관으로 안내하였다. 울창하고 푸르른 열대 수풀의 아름다움 뒤에는 가난한 모습만이 보였다. 거리의 사람들은 모두 지쳐 보였고 얼굴은 거의 무표정하였다.

존과 나는 그날 밤 게스트하우스 근처 둘레를 돌아보기로 했지만 거리는 전기가 없어 깜깜했다. 희미한 불빛은 바로 옆에 있는 사람이 누구인지도 알아 볼 수 없을 정도였다. 우리는 식사하려고 식당을 찾아 갔으나 음식의 질과 메뉴는 매우 열악했다.

다음날 존과 나는 병원과 재활센터 등 몇몇 어린이 보호 시설들을 방문하였다. 그들은 여전히 프랑스가 쓰다가 남기고 간 구형 엑스레이 기계를 사용하고 있었고 장비의 부족은 이루 말할 수 없었다. 우리의 제한된 자원을 가지고 어떻게 그들의 욕구를 다 채워 줄 수 있을 것인가? 비록 우리가 가진 것이 작다 하더라도 우리는 그들의 고통을 덜어 주어야 한다고 생각했다. 우리는 호치민의 묘와 그가 살던 집, 전쟁박물관 그리고 유명한 미군 포로들이 억류되었던 "하노이 힐튼"을 방문하였다. 우리가 보았던 역사 유적지 중 하나는 중국이 점령했을 때 과거 시험을 보던 곳이었다. 그 시험은 고려시대와 조선시대의 과거제도와 비슷했다.

그것은 옛날 원나라 때 중국의 지배하에 있었던 베트남이 채용한 중국의 제도였다. 한국과 베트남의 문화적 연결성과 동질성을 찾았다는 것이 매우 흥미로웠다. 홀트는 국제 입양을 우선 시작하였고 훗날 이 접촉으로 다른 여러 가지 프로그램도 하게 되었다. 80년대에는 국제 입양에 대한 나쁜 소문이 많았다. 이것은 KGB소련 비밀경찰이 뿌린 여러 가지 흑색선전중의 하나였다.

서울이 1988년 올림픽을 개최했다. 아무도 한국이 그와 같이 웅대한 일을 해낼 것이라고 생각하지 못했다. 대한민국은 북한과 아직도 대치중이고 지난 50여 년간 국가 예산의 거의 30%를 국방비에 사용하였다. 모

"88"올림픽에 참관한 양부모와 입양아들

든 사람들이 놀라워했던 바와 같이 한국 정부는 천천히 그리고 착실하게 이 일을 준비해 왔고 처음으로 올림픽 게임을 개최하는 영예를 안은 것이다. 전국이 행복감에 젖어 있었고 커다란 기쁨과 자신감에 차 있었다.

올림픽의 개최가 가까워지면서 새로 지은 몇몇 경기장들이 일반인들에게 공개되었다. 우리의 입양아들이 한국을 방문할 때마다 이것을 보여 주었다. 우리는 그 해 서울에서 열리는 올림픽에 참여하려는 백여 명의 홀트 가족과 어린이들과 함께 개회식과 폐회식 그리고 경기를 참관한 것은 내 생애에 가장 감동적인 경험이었다. 한국이 통일된 국기 아래 이 올림픽을 개최했더라면 얼마나 좋았을까?

일주일 후, 장애인 올림픽이 열렸다. 많은 가족들이 이 경기를 보기 위해 한국에 남았다. 홀트 여사와 함께 일산 센터 출신 선수들 80여 명이 경기에 참여하는 것을 보았다. 개회식이 진행되는 동안 홀트 씨가 지금 살아 계셔서 이 빛나는 순간을 목격하셨다면 얼마나 좋았을까 하고 생각했다. 올림픽을 개최했다는 것은 한국인들에게 강한 자부심을 심어 주었고 그들의 꿈은 강한 의지와 열정으로 무엇이든 이룰 수 있다는 확신을 주었다.

제52장 중국

헤이그회의에서 돌아와서 오레곤에 잠깐 들렀다가 곧 중국에 갔다. 나는 장케닝 씨에게 전화를 걸었다. 그는 자전거를 타고 호텔로 나를 보러 왔다. 그는 그날 저녁 다른 약속이 있기 때문에 우리의 방문은 짧았지만 기쁨이 넘쳤다. 그는 우리에게 유익한 조언을 해 주었다. 가장 큰 딜레마는 먼저 누구를 만날 것인가였다.

헤이그에서 만났던 두 사람 모두 중국에서 홀트국제아동복지회 사업을 시작하기 위한 우리의 관심을 알고 있었다. 리우 여사는 법무부의 공증 사무국 대표였고 마담 장은 민사부를 대표하고 있었다. 이 두 부서 모두 국제 입양 사업에 강력한 관심을 가지고 있었다.

우리는 창 케닝 씨에게 두 여인 중 누구를 만나야할지 물었다. 그는 어느 부서가 국제 입양을 담당해야 할지 아직 결정되지 않았다는 것이 문제라고 말했다. 우리는 이 상황에서 두 사람 모두를 만나기로 했다. 입양의 법적문제는 법무부의 공증 국에 의해 다루어지고 어린이와 고아에 관한 문제는 민사부의 관할이었다.

우리는 그의 조언에 따라 리우 여사와 마담 장 모두를 만났다. 두 사람 모두 우리들을 적극적으로 지원하겠다고 약속했지만 우리는 새 입양 법이 중국 인민 회의에서 최종 승인을 받을 때까지 기다려야 했다. 집으로 향하던 우리들은 홍콩에 들러 Mother's Choice라는 홍콩의 선교회인 Youth with a Mission에 의해 잘 운영되고 있는 어린이 보호 시설을 찾아갔다. 우리의 국제 입양 부장인 죤 윌리암스는 Mother's Choice가 설립될 때 그들을 도왔다.

이 기관의 주요한 목적은 홍콩의 미혼모들에게 낙태보다는 다른 대안을 선택하도록 권장하는 것이었다. 많은 미혼모들이 중국 지역에서의 값싼 낙태 수술을 받으려 홍콩 지역 경계선을 넘어 갔다. Mother's Choice는 미혼모들을 위한 시설이다. 어머니들은 그들이 낳은 어린이들을 위하여 좋은 선택을 할 수 있도록 도와주었다. Mother's Choice는 홍콩정부 사회봉사부와 홀트가 지체 부자유와 연장아동들을 미국의 가정에 입양할 수 있도록 홀트와 협정했다.

헤이그 협약 서명이 있은 지 몇 달 후 중국은 자신들의 입양 법을 통과시켰지만 새로이 통과된 입양 법의 시행령을 위해서 몇 달 더 기다려야만 했다. 케닝 씨는 우리들을 위해 남서 중국에 있는 고아원에 버려진 아기들에 대한 근황을 새롭게 알려주었다.

죤과 나는 연차 이사회가 끝난 후 중국 광서성 난닝 시로 갔다. 난닝은 광시 성(省)의 수도였고 인구는 사백만 명이었다. 중국내 가장 큰 소수민족 자치주 중 하나였다. 그 성의 전체 인구는 사천만 명이었다.

다음 날 우리는 난닝 시의 서쪽 끝에 있는 고아원을 방문했다. 이 고아원은 노인들을 위한 숙소와 신체 및 정신 지체 장애인을 위한 숙소와 2세 이하의 어린이들과 갓난아이들로 분리되어 있었다. 몇 개의 방에는 나무로 된 어린이용 침대가 차 있었다. 각 침대에는 크기에 따라 다르지만 세 명 정도의 어린 아기들이 누워있었다. 우리가 방문했을 때에는 마침 식사시간이었고 아이들을 돌보는 사람들은 갓난아기들에게 우유를 먹이고 있었는데 그것은 우유가 아니라 귀리죽으로 쌀의 작은 입자들이 젖꼭지에 엉켜 붙으면 거세게 젖병을 흔들어댔다.

거기서 다른 방 안에 나란히 누운 채 거의 움직이지 않고 소리를 내지 않는 네 명의 어린이들을 보았다. 직원에게 이 아이들에게 무슨 일이 있는지를 물어보니 너무 병들고 쇠약하여 더 이상 이 아이들을 위해 해 줄 것이 없다고 했다. 그저 이 아이들은 죽음을 기다리고 있을 뿐이었다.

이들이 이 아이들의 생명을 그렇게 쉽게 포기하는지를 믿을 수 없어 매우 놀랐다. 가장 창백하고 약해 보이는 어린이를 들어 보았다. 아이는 나의 팔에 힘없이 누워 머리도 움직이지 않았다. 아이의 몸은 아주 작았고 뼈에 피부를 살짝 감아놓은 듯 했다. 작은 우유병을 달라고 하여 아이에게 먹이려고 했지만 입 안에는 상처가 심하여 젖병을 빨지 않았다.

어린 아이의 손과 발은 차가워 나는 온기가 돌아올 때까지 아기의 발을 비벼 주었다. 다시 아이의 손을 붙잡아 주면서 우유를 먹이려고 했다. 그러자 이 아이는 눈을 뜨고 젖병을 빨고 거의 한 온스 정도를 먹었다. 이 아이의 생애 몇 분간 동안이라도 작은 위로를 주기 위해서 그를 안고 있었다.

녹번동 센터에서 폐질환 전염병이 유행했을 때 우리가 돌보고 있었던 어린아이들 모두를 구할 수 없음에도 불구하고 적어도 우리는 그들의 마지막 순간까지 그들을 도울 수 있는 것은 무엇이든지 하려고 했었다.

어떻게 이 아이들을 그냥 죽어가도록 내버려 둘 생각을 할 수 있는지 믿을 수가 없었다. 북받치는 감정을 가다듬기 위해 이 아이를 침대에 누이고는 그 방을 나왔다. 이제 '이 귀중한 작은 생명들을 위해 무엇을 할 수 있을 것인가?' 우리가 중국에서 일을 시작해야 할 곳은 바로 이곳이라고 결심하였다. 버려진 아기들의 긴박한 현실을 내 눈으로 직접 목격했기 때문이다.

다음날 우리는 시 정부 산하에 있는 입양 부서의 책임자인 구 알리 여사를 만났다. 죤과 나는 우리가 고아원에서 보았던 어린 아이들을 위해 국제 입양을 해줄 것을 애원했다. 그녀는 난닝에서 홀트국제아동복지회가 사업을 시작하기 원하는 그 일을 적극 후원하겠다고 약속했다.

다음 봄 이사회에서 중국 난닝에서 새로운 홀트 사업을 추진할 것을 결정해 주었다. 우리는 북경을 다시 방문하였고 그들에게 난닝에서 우리가 만났던 사람들에 대하여 말하고 그들과 함께 일하고 싶다는 우리의 소망을 전했다. 구 알리 씨는 민정부의 마담 장을 만나 그녀에게 오레곤 유진에 있는 홀트국제아동복지회와 함께 일하고 싶다고 했다. 마담 장은 우리의 제안을 지원하기로 동의하였다.

그들이 중국 입양 센터를 개설한 다음 난닝으로부터 여러 건의 성공적인 입양 수속을 할 수 있었다. 우리의 업무 관련하여 협력을 증진 시키고 국제 입양에 대한 이해를 높이기 위하여 입양 담당 부서의 책임자인 구 알리 여사와 광시성 민정부장 백성경 씨를 미국에 초청하여 우리 사무실을 방문하도록 했다. 그들은 중국에서 입양된 어린이들과 그들의 입양 부모들의 생활을 둘러본 다음 미 국무성의 관리들도 만났다.

중국에서의 우리 프로그램은 홀트 국제아동 복지회가 일하고 있는 모

중국 광서성난닝시 아동보호소 개관식 좌로부터 김형복, 진남기, 아동보호소 소장 말리,
광서성 민정부장내외 할머니

필자의 아내 Nancy Kim, 중국민정부 입양중심 책임자, 필자, 광서성민정청장, 부청장

든 나라들 가운데 가장 규모가 크고 가장 활기 있는 프로그램이 되었다. 칠전팔기(七顚八起)라는 옛 속담의 훌륭한 교훈은 중국 프로그램을 하면서 계속 되새기게 되었다.

중국에서의 홀트 사업을 시작했다는 것은 내가 은퇴하기 전 가장 마지막에 추진한 사업이었다. 그것은 내게 개인적으로 인간 승리의 큰 의미를 제공해 주었다. 비록 우리 가족이 그곳에서 박해를 받고 또 쫓겨나기도 했지만 그 나라의 어린이들을 사랑할 수 있었기 때문이다. 내가 겪었던 고통과 불행은 생생하게 기억 속에 새롭게 남아 있다.

그러나 이제는 내가 중국의 집 없는 어린이들을 위해 옹호자가 되었다는 것은 아이러니컬하였다. 하나님께서 이끄시는 우리의 운명은 어떻게 어디로 우리들을 이끌어 갈지 아무도 모르는 것이라고 생각했다.

제53장 몰락한 동구권과 아프리카의 고아들

동구권이 몰락하면서 철의 장막 속에서 그동안 알려지지 않았던 새로운 것들이 많이 알려지게 되었다. 여러 가지 중요하고 특기할만한 사실들이 많이 있었지만, 우리에게는 수많은 고아들이 여러 고아원 시설에서 살고 있다는 정보였다. 헤이그 국제회의 결과로 이루어낸 뜻 있고 중요한 결과는 중국에서와 같이 공산국가에는 고아들이 없고 시설드 없는 것으로 알았지만, 그렇지 않다는 것을 알게 되어 매우 놀랐다.

우리는 이 사실에 대해 조금 더 자세하게 알기 위해 그 나라들을 방문하게 되었다. 제일 먼저 들어간 나라는 루마니아였다. 루마니아는 헤이그 회의에 대표단을 보내 많은 것을 알게 되었다. 수백 명의 고아들이 주사바늘을 여러 번 사용했기 때문에 이들이 모두 에이즈 혹은 에이치아이비에 감염되어 큰 파문을 일으켰다.

그리고 고아원에 수십 만 명의 어린이들이 수용되어 있어 그 어린이들을 위하여 많은 도움이 필요한 나라였다. 홀트국제아동복지회는 헤이그에 왔던 대표를 통해 그 곳에서 일할 수 있게 되었고, 직원을 보내 사무실을 개설했다. 어린이들의 입양 가능성에 대해 조사하던 중에 많은 어린이들이 에이즈에 감염된 것을 발견하고 이들에게 국제입양보다 다른 서비스를 제공하게 되었다.

그리고 이 서비스에 필요한 모든 재원은 미국 정부에서 도움 받게 되었다. 이 사업은 홀트 입양과 차별하기 위하여 또 다른 직원을 파견하여 이 프로그램을 지휘 감독하게 하였다. 우리는 루마니아에서 일하면서 많은 것을 배우고 경험했다.

그 후 홀트는 소련에 들어가 그 나라에 있는 고아들의 실정에 대해 조사하고 홀트 사업의 가능성에 대해 헤이그 회의에 참석했던 소련 대표를 만나 시설에 있는 많은 고아들의 장래와 정부의 계획 그리고 홀트 사업의 장래에 대해 논의하였다. 그들은 홀트를 환영했고, 같이 일할 수 있는 기회와 가능성에 대해 말해주어 회의는 매우 고무적이었다.

소련도 루마니아와 같이 갓난아기부터 2세 까지는 영아원에 있는데 이들은 보건부의 소관이고, 3~12세까지는 교육부의 소관이고, 13~18까지는 사회부의 소관이라고 했다. 앞으로 소련에서 일을 하려면 여러 정부 기관과 부서들과 연계를 맺어야 하는 복잡한 과정을 거쳐야 했다.

헤이그 협약 체결 이후 입양을 담당할 부서가 설치되지 않아 우선 루마니아와 같이 미국정부의 도움으로 시설에 있는 어린이들의 서비스를 강화하는 여러 가지 프로그램을 시작했다. 우리가 미국정부의 재정적 지원을 받아 하는 일은 쉬웠지만 입양 사업 쪽은 매우 어려움이 많았다. 일을 진행시키기 위해 고질적인 부패 때문에 생기는 뇌물을 항상 주어야 일을 할 수 있었다.

홀트와 같은 국제 아동복지회가 어린이들을 돕기 위하여 뇌물을 계속 공여 할 수는 없다. 우리는 국제 입양에 대한 절차가 체계화 되고 담당자들의 조금 더 깊은 이해와 배려가 있을 때까지 기다리기로 했다. 그 후 우리는 계속하여 우크라이나, 키르기즈스탄 등 나라에 계속 직원들을 보내 고아들의 실태를 조사하고 있다.

수만, 수십 만이 넘는 많은 고아들이 각 도시와 지방에 산재해 있는 시설에서 기다리며 계속 어렵게 살고 있다. 우리는 이들이 더 속히 사랑하는 새 가정에 입양될 수 있도록 계속 노력하고 있다.

헤이그 협약은 계속 좋은 결과들을 가져오고 있다. 국제 입양의 국제적 인정과 이에 대한 긍정적 이해는 정부뿐만 아니라 많은 가정들도 그들의 마음과 가정을 열어 고아들을 입양하고 있는데 그 중에서도 제일 참신하고 놀라게 한 것은 많은 입양 가정들이 동구권이나 아시아 지역의 고아들뿐 아니라 아프리카 어린이들도 입양하기 시작한 일이다. 인종차별의 높은 벽과 차별은 무너지고 그들을 사랑하여 자기 자녀로 받아들일 수 있게 된 것이다. 이 아프리카 어린이들은 미국뿐만 아니라 북유럽 여러 나라에도 입양되고 있다. 이 얼마나 경이롭고 기쁜 일인가?

국제입양은 50여 년 전 홀트 씨 가정과 많은 미국 입양가정들이 한국전쟁 고아들 특히 미국병사와 한국 어머니 사이에서 태어난 혼혈아동들을 위해 시작한 것이다. 그들의 마음속에는 자기 아버지나 형제들의 잘못으로 태어난 그들의 핏줄을 거둬들인다는 의미가 짙었는데, 이것이 점차 변형되어 지금은 국가, 인종, 종교, 법률, 문화, 언어 등의 이질성을 극복하고 좀 더 높은 차원으로 승화된 것이다.

50여 년 전 홀트 씨가 한국에 와서 뿌린 작은 씨앗이 움이 트고 계속 성장하여 많은 열매를 맺고, 이제는 세계 각국에 이 훌륭한 인드적인 사상과 행동이 세계 각국에서 일어나고 있다. 홀트 씨는 이제 이 훌륭하고 귀한 유산을 세계 각국에 남겼다. 얼마나 자랑스러운 일인가? 인류 역사가 계속되고 집 없고 부모가 없는 어린이들이 존재하는 한 이 훌륭한 유산은 계속 살아 숨 쉬게 될 것이며 우리의 노력도 계속 될 것이다.

한국전쟁이후 천하보다 귀한 어린생명들에게 가정을 찾아주는 사역을 시작하여 56년에 이르러 홀트는 거의 만 여명의 어린이들을 미국가정에 입양 시켰다. 초기에 입양된 어린이들은 이때 십대 후반이나 이십대에 접어들었다. 많은 이들은 대학 졸업 후 안정된 직업도 갖고 결혼하여 행복한 삶을 살아가고 있다. 그들은 가끔 나에게 전화를 걸어 내가 그들의 생부모나 자매, 친척들 또는 홀트에 맡겨졌을 때의 주위 환경 등에 관한 정보를 알고 있는지를 물어오곤 했다.

미국의 경제가 좋아지고 항공료가 저렴해 지면서 많은 사람들이 아시아로 여행하기 시작하였다. 내가 가장 소중하게 생각하고 뜻 깊은 것은 젊은 입양인들과 이야기 나눌 기회를 갖는 것이다. 입양된 어린이들이 미국의 새로운 가정에서 어떻게 적응하며 살았는지 알고 싶었다.

비록 그들은 행복하다고 하지만 나는 그들의 마음과 삶 속에 잃어버린 아주 귀중한 한 부분이 있다는 것을 알고 있다. 그래서 입양아들을 위한 한국 방문단 조직을 생각하기 시작했다. 그 실행을 계획하며 그룹의 크기, 시기, 체류 기간 동안 해야 할 일 등에 대해 곰곰이 생각해 보았다. 입양인들에게는 단순한 방문 여행이 아닌 특별한 목적과 목표가 있는 여행이기 때문이다.

참가자들은 그들 자신의 일과 결정에 독자적인 판단을 할 수 있는 고등학교를 졸업한 18세 이상으로 하고 한국 홀트본부 지방사무소와 홀트 일산복지타운을 방문하고 한국의 문화와 역사를 배울 수 있는 고유한 문화적 사적지 등을 선별하여 여행하기로 하였다.

처음 2-3년 동안 한국 모국 방문에 참가한 입양인들은 대부분 한국인 어머니와 유엔군 사이에서 태어난 혼혈입양청소년들이었다. 이들 중 어떤 어린이들은 다른 고아원에서 자라다가 홀트로 옮겨 왔기 때문에 새로운 환경에 적응 하는데 어렵지 않았다. 그러나 많은 어린이들은 직접 친모나 친척들에 의해 홀트에 왔다. 이들 입양인들의 모국 방문은 생모와 고아원 책임자 그리고 어린이들을 돌보아 주었던 모든 사람들은 입양아들이 어떻게 잘 적응하며 성장했는지를 처음 확인 할 수 있는 기회였다.

1975년 6월에 첫 번째 홀트 모국 방문단은 14명이였고 열흘 동안 함께 다녔다. 한국홀트는 이들을 위해 방문 계획을 세워 주었다. 한국을 방문하는 동안 보건사회부 장관과 서울 시장은 환영 만찬을 마련해 입양인들을 격려해 주었고 기자들은 입양인들에게 미국 생활과 양부모에 관한 질문을 많이 했고 또한 젊은이들에게 익숙하지 않은 개인적인 질문들도 많이 했다.

그들의 또 다른 문화충격은 처음으로 맛보았던 생소한 음식들, 안심하고 마실 물이 없어서 청량음료를 마셔야만 했던 일, 수세식 화장실 부족으로 야기된 불편함 등 이었다. 지방을 여행할 때에 서양식 화장실이 없었다는 것은 그들에게 정말 충격적이고 참기 힘든 일이었다. 여행에 불편한 점이 많았지만 열흘이란 기간이 짧게만 느껴졌기에 그들은 견디어 낼 수가 있었다.

우리는 방문 경험을 평가하면서 우리가 예상하지 못했던 많은 것을 얻었음을 알고 놀랐다. 한국의 많은 사람들은 입양인들이 한국을 떠나면 다시 되돌아오지 않을 것이라고 생각했다.

민족주의가 생겨나고 경제적으로 발전되자 한국에서 해외 입양에 대한 거친 비난들이 쏟아졌다. 한국인들은 풍부하고 오랜 문화유산을 자랑하고 있다. 사람들은 해외 입양을 그들 나라의 가장 귀중한 자원을 한국에서 떠나보내는 것으로 생각했다. 거기에는 또한 그들 자신이 어린아이들을 돌보지 못했다는 자책감과 부끄러움도 있기 때문이다. 어린이들이 그들 나름대로의 풍성한 유산을 즐기고 또한 미래의 자원이 되려면 먼저 어린이들을 건강하게 양육 하고 교육을 시켜야 하며 지속적으로 사랑스러운 가정에서 자랄 수 있게 해야 한다.

어떤 환경에서 성장 했느냐가 매우 중요하다. 부모가 없는 어린이에게 사랑으로 양육하고 교육시키며, 가정의 소중함을 느끼게 할 새로운 가정을 찾아주는 일은 매우 중요하다. 이는 모든 어린이들이게 가정을 가질 권리를 회복시키는 것이며 가족은 어린이들이 내일의 훌륭한 자원으로 성장하게 하는 토양이 될 것이다.

몇 명의 입양인들은 서울 시청건물 계단을 방문하길 원했다. 그것은 자신들이 시청 계단에서 발견되었다는 것을 입양 부모들로부터 들었기 때문이다. 입양아들이 그들의 친 가족들을 추적해 본다는 것은 불가능하기 때문에 그들은 적어도 그들이 발견된 곳이라도 찾아가 보고 싶어 했다. 이 계단을 찾아가 보는 것은 이들의 과거와 지금을 연결해주는 유일한 연결 고리가 되기 때문에 이들에게는 매우 중요한 것이다.

서울에서 버려진 아이가 발견되면 이 아이는 우선 해당 파출소로 데려가게 되고 그 후에는 시청 아동 보호과로 보내졌다. 서울 시청 건물에는 실제로 어린이들을 위한 보호 시설이 없어 이 어린이들은 곧장 홀트와 같은 입양 기관이나 다른 영아원 또는 어린이보호 시설로 보내졌다.

이러한 경우에 아동 서류에는 어린이를 포기하고 시설로 보내는 사람이 서울 시청이라고 표기되었다. 그렇기 때문에 입양인들은 시청 계단을 방문하는 데 흥미를 갖게 된 것이다. 따라서 입양인들은 자신들이 정말 시청 계단에서 발견되었다고 믿고 있고 그들의 과거의 연결 고리를 그 곳에서 찾고자 하였다.

그들이 홀트에 들어오게 된 주위 환경에 대한 질문에 대해 정확한 대답과 정확한 정보를 제공하는 것은 매우 중요한 일이다. 만약에 우리가 정확한 정보와 확실한 기록을 가지고 있다면 그들의 옛 가족과의 관계를 다시 연결하도록 노력했을 것이다.

텍사스로부터 온 두 명의 자매가 80년 대 중반에 모국 방문단에 합류하였다. 그들은 입양으로 이루어진 자매였다. 그들은 모두 대학교를 졸업하였고 동생은 간호학과를 졸업하였지만 계속 공부하여 미래에 의사가 되기 위한 계획을 추진하고 있었다. 이 자매 중 한 입양인은 걸음마를 하던 때에 친모에 의해 홀트에 들어왔다. 그래서 우리는 기록을 통해 친모를 찾았다. 친모를 찾아 기뻤지만 한편으로는 예견치 못한 여러 가지 일들로 상처받을 수도 있기 때문에 걱정도 되었다.

이십 년 이상 떨어져 있다가 친모와 다시 만난다는 것은 간단한 일이 아니다. 그들은 각각 다른 문화적 배경과 다른 욕구들을 가지고 있어서 사전에 많은 생각과 마음의 준비가 필요했다. 그들의 만남은 긍정적이며 행복한 경험이 되거나 또는 매우 큰 상처나 고통 그리고 절망스러운 것이 될 수도 있기 때문이다.

먼저 입양인에게 여러 가지 일어날 수 있는 일에 대하여 설명해주고 마음의 준비를 시켰다. 다행이 입양인은 참을성이 강했고 상황을 잘 이해하고 있는 듯 했다. 나는 친모와의 상봉을 진행했다. 그러나 이 만남은 양쪽 모두로부터 동의를 받아야만 가능하다. 친모가 입양 보낸 아이를 만나지 않을 수도 있기 때문에 만약 그렇다면 친모의 결정을 존중하고 받아들여야 한다고 설명했다.

나는 친모와 접촉하여 모국방문단을 통해 입양보낸 딸이 한국에 돌아왔다는 것을 알려주면서 만약에 원한다면 딸과 만날 수 있다고 했다. 다행히 친모는 울면서 지난 20년 동안 보지 못 했던 딸을 만나보고 싶어 했다. 친모는 이와 같은 일이 일어나리라고는 꿈에도 생각하지 못했다고 했다. 친모는 딸과 헤어진 후 딸의 행복과 평안을 위해 기도해왔다고 했다. 뛰는 가슴의 감정을 통제하는 것은 매우 어려운 일이었다. 이별은 정말로 고통스러운 것이었고 그녀에게 견딜 수 없는 아픔이었다.

우리는 그들의 만남을 추진해 주었다. 나는 양쪽을 위해 통역과 상담과 위로해주기 위해 같이 있었다. 우리는 친모가 세 딸과 함께 나와 더욱 놀랐다. 아동의 입양상담기록에는 다른 아이들에 관하여는 아무런 기록도 없었다. 그들이 만났을 때 방안은 울음으로 가득 찼고 모두가 상봉으로 기뻐하였다. 친모와 입양인은 말문을 열지 못한 채 서로를 부둥켜안고 끊임없이 울었다. 얼마의 시간이 흐른 후 마침내 감정을 억제하고 울음을 멈춘 후 서로를 소개하기 시작했다.

입양인은 세 자매가 나타나 매우 당황되고 혼란스러워 했다. 그녀에게 다른 친 자매들이 있었다는 것은 상상도 하지 못했다. 입양아는 어머니에게 처음 질문으로 "우리들 넷 중에서 왜 나를 입양 보내셨나요?" 라고 하면서 자신이 입양가게 된 이유를 매우 궁금해 했다. 그녀는 이 질문을 할 때 매우 경직되었고 목소리는 떨리기까지 했다.

입양아가 어머니에게 한 질문을 내가 통역해 주자 방안의 분위기는 일순간 변했고 모든 사람의 시선이 어머니에게 쏠렸으며 우리는 그녀의 대답을 기다렸다. 어머니는 깊은 한숨을 내 쉬었고 다시 잠시 흐느낀 후 입양을 위해 딸을 포기할 수밖에 없었던 환경에 대해 이야기하기 시작했다. "네가 이 질문을 해 주니 참 기쁘구나. 사실 내가 미래의 어느 날 너를 만나면 내가 제일 먼저 이 이야기를 해주어야겠다고 생각했었지. 수십 년 동안 내 가슴 깊은 곳에 묻어두었던 것을 너에게 이야기해 줄 수 있으니 참 행복하구나.”

그녀는 눈물을 닦으면서 “전쟁이 한참 진행되는 동안 너의 아버지는 입대하신 후 너희들 네 딸과 나를 두고 돌아가셨다. 나는 가족들을 먹여 살리기 위해 일을 해야 했는데 일자리 얻기가 쉽지 않았다. 다행히 선교사 부인의 도움으로 고아원에서 어린이들을 돌보는 일을 할 수 있어서 기뻤었는데 가장 큰 문제는 집에 있는 너희들을 어떻게 돌볼 수 있느냐였지. 너의 가장 어린 동생은 한 살이고 내가 일을 하는 동안 등에 업고 다녔다. 너의 큰 언니는 내가 일하러 다녀도 충분히 혼자 지낼 수 있었는데 너는 겨우 걸음마를 하고 등에 업은 동생처럼 계속해서 돌보아 주어야 했는데 그럴 형편이 못되었단다.” “내게 고아원에 일자리를 주선해 준 선교사 부인은 나의 딱한 사정을 알고는 왜 걸음마하는 딸을 미국의 훌륭한 기독교 가정에 입양시키지 않느냐고 말했지. 그래서 며칠 동안 고민 고민하다가 너를 위한 최선의 길은 미국의 훌륭한 기독교 가정으로 입양을 보내기로 결정을 했다. 그렇게 하면 입양부모가 너를 잘 돌보아 주실 것이라고 믿었지. 하나님께서는 미국의 훌륭한 기독교 가정이 너를 잘 돌보아 줄 수 있는 기회를 허락하실 것을 확실히 믿었단다. 그리고 그것은 쉬운 결정이 아니었고 그 결정을 하기까지는 며칠 동안 고민했었지. 그리고 나는 너를 홀트에 데리고 갔던거란다.”

그녀의 친모는 눈물을 닦으면서 이야기를 계속 이어나갔다. 그것은 마치 그녀의 결심에 대해 용서를 비는 듯한 것이었다. 입양인은 조용히 귀를 기울이면서 어머니에게서 눈을 떼지 않았다. 그녀는 때때로 그녀의 어머니가 감당해야 했던 운명과 고뇌를 설명할 때 울먹거렸다. 한국 전쟁 동안 가족들을 돌보아야 할 아버지를 잃어버린 수많은 어린아이들과 어머니들에게는 참으로 어려운 시절을 보내야만 했다.

그녀의 어머니가 이야기를 모두 마치자 방 안은 정적으로 가득 찼고 모든 사람의 시선이 이젠 입양아에게로 향했다. 정적이 잠시 흐른 후 입양아는 어머니에게 가까이 다가가서 팔을 내밀고 어머니의 손을 꼭 잡았다. 그리고 어머니에게 자기를 위해 어려운 결정을 해 주어 감사하다고 말했다. "어머니, 저는 행복합니다. 어머니의 현명한 결정으로 아주 잘 지내고 있습니다."라고 말했다.

방 안에 있던 모든 사람들은 다시 울기 시작했다. 어머니와 딸은 오랜 세월 동안 그들의 가슴 속에 꽉 맺혀 있었던 고통을 풀어버리는 순간이었다. 새로 만난 자매들은 제한된 영어로 그들의 감정과 생각을 나누며 함께 이야기를 주고받았다.

그 만남이 잘 이루어졌고 입양인이 친 어머니로부터 직접 입양을 보내게 된 이유를 듣게 되어 더욱 기뻤다. 그들은 방문단의 일정이 허락하는 대로 더 많은 시간을 같이 보낼 수 있게 했다. 이 상봉은 입양아가 잃어버렸던 마지막 연결고리를 찾게 된 행복한 순간이었다.

캐디는 10대에 입양되었기 때문에 친모에 대해 뚜렷한 기억을 가지고 있었다. 캐디는 혼혈아였으며 그녀의 어머니는 한국인이었고 아버지는 미군 병사였다. 캐디는 뚜렷하고 강한 서양인의 외모를 가졌다. 그녀가 입양되기 전 초등학교를 마치고 중학교로 진학하면서 장래에 대해 걱정하기 시작했다고 한다.

캐디의 어머니는 딸을 위한 가장 최선의 방안을 찾기 시작했다. 많은 잠 못 이루는 밤을 새우며 무엇을 해야 할지 고민하는 가운데 친모는 캐디를 위한 가장 최선의 방안은 미국으로 입양을 보내 입양 부모를 만나 새 삶을 시작하게 하는 것이었다.

그러나 그 결정을 하기까지 쉽지 않았지만 그들은 이별과 슬픔의 아픔을 참고 견디었다. 어머니는 캐디의 입양을 위해 홀트에 왔다. 홀트에서 캐디의 나이 때문에 적합한 가정을 찾기까지 상당한 시간이 필요하다고 했다. 십대 입양아를 원하는 가정을 찾는 것은 그리 쉬운 일이 아니었으나 여러 달 후에 캐디는 미국의 새로운 가정을 찾아 입양되었다.

그녀가 모국 방문단에 합류하였을 때에는 30대 후반으로 결혼하여 사랑스런 두 자녀를 둔 어머니였다. 캐디는 십대 중반에 떠났기 때문에 한국에 대한 기억을 생생하게 하고 있었다.

고아원을 방문하고 위탁 부모들, 친구들, 친 가족들을 만나는 것도 있었지만 공식적인 일이 대부분이었던 모국 방문단의 일정이 거의 끝나가고 있을 무렵 캐디가 성경책을 들고 내 방으로 찾아왔다. 나는 그녀에게 그 성경책을 읽을 수 있을 만큼 한국어 실력이 있는지 물었다. 그녀는 거의 잊어버렸지만 어린 시절 성경 암송했던 구절들을 기억했다.

캐디의 어머니는 독실한 기독교 신자였고 캐디가 떠나기 전 한국어 성경책을 주었다. 캐디는 어머니로부터 받은 작지만 귀한 선물이 그녀가 처음 미국 땅을 밟고 난 다음부터 겪었던 수많은 어려웠던 날을 극복해 낼 수 있었던 자극제가 되었고 견디어 낼 수 있는 힘의 원천이 되었다고 한다. 캐디는 어머니와 가족들을 보고 싶을 때마다 성경책을 펴고 마음 속에 떠오르는 구절을 읽었고 "내 손에 이 작은 성경을 가지고 있거나 그것을 읽었을 때 내 삶에 힘과 용기를 가져다주곤 했었다."고 말했다.

그리고는 성경책을 펴서 안에 적혀 있는 무언가를 내게 보여 주었다. 거기에는 한국어로 주소가 적혀 있었다. 캐디는 내가 그것을 읽을 수 있느냐고 물었고 나는 생모의 주소처럼 보인다고 했다. 캐디는 "이것이 내가 미국으로 떠나갈 때까지 살았던 어머니의 집 주소입니다."라고 말하면서 내가 이 주소를 찾아 자신을 그곳으로 데려갈 수 있는지를 물었다. 이때 나는 캐디의 이야기를 듣고 성경책 속에 주소를 적어 넣은 어머니의 지혜에 깊은 감동을 받았다.

나는 캐디에게 그 집이 그대로 있다면 그 주소를 찾아낼 수 있다고 말해 주었다. 그러나 "지난 여러 해 동안 너의 어머니의 집은 그냥 그곳에 있지 않을 수도 있다. 개발로 인해 새 아파트나 쇼핑센터 또는 고속도로가 들어서서 전혀 다른 곳으로 바뀔 수도 있는데 우리의 모국 방문단 여행이 진행되는 동안 찾아볼 수 있을 것이다"라고 말해 주었다.

캐디의 어머니는 서울에서 몇 시간 걸리는 군산에 살았다. 먼저 그 주소에 친모가 여전히 살고 계신지를 알아보기 위하여 편지를 쓰기로 제안했다. 캐디는 그렇게 시간적인 여유가 없다는 것을 알고 나의 제안에 실망했다. 이틀 후 한국을 떠나게 될 빠듯한 일정 안에 무슨 일을 할 수 있을까? 나는 그녀에게 옷을 챙겨 입고 바로 떠나자고 했다. 우리는 곧 군산으로 가는 기차를 타기위해 기차역으로 향해 달려갔다.

우리는 그날 정오에 군산으로 향하는 열차가 있다는 것을 알고 안도의 한숨을 쉬었다. 서울에서 네 시간 정도 걸렸다. 이 시간은 캐디의 일생 중 가장 길었던 기차 시간이었을 것이다. 그녀는 창밖으로 눈을 거의 고정시키고 넓은 논과 오르내리는 작은 산들이 길게 뻗어 있는 광경들을 뚫어지게 응시하고 있었다. 한국에서 자랄 때 간직한 많은 기억들이 그녀의 뇌리를 스쳐가고 있었다.

우리가 도착하자 그 주소를 찾는 것은 어렵지 않았다. 군산은 서울처럼 그렇게 발전하지 않았다. 아주 낡은 집들과 건물들이 캐디의 어머니가 살았던 이웃에 그대로 남아 있었다. 우리가 가까이 다가가자 캐디는 그곳을 알아보았다. 그녀는 곧 그녀의 집으로 달려가 어머니를 불렀다. "엄마. 엄마!" 정말 기적처럼 어머니는 그 집에 있었다.

어머니는 귀에 친숙한 딸의 목소리를 듣고 그대로 달려 나와 그녀를 포옹했다. 두 모녀는 몇 분 동안 서로 꼭 껴안고 단 한 마디만을 했을 뿐이다. "엄마, 엄마" 하고 캐디가 목놓아 울며 말하면 어머니는 그저 "그래, 그래' 만 되풀이 했다.

서로를 잃었던 고통이 깊게 지나갔지만 오랫동안 꿈꾸어 왔던 재회가
현실이 되어 이제는 기쁨으로 변하여 가슴 속에 흘러 들어오는 것이다.
모든 사람들이 울었지만 그것은 행복한 울음이다. 이웃들이 캐디와 어머
니 주위로 몰려들었다. 이웃들은 모두가 한 목소리로 "캐디야, 너 참 몰
라보게 변했구나."라고 말했다. "너, 이제 결혼했을 터인데 아기는 몇이
냐? 어디서 사니?"라고 안부를 물으며 그들 모두는 그녀를 안아주고 손
을 꼭 잡아주었다.

내 앞에 펼쳐지는 감동적인 한편의 휴먼 드라마를 목격하면서 내 가슴
깊은 곳에서 솟아나는 기쁨의 눈물이 흘러 내렸다. 캐디를 어머니에게
남겨 두고 떠나면서 캐디는 앞으로 이틀 동안 어머니와 함께 머물 수 있
다고 말해주었지만 우리가 떠나기 하루 전 날 그녀를 서울로 데리고 와
야 했다. 그날 밤 군산에서 마지막 기차를 타고 서울역에 거의 밤 12시쯤
도착했다.

오랜 기차여행은 그 옛날 말리, 바바라, 완다, 홀트 씨 그리고 내가 부
산서 서울까지 야간열차를 타고 어린아이들을 에스코트했던 일을 기억

김종필 총리를 방문한 입양아 일행. 제1회 모국방문단. 1973년 6월

나게 했다. 그러나 오늘 밤 나는 아기들이 우는 것과 우유를 먹이는 일, 젖은 기저귀를 갈아 주는 일 등을 걱정하는 대신 오로지 캐디가 어머니를 만나 얼마나 행복해 할까 하는 생각뿐이었다. 이제 결혼도 하고 두 아이의 엄마가 된 캐디는 마침내 그녀의 삶에서 잃어버렸던 마지막 연결고리를 다시 찾은 것이다.

우리의 첫 번째 모국 방문은 성공적이었고 한국 사회에 아주 커다란 충격을 안겨 주었다. 그런 만남은 처음 있는 것이었고 입양아들이 그들이 태어난 나라로 다시 찾아 왔다는 것에 많은 관심을 불러 일으켰다.

신문, 잡지, 텔레비전에는 계속해서 이 이야기로 가득 실은 탓에 미국에 있는 그들의 가족들에 관한 이야기와 개인의 이야기들이 상세하게 노출되게 되었다. 특히 입양아들 중에 유명한 학교에서 대학 교육을 받았다는 이야기들과 촉망 받는 전문직을 가지고 있다는 이야기는 계속적인 주목을 받았고 많은 질문도 있었다. 모국방문 동안 질문 받는 일에 익숙하지 않은 그들에게 때때로 아주 사적인 질문을 받게 되어 짜증을 내기도 하였다.

젊은 한국의 기자들은 그들의 개인적인 삶에 매우 관심이 많았고 특히 그들이 미래 배우자를 선택하는 일에 관한 주제에 특히 관심이 많았다. 입양인들은 기자들이 던진 익숙하지 않은 질문공세에 대해 불평하기도 했다. 나는 그것이 문화적 차이에서 오는 것이니 그들을 이해해야 한다고 했다.

다이앤은 대학에서 약리학을 전공하였고 현재 약사로 일하고 있다. 다이앤의 사진과 이야기가 한국의 주요 신문들에 실렸다. 이 삼 일 후 나는 한국 각 처에서 다이앤이 자신의 딸이라고 주장하는 십여 통의 편지를 받았다. 열두 사람으로부터 다이앤의 친모라고 하는 연락을 받고 놀랐다. 이 열두 사람들 중 친모는 누구인지를 어떻게 결정할 수 있을까? 지금은 DNA검사를 통해 확인 할 수 있겠지만 그때에 우리가 할 수 있는 일은 가지고 있는 기록뿐이었다. 내가 이 정보를 다이엔에게 들려준다면 그녀는 어떤 반응을 보일까 하는 걱정이 생겼다.

다이앤을 내 방으로 불러서 신문 방송에 소개된 결과로 여러 통의 편지를 받았음을 말해 주었다. 그녀 역시 놀랐고 당황했지만 웃으면서 "아, 내게 열두 명의 어머니가 있다고요? 내게는 양 엄마와 친 엄마 두 사람으로 만족해요"라고 말했다.

우리는 모두 웃었고 그녀에게 이 일이 생긴 이유를 설명해 주었다. "당신이 성공하게 된 이야기는 많은 사람들을 감동시켰다. 누가 당신 같은 사람을 자신의 딸로 갖고 싶지 않겠느냐?" 우리는 다시 웃었다. 나는 그이들이 요청한 것을 알아보고 그 결과를 나중에 알려주겠다고 말했다.

그녀는 좋은 마음으로 내 방을 나갔지만 그녀는 이 일을 어떻게 생각했을까? 그리고 나서 어떻게 답변해야 할지 곰곰이 생각해 보았다. 오직 단 한 사람의 친 어머니만 있을 터인데… 어떻게 그 사실을 밝혀 낼 수 있을까?

내가 이것을 곰곰이 생각하면서 아주 확실한 해결책을 찾았다. 다이앤의 친모라고 주장하는 사람들에게 다이앤을 데려 오던 날에 대해 설명해 줄 것을 요구했다. 나는 세 가지 질문을 했다. 첫째는 그날 몇 사람이 아이를 데리러 왔었는가? 둘째는 우리가 타고 왔던 차는 어떤 차였는가? 마지막으로 그녀와 다이앤이 그 당시 어디서 살고 있었는가? 였다.

다이앤의 친모라면 딸을 데리고 왔던 날의 기억을 생생하게 간직하고 있을 것이라고 확신했다. 그 때 그 상황을 잊어버린 어머니는 없을 것이다. 그녀는 그날 세 사람이 그녀의 집으로 와서 다이앤을 데려간 것을 기억할 것이다. 다이앤을 홀트로데려올 때 입양할 어머니와 바바라 홀트 여사 그리고 나였다. 우리가 타고 갔던 차는 그 당시 한국에서는 단 한

대 밖에 없었고 우리가 "레드 탑"이라고 불렀던 시보레 스테이션 왜곤의 빨갛고 하얀 색깔의 차였다. 마지막으로 그녀가 살았던 장소는 비록 현재의 주소로 기억할 수 없다고 하지만 친모에게 아직도 확실하게 남아 있을 것이다. 그녀는 한강 남쪽의 서울시 영등포에서 살고 있었다.

이 세 가지 질문들을 다이앤의 친모라고 주장하는 사람들에게 편지로 요청했다. 유감스럽게도 이 세 가지 질문에 정확하게 답변한 사람은 하나도 없었다. 심지어 세 가지 중 하나도 정확하지 않았다. 말할 필요도 없이 그것은 우리에게 깊은 실망만 안겨준 슬픈 에피소드가 되어 버렸고 다이앤에게는 큰 실망을 주었다. 우리는 미국으로 돌아가야 할 날이 가까이 옴에 따라 더 이상 추진하지 않았다. 우리가 여행하면서 겪었던 많은 기억들과 즐거운 일들이 있었지만 그 중에서도 다이앤이 겪었을 시련을 생각하면 가슴이 아파온다.

모국 방문에 대한 놀라운 추억 중 가장 기억나는 것 중 하나는 새로운 커플이 탄생한 것이다. 나는 이 여행 중에 짝이 되어 다니는 젊은이를 눈여겨 봤다. 특히 오랫동안 두 사람이 같이 앉는 좌석 버스를 타고 다녀야 하기 때문에 젊은이들은 여행 중 서로 알게 되었다. 제니퍼와 팀은 서로 다른지역에서 살고 있으며 로스앤젤레스 국제공항에서 한국으로 출발을 기다릴 때 그들은 처음 만났다.

그들을 가까이서 주시해 보았는데 제니퍼와 그녀의 입양 가족을 잘 알고 지냈기 때문이다. 제니퍼가 고등학교를 다니는 동안 내내 제니퍼의 입양 부모들이 나와 함께 일했다. 사실 모국 방문단에 합류하는 것은 제니퍼의 오랜 꿈이 실현된 것이었다.

제니퍼는 6살이 되던 해에 미국에 왔기 때문에 한국에 대해 많은 것을 기억하고 있었다. 모국 방문은 그녀가 고등학교를 졸업하게 되는 것과 미국에서의 새로운 가정에 성공적으로 정착하게 되는 것 그리고 보통 수

많은 십대들이 자라면서 겪는 고통들을 극복하는 자극제가 되었다.

팀은 다른 한국인 입양 자매들과 함께 자란 아주 훌륭한 청년이었다. 그는 대학에 다니고 있었고 그해 팀의 가족은 다른 입양 자녀들과 함께 한국을 방문했다. 이들은 한국에 있는 동안 제니퍼를 만날 수 있었고 그녀는 곧 그들과 함께 어울려 지냈다.

방문 여행동안 많은 젊은이들이 가까이 지내지만 집으로 돌아가면 헤어지게 된다. 그러나 팀과 제니퍼는 좀 특별한 관계를 갖고 있었다.

많은 젊은이들이 모국방문여행이 다른 입양인들을 만날 수 있는 좋은 기회라고 했다. 특히 지방에 살고 있는 입양인들에게는 성장하는 동안 다른 입양아들을 만날 기회가 전혀 없다고 했다. 모국방문에 참가했던 많은 입양인들로부터 편지를 받곤 했는데 입양인들은 모국방문을 통해 좋은 사람들을 만날 수 있었고 그들이 태어난 아름다운 나라를 다시 방문함으로 오랫동안 꿈꾸어 왔었던 것을 현실로 이룰 수 있어서 감사했다는 내용이다.

이들 편지들 가운데 하나는 제니퍼에게서 온 것이다. 그녀는 우리에게 팀과 아주 깊은 관계가 되어 미래에 결혼하게 될 가능성이 있음을 암시해 주었다. 그들이 모국 방문 여행에서 만났을 뿐만 아니라 이저 이 여행이 그들을 결혼할 수 있도록 이끌었다는 점에서 매우 기뻤다. 우리는 몇 달 후 그들이 약혼을 하였고 이어 결혼한다는 또 다른 편지를 받았다. 제니퍼와 팀의 결혼은 우리 모국 방문단 여행이 낳은 첫 번째 결혼으로 이어졌던 기쁜 일이었고 그와 같이 즐거운 일들이 계속 이어지기를 소원해 보았다.

우리는 여러 차례 편지를 통해 계속 연락을 했다. 제니퍼와 팀은 가족 사진을 보내와 주었고 특히 새로 태어난 아이들 사진도 함께 보내왔다. 또한 그들은 유진 홀트 가족 야유회에도 참석하곤 했다. 이들 부부와 그들의 가족들 그리고 우리 모국 방문 여행은 얼마나 즐겁고 가치 있는 일이었는가! 제니퍼와 팀은 그들의 잃어버린 삶의 연결 고리를 결혼을 통해 다시 찾았다.

시간이 갈수록 더 많은 젊은이들이 모국 방문에 참여하였다. 늘 우리 젊은 입양인들의 늠름한 모습들을 과거 그들을 아껴주며 사랑으로 돌보아 주던 고아원 원장님들, 보모들이 그들의 변한 모습을 보고 보람을 느끼고 기뻐하는 것을 볼 때 마다 이 일이 얼마나 소중한 일이 었나 다시 생각하게 하였다. 모국방문을 통해서 얻은 것 가운데 가장 중요한 것은 부모에게서 버림 받은 우리 입양아들이 그들의 삶속에서 잃어 버렸던 가장 소중한 과거와 오늘 그리고 내일을 이어 주는 인생의 연결 고리를 다시 찾을 수 있는 기회를 가졌다는 것이다.

세상에 모든 것이 그러하듯 세상일에는 항상 두 가지 측면이 있다. 받는 자와 주는 자, 기쁜 일과 슬픈 일, 해외입양에도 두 가지 측면이 있다. 어린이들을 받아드리는 나라는 불우한 어린이들을 도와 줄 수 있어서 기쁘고 감사하며, 또한 자부심도 느낄 것이다. 그러나 어린이들을 보내는 나라는 그들의 귀중한 미래의 자산을 내주었다는 것과 우리 스스로가 그들을 돌볼 수 없어서 보낸 것에 대한 자책감 때문에 부끄럽게 생각할 것이다.

그러나 나는 그렇게 생각하지 않는다. 우리의 결정은 어디까지나 우리의 어려운 여건 속에서 오로지 어린이들에게 최선의 도움을 주는 것이 민족적 긍지나 나라의 체면 보다 선행되어야 한다는 것을 굳게 믿고 있다. 고아원이나 거리를 방황하다 죽어가는 많은 고아들이 세계 각처에 많이 있는 것을 나는 그동안 많이 보아왔다.

이 어린이들에 대해선 누가, 무어라 대답 할 것인가? 나는 그동안 많은 입양부모들을 만났다. 만날 때 마다 늘 그들의 노고와 희생과 사랑을 어린이들에게 베푼 것에 감사했다. 그들의 대답은 한결 같이 언제나 "아닙니다. 우리는 그 어린이들을 통해 더 많은 것을 얻고 배웠습니다. 어린이들은 우리에게 무한한 사랑과 행복을 가져다주었습니다."라고 했다. 도리어 우리에게 이러한 훌륭한 어린이들을 입양 할 수 있게 해즈어 감사하다고 했다.

우리 모두는 사랑과 열린 마음으로 이 땅에 한 생명이라도 가정에서 사랑과 보호를 받으면서 성장하도록 힘써야 하며 국내입양이 되지 않는 경우에는 해외 입양을 통해서 가정을 찾아 주는 일을 계속 되어야 하며 해외입양을 긍정적으로 받아 드려야 한다고 믿고 있다.

많은 한국 입양인들이 해외에서 살고 있지만 자신이 태어난 한국을 모국으로 생각하고 있으며 이들은 우리 한국의 귀한 자산이라고 믿는다. 우리의 잘못된 생각으로 국내가정에 입양되지 않은 귀한 생명이 해외입양을 통하여 사랑스런 가정에서 양육될 기회를 박탈하면 그 책임은 누가 질 것인가? 라고 묻고 싶다.